루소의 숲

루소의 숲

지은이 김영철, 김재영

1판 1쇄 발행 2025년 10월 20일

펴낸곳 두번째테제
펴낸이 장원
등록 2017년 3월 2일 제2017-000034호
주소 (13290) 경기도 성남시 수정구 수정북로92, 태평동락커뮤니티 301호
전화 031-754-8804 | 팩스 0303-3441-7392
전자우편 secondthesis@gmail.com
홈페이지 secondthesis.com
블로그 blog.naver.com/secondthesis

ⓒ 김영철, 김재영
ISBN 979-11-90186-50-6   03370

이 책은 저작권법에 의해 보호받는 저작물이므로 무단전재와 복제를 금합니다. 이 책 내용의 전부 또는 일부를 이용하려면 반드시 저작권자와 두번째테제에 서면 동의를 받아야 합니다.

책값은 뒤표지에 있습니다. 잘못된 책은 바꾸어 드립니다.

루소의 숲

김영철, 김재영

루소에 대해 쓰기 시작하는 사람은 무엇인가를 행한다. 무슨 일이 벌어지는가? 그는 어떤 대상과 마주친다. 이 대상은 어떤 대상인가?

— 알튀세르, 「문학사에 관한 대화」

목차

서설 - 루소 읽기와 쓰기   09
서론 - 무한한 숲과 단일한 동굴   15

I. 사회의 발생

  1. 무한한 숲   26
  2. 최초의 정념들   29
  3. 언어의 기원과 사회의 불평등   32
  4. 계절이 생긴 숲   38
  5. 힘의 차이와 완전한 양도   44
  6. 일반의지   52
  7. 입법자   59
  8. 철인왕의 거짓말과 입법자의 종교   66
  9. 정치에서 교육으로   70
  10. 시민의 불가능성과 인간의 가능성   82

들어오는 길 – 자연적 발달의 연계성   87

II. 인간의 교육

  11. 교육적 관계   94
  12. 교육자   100
  13. 무한한 숲의 상상력   106
  14. 상상력과 이성   111
  15. 소유욕   115
  16. 우정   120

17. 인간의 종교 125
18. 무한한 숲의 회복 132
19. 교육에서 정치로 139
20. 내가 나무들 사이에 있을 때면 148

나아가는 길 - 가정교육의 통합성 153

III. 교육자의 삶과 죽음

21. 성차의 문제 166
22. 여성교육 173
23. 에밀과 소피 180
24. 쥘리와 볼마르 187
25. 교육자 쥘리 195
26. 교육적 삶의 영원성 202
27. 자기교육 211
28. 산책과 자기검토의 글쓰기 221
29. 우정의 타인 교육 233
30. 그는 멸종한 식물의 향기가 나는 사람이었다 243

돌아오는 길 - 무한한 숲의 유령들 251

결론 - 루소를 대리보충하기 259
보론 - 원시사회의 정치와 교육 266

참고문헌 279
찾아보기 289

일러두기

1. 이 책은 루소에 관한 저자들의 논문 여섯 편을 기초로 작성되었다. 각 논문의 출처는 참고문헌에서 확인할 수 있다.
2. 루소의 저술은 루소 전집을 중심으로 국역본과 영역본을 함께 참고하였다. 서지 사항은 참고문헌에서 확인할 수 있다.
3. 루소의 글을 인용한 경우 국역본의 쪽수를 각주에 표기하였다. 다만 일부 번역은 루소 전집에 의거하여 특별한 표시 없이 수정하였다. 글의 이해에 필요하다고 판단된 경우 원어를 병기하였다.
4. 국역되지 않은 루소의 글은 루소 전집을 저본으로 번역하여 인용하고 쪽수를 표기하였다.
5. 플라톤, 아리스토텔레스, 칸트의 글을 인용한 경우 학계의 관례에 따라 출처를 표기하였다.
6. 본문의 강조표시는 전부 원문을 따른 것이다.
7. 문장의 이해를 돕기 위해 저자들이 추가한 내용은 [ ]로 표기하였다.
8. 저서의 경우 『 』로 표기하였고, 논문, 논설, 강의, 편지, 유서 및 기타 미출간 원고는 「 」로 표기하였으며, 시의 제목은 〈 〉로 표기하였다.

서설
- 루소 읽기와 쓰기

　　루소는 역설적 인물이며 그렇기에 일관된 체계화가 쉽지 않다. 감정과 이성의 진동 속에서, 양심과 이성의 이단적 교차 속에서, 정교한 간극의 사유를 도출하는 것은 루소 연구에 있어 핵심적이다. 루소의 역설적 체계성을 도외시한 채, 어느 한쪽 편에 서서 단면적인 사랑을 표현하는 일은 식상한 고백이 되었다. 그렇다면 우리의 사랑은 분명 때늦은 것이다.

　　불평등한 사회에서 힘없는 어른들은 아이처럼 매 맞는다. 소외된 아이는 끝없이 견디며 웃어야 한다. 무엇이 힘의 경제를 지탱하는가? 사회적 이성은 많은 보상을 약속한다. 분명 이성적으로 무엇인가를 해낼 수 있을 것이다. 맞는 아이를 느슨하게 동정하면서, 기약 없는 미래의 성공으로 회유하면서, 자주 영혼의 목소리를 묵인하면서. 시기의 구분과 상관없이 루소의 교육에는 폭력 앞에 적나라하게 노출된 어린아이가 항상 웅크리고 있다. 역설의 체계는 맞으면서 웃는 마조히즘의 논리 속에서 실현된다. 기절하는 아이 앞에서 이성이 무슨 말을 할 수 있을까? 그렇다, 아이를 위한 법과 제도가 필요할 것이다. 신음하며 깨어난 아이가 살아남기 위한 방랑을 선택하기 전에, 합리적 대화를 통해 무모한 사람들을 설득해야 한다. 그러나 회합의 숙론은 짧게 끝나는 법을 모른다. 그동안 어떤 아이는 힘없이 쓰러질 것이다. 이성의 설명이 오가는 시간과 공간은 가혹한 고통을 일단 견딜 것을 요구한다.

아이들은 고통을 기쁨으로 감각하는 기예를 학습한다. 이들은 매 맞는 법을 아는 학생의 장소를 좀처럼 벗어나지 못한다. 무지한 아이는 어른이 되어서도 미숙한 아이로 살아간다. 우리는 저마다의 아이를 방치하고 있다. 맞는 아이에게 이성적인 설명은 무책임하다기보다 무자비하다. 이 순간 절실한 것은 정교한 논리에 앞선 생생한 동정심이다. 비명을 쾌락으로 조작하는 삶을 한없이 아파해야 한다. 슬픔을 분석하기보다 깊이 공감해야 한다. 여기, 어린아이로 남기를 강요하는 사회에서, 어른들은 안팎으로 아이를 때린다. 아이들은 훈육되어야 한다. 맞고 있는 어린아이 앞에서 루소는 흐르는 눈물을 멈추지 못한다. 루소는 이성이 명하기 전에 양심의 판단에 따라 움직인다. 루소는 자신의 모든 논의에서 한결같이 교육자로 등장한다. 우리는 서둘러 식상해지기로 했다. 오직 그에게만 고지식한 사랑을 고백하는 방식으로.

사회의 모든 인간이 교육자가 되어야 한다. 양심의 목소리를 듣기 위해 산책하고, 자기검토의 글쓰기를 반복하자. 이것들은 루소가 수행했던 자기교육적 실천이다. 교육자이기 위해서는 무엇보다도 사회적 성공을 약속하며 양심을 저버리도록 만드는 이성의 목소리를 잠재울 필요가 있다. 그것은 모든 인간에게 좋다. 누구든 산책과 자기검토의 글쓰기를 통해 매 맞는 아이를 해방하는 교육자가 될 수 있다. 반면, 학교의 교사들은 설명하기 바쁘다. 그들은 대개 우월한 말에 중독되어 있다. 그러나 교육자라면 학생들의 내면 어딘가에 갇혀 있는 어린아이를 발견하지 못할 수 없다. 교육자로서 우리는 무엇을 해야 하는가?

탁월한 학자는 루소의 역설적 체계를 치밀히 탐색하며 정확한 연구를 한다. 그것은 쉽지 않은 일이다. 그런데 우리는 치밀하고 정확한 루소 연구에 걸맞은 철저하고 정밀한 교육을 긍정할 수 없다. 이때 루소의 교육은 모든 조건이 완벽히 통제된 실험실의 멸균된 조작이 될 것이다. 지금 필요한 것은 긴급한 교육을 주저 없이 실천하는 것이다. 우리가 사랑하는 루소는 고루한 만큼 진실한 교육자의 모습을 보여준다. 바로 여기서 지체 없이 교육을 실천하기 위해 잊고 있던 루소를 되찾아야 한다. 비참한 아이들 앞에서 고매한 덕목을 차분히 설교하기보다, 더 많이 슬퍼하며 양심적으로 행동하는 교육자가 되기 위해서. 오늘날 우리는 매 맞는 아이를 이성적으로 가둬 두는 어른들의 사회에 살고 있다. 그렇다면 루소는 몇 번이고 다시 읽혀야 한다.

루소는 사회의 발생을 논의하며 이로부터 야기되는 문제를 지적한다. 자연상태에는 존재하지 않았던 불평등과 부자유가 사회상태에서는 당연한 것으로 여겨지게 되었다. 이러한 상황 속에서 루소는 정치를 통해 평등하고 자유로운 사회의 수립 가능성을 탐색한다. 그러나 정치질서에 정당하고 확실한 법과 운영원칙을 부과하기 위해서는 수많은 장애물들을 넘어서야 한다. 설령 평등하고 자유로운 사회를 이룩할지라도, 더 큰 장벽이 다시금 앞을 가로막는다. 이와 같은 비관적 상황에서 루소는 조국의 시민을 양성하는 것이 아니라, 지역과 상관없이 자유롭고 평등한 삶을 살아가는 인간을 기르는 교육에 대해 고찰한다.

루소는 인간을 기르는 교육자를 무한한 숲으로 비유한다. 더불어 무한한 숲 자체로서 존재하는 교육자의 사례로 미덕을 갖춘 부모를 제시한다. 교육자인 부모는 가정을 미덕의 향기가 흐르는 무한한 숲으로 가꾸고, 그 안에서 자신의 아이들을 인간으로 기르고자 최선을 다한다. 인간으로 자라난 이들은 양심에 따라 동류들과 자유롭고 평등하게 살아가고자 노력한다. 양심적인 인간들이 늘어나 우정의 공동체를 형성하게 될 때, 법과 운영원칙의 변화를 통해 이룩하고자 했던 평등하고 자유로운 사회의 수립 역시 가시화될 것이다. 이때 인간의 종교는 인간의 교육이 지속될 수 있을 동력을 제공한다.

우리는 루소의 사유를 따라 사회의 발생을 검토한 이후, 인간의 교육을 고찰한 뒤, 교육자란 어떤 존재인지 논의할 것이다. 불평등한 사회는 인간의 교육을 요청하고, 인간의 교육은 미덕을 갖춘 교육자를 전제하며, 자유로운 인간으로 자라난 이들은 평등한 사회의 실현을 추구한다. 그러나 불평등한 사회의 권력자들은 기존의 질서를 바꾸려 들지 않는다. 이때 교육자는 양심에 따라 불평등에 대항하는 자유로운 인간을 기르고자 노력한다. 이 과정이 앞으로 얼마나 오래 반복되어야 하는지 질문하는 대신에, 이 과정을 지금껏 얼마나 쉽게 포기해 왔는지 반문해야 한다.

정치질서의 법과 운영원칙을 논의하는 시민 장-자크는 교사로서 에밀을 인간으로 기를 것인데, 이를 위해서는 쥘리와 같은 양심적인 인간과 교육적 관계를 맺어야 한다. 양심적인 이들과 함께하며 장-자크는 인간으로 살아갈 것이고, 에밀의 진정한 아버지로서 교육자의 역할을 이어 나갈 것이며, 인간으로 성장한 에밀은 소피와 행복한 가정을 이루는 한편, 자유롭고 평등한 사회를 지지하는 양심적인 인간의 삶을 추구할 것이다. 물론 누군가는 국가에서 추방되거나 가정의 파탄에 직면할 수 있고, 노예의 신분으로 전락할 수도 있다. 그러나 실패의 위험 없이 안전한 길을 고집하는 순간, 불평등한 법을 합리화하는 사회적 이성의 목소리에 사로잡힐 것이다. 반면 사회에서 축출되어 홀로 살아가거나 가정을 잃은 채 떠돌다 노예가 될지라도, 인간의 교육을 받은 이들은 또 다른 교육적 관계의 가능성을 결코 포기하지 않을 것이다.

이 책에는 수많은 루소의 문장들이 인용되어 있다. 어쩌면 루소의 문장을 이용해서 교육에 관한 특정한 관점을 제시하고 싶었을지 모른다. 이 경우, 제멋대로 그려진 루소가 등장할 수 있다. 그렇다면 루소의 문장을 직접 인용하는 대신, 그의 문장을 적절히 수정해서 사용하는 것이 보다 솔직한 태도가 아닐까? 그러나 우리는 결국 그렇게 하지 못했다. 친절한 문장은 부드러운 이해 속에서 야생적인 감각을 잠재운다. 이와 달리 평범해 보이는 루소의 문장들은 목구멍 어딘가에 걸려 삼켜지지 않은 채, 이미 보았으나 시야에서 지워졌던 무엇을 떠올리도록 만든다. 빛이 있기 때문에 볼 수 없는 것들과 삼킬 수 있기 때문에 맛볼 수 없는 것들이 있다. 문장이 유발하는 모호한 장소에서 애써 외면했던 악덕의 냄새가 번진다. 문장이 불러오는 텅 빈 시간에서 사회적 성공을 안내하던 합리적 목소리의 주인이 드러난다. 우리는 아직 그렇게 쓸 수 없었음을 고백한다.

서론
– 무한한 숲과 단일한 동굴

 무한한 숲에서 사람들은 원하는 모든 것을 얻을 수 있고, 가고 싶은 모든 장소에 갈 수 있다. 이들은 무수히 갈라지는 잎새 사이의 빛을 만끽하며 살아간다. 경쟁이 무의미하기에, 이성의 사용은 불필요하다. 무한한 숲이라는 자연에서 사람들은 전부 평등하고 자유롭다. 각자의 고유한 삶이 발산하는 빛으로 채워지는 무한한 숲에서 연민과 동정은 원리상 발생할 수 없었다. 끝없는 빛의 파장이 생성되는 시공간. "깊은 숲속에서 태어났다면 그는 더 행복하고 자유롭게 살았을 걸세."[1] 무한한 숲에서 사람들은 그저 자신에게 가장 좋은 것들을 자연적으로 추구할 뿐이다.

 한편, 무한한 숲과는 전혀 다른 자연이 존재할 수 있다. 그곳은 어두운 동굴이다. 동굴 깊숙한 곳에 사지와 목을 결박당한 사람들이 눈앞의 벽을 바라보며 살고 있다. 등 뒤쪽 어딘가에서 빛이 들어오고 있지만, 머리를 돌릴 수 없어 벽에 비친 그림자만 볼 수 있는 상태이다. 동굴이라는 자연에서 인간의 삶은 사슬에 묶인 죄수와 다르지 않다. 그림자를 진리로 착각하는 어리석음을 치유하기 위해

---

1 루소, 『에밀』 2, p. 503.

서는 결박에서 해방되어 동굴 바깥의 빛으로 나아가야 한다. 이때 누군가 우연히 풀려나 가까스로 동굴 바깥의 빛을 대면할 수 있다. 그 순간 그는 지극한 행복을 맛보는 동시에 동굴 안쪽의 부자유하고 불평등한 이들을 동정하게 된다. "어떤가? 이 사람이 최초의 거처와 그곳에 있어서의 지혜 그리고 그대의 동료 죄수들을 상기하고서는, 자신의 변화로 해서 자신은 행복하다고 여기되, 그들을 불쌍히 여길 것이라고 자넨 생각지 않는가?"[2]

무한한 숲의 거주자는 동정이 필요 없는 평등한 존재로서 자유로운 삶을 살아간다. 어두운 동굴 안쪽에 묶여 있는 불평등한 죄수들은 자유로운 삶을 위해 동굴 밖으로 빠져나가야 한다. 그 결과 동굴 밖의 빛을 대면한 자와 그렇지 않은 자가 구분된다. 빛을 본 자들은 결박된 이들을 동정하며 동굴 밖으로 이끌고자 노력한다. 그럼에도 일부의 사람들은 죄수와 같은 삶에 안주하기를 원한다. 이제 해방자들은 분발해야 한다. 한 명의 죄수라도 더 동굴 바깥의 빛으로 끌어내야 하는 것이다. 동굴 안에서 제멋대로 행동하는 것은 용납될 수 없다. 오직 빛이 가리키는 방향으로 나아가야 한다. 빛을 숭배하는 자들은 동굴의 거친 외길을 따라 고통스러운 발걸음을 옮기면서도, 기회가 있을 때마다 해방자의 손을 꼭 붙잡고 숨 가쁜 감사의 눈물을 바친다.

무한한 숲의 자연적 존재와 단일한 동굴의 이성적 해방자는 같은 장소에서 전혀 다른 일을 한다. 무한한 빛을 퍼뜨리는 숲의 역사와, 단일한 빛을 뒤따르는 동굴의 역사가 있다. 어느 쪽이 역사의 주인공이 되었는가? 동굴 밖의 빛 속에서 사람들은 진보의 가치를 강

---

2 플라톤, 『국가·정체』, 516c.

조하기 시작했다. 진보가 이룩한 문명 위에서 해방된 이들은 결박된 상태로 그림자를 바라보던 때와는 비교 불가능한 자유를 누릴 수 있었다. 이 과정에서 무한한 숲의 평등하고 자유로운 삶은 잊히고 말았다. 무한한 숲의 나무들은 문명사회를 위해 아무런 동정 없이 벌목되었다.

동굴을 탈출한 이들에게 자연적 삶은 야생의 위협이 느닷없이 덮쳐 오는 재난이지만, 이성적 삶은 문명의 향기가 은은하게 지속되는 축복이다. 야만적인 자연의 삶은 합리적인 문명의 삶으로 대체되어야 한다. 이제 이성적인 이들이 비이성적인 이들을 계몽하는 일이 중요해졌다. 이성적인 자들은 가르치고, 비이성적인 자들은 배운다. 그리하여 동굴 바깥으로 고개를 돌린 이들은 끊임없이 묻게 된다. "소크라테스 선생님은 어디 계시지?" "소크라테스 선생님께 여쭤 보자." 제자들은 교사에게 얼마든지 바보 같은 질문을 해도 괜찮다. 오히려 진정으로 바보 같은 일은 교사에게 질문하지 않는 것이다. 어리석은 제자의 질문은 반드시 검토되어야 한다. 소크라테스는 제자의 질문을 가장 뛰어난 질문으로 세공해서 되돌려주는 탁월한 조각가이기 때문이다.

소크라테스는 거리 어디에서건 만나는 사람들마다 질문을 던지며, 그들이 참된 진리와 얼마나 떨어져 있는지 알려 주는 측정의 천재이다. "네가 정말로 질문하고 싶은 것은 이것이지?" "얘야, 아직 모르고 있구나. 너는 이것을 질문해야 한단다." 사람들은 동굴 바깥에서 교사를 자칭하는 이들에게 좋은 질문을 구걸하는 신세로 전락한다. 소크라테스는 지도하기 위해서 질문한다. 학생은 교사가 가지고 있는 답을 자신의 입으로 대신 말할 때까지 훌륭한 질문들을 무한히 제공받는다. 더 알고 있는 자에게 의존하지 않을 경우, 제대로 된 이해는 가능하지 않을 것이라 확신한다. 지식이 향상될수록 불평등과 부자유에 익숙해진다. 자신도 모르게 홀로 질문하는 일을 점차 포기하고 만다. 소크라테스는 교사의 질문을 기다리는 바보를 만든다. "소크라테스는 자기 안에서 노예로 남아 있도록 운명 지어진 노예에게 질문을 던지는 것이다."[3]

무한한 숲이라는 자연은 동굴을 빠져나온 이들에 의해 진보와 문명의 이름으로 훼손되고 말았다. 국가를 이룬 문명인들은 불평등 속에서 자유롭다고, 부자유 속에서 평등하다고 믿게 되었다. 이것이 바로 동굴 바깥의 사람들이 처하게 된 진정한 재난이다. "대체 어떤 재난으로 인해 최초의 상태에 대한 기억과 그것을 되찾으려는 욕망을 상실하게 될 정도로 진정으로 자유롭게 살기 위해 태어난 유일한 종족인 인간은 변질되었단 말인가?"[4] 동굴을 탈출한 이들은 빛이라는 문명에 복종하는 것을 축복으로 여긴다. "그들은 자신들의 불행에 동의하고, 아니 오히려 그것을 추구한다."[5] 그러나 무한한 숲의 거주민들에게 그 무엇보다 비극적인 재난은 동굴 바깥의 빛을 그대로 따르는 삶이다. 자연을 되살릴 때, 다시 말해 무한한 숲을 회복할 때, 이성을 통해 합리화되고 있는 문명의 불평등과 부자유를 저지할 수 있다.

과거와 완벽히 동일한 숲을 회복하는 일은 더 이상 가능하지 않다. 사람들은 사회의 불평등한 삶에 너무 오랜 시간 익숙해졌다.

---

3 랑시에르, 『무지한 스승』, p. 65.

4 라 보에시, 『자발적 복종』, p. 42.

5 라 보에시, 『자발적 복종』, pp. 23-24.

누군가를 더 사랑하고, 누군가에게 더 사랑받는 것과 같은 불평등한 관계가 행복한 삶과 분리 불가능해졌다. 그렇다면 불평등한 사회의 삶을 어느 정도 인정하면서도, 무한한 숲을 가능한 한 회복하고자 노력해야 한다. 그러나 대부분의 국가는 사람들에게 불평등과 부자유를 교묘히 강제한다. 이 점에서 '조국'patrie은 더 이상 존재하지 않는다. 그럼에도 우리는 국가의 한 지역에 자리 잡은 '고장'pays에서 태어날 수밖에 없다. "조국이 없는 사람이라도 어쨌든 고장은 있기 때문일세."[6] 그 가운데 어떤 고장은 불평등한 국가의 법에 따라 폭력을 가하는 이들로부터 사람들을 최대한 지켜 줄 수 있다. 이것이 가능한 이유는 무한한 숲을 회복해서 국가의 부자유와 불평등에 저항하는 사람들이 우정의 관계 속에서 미덕이 흐르는 공동체를 형성했기 때문이다.

 국가가 제시하는 유일한 빛을 완벽한 정의로 따르는 대신에, 정의라는 이름으로 빛이 가리고 있는 불평등과 부자유를 드러내는 일이 중요하다. 이러한 실천은 모범적인 시민의 삶을 지지하는 사회적 이성에 의해서는 가능하지 않다. 이성은 사회적 성공을 위해 얼마든지 불평등과 부자유를 옹호할 수 있다. 진보를 이룩한 문명사회에는 불평등에 복종하도록 만드는 수많은 정념들이 존재한다. 그리하여 사람들은 권력, 지식, 재산, 명예, 성적 쾌락 등을 타인보다 더 누리기 위해 정교한 이성의 사용을 시도했다. 이와 같은 상태에서 자연은 더 이상 무한한 숲으로 이해될 수 없다. 이때 자연은 무한한 숲의 회복을 포기하지 않게 만드는 것으로서, 문명의 진보 속에서 잃어버린 숲의 감각에 이끌려 자신도 모르게 생성한 무엇이

---

[6] 루소, 『에밀』 2, p. 503.

다. 그것은 바로 이성에 앞선 판결자로서, 모든 인간의 내면에 존재하는 양심이다. 양심은 동굴 바깥의 도시에 새롭게 등장한 수많은 정념들을 이겨 내고, 무한한 숲의 평등하고 자유로운 삶을 다시금 추구하도록 만든다. 유일한 빛이라는 힘이 지배하는 사회에서 양심에 따라 살아가는 일은, 불평등과 부자유에 저항하며 자연을 회복하고자 노력하는 실천과 같다.

어느 지적인 대주교는 루소가 사람들에게 어둠을 퍼뜨렸으며 그리하여 그들이 길을 잃게 만들었다고 비난했다. 그러나 누군가 말했던 것처럼 속지 않는 자들이 방황하며, 속은 자들은 방황하지 않는다. 국가가 제시한 모범적인 길에서 이탈하지 않는다면, 자연의 필연성에 따르는 길은 결코 발견될 수 없다. "무지의 어둠이 오류의 거짓된 빛보다 낫습니다."[7] 루소는 사람들에게 무지의 어둠을 선물한다. 무지의 어둠은 아무것도 모르는 상태를 의미하지 않는다. 오히려 무지의 어둠은 사회의 거짓된 빛의 정체를 밝히는 어둠이라는 빛이다. 대주교의 날카로운 지성은 자신의 비난이 핵심을 찌르고 있음을 알지 못한다. "당신은 제가 영혼에 오류들을 주입시켜 그 오류들에 대해 영혼을 대비시키기 위해서 영혼의 무위oisiveté가 필요하다고 생각한다고 말씀하십니다."[8] '너의 무지를 알라'고 말하는 두 인물이 있다. 한 명은 진리의 빛으로 모두의 어둠을 비추는 자이고, 다른 한 명은 무용한 어둠으로 각자의 빛을 기다리는 자이다. 루소는 아무것도 아닌 것을 제공함으로써 무위와 다름없는 방황을 촉발한다. 무한한 숲은 쏟아지는 외부의 빛을 울창한 잎으로 가린다. 그

---

[7] 루소, 「보몽에게 보내는 편지」, p. 120.

[8] 루소, 「보몽에게 보내는 편지」, p. 42.

곳에서 사람들은 사회의 빛을 잃어버리며, 심장 속 자신의 불꽃을 자유롭게 밝힌다.

무한한 숲에서 사람들은 모든 것을 얻으며 어디든 갈 수 있었다. 이때 인류는 각자의 고유한 무한을 표현하며 살아갔다. 그것이 무한한 숲이라는 자연 속 인간들의 본성이다. 무한한 숲의 거주민들은 인간이란 본래 무엇이든 될 수 있는 무제약적 존재로서, 자신들이 평등하고 자유롭다는 사실을 본능적으로 알고 있었다. 반면, 오늘날 동굴 밖 도시의 문명인들은 획득할 수 있는 것과 나아갈 수 있는 곳이 명확히 규정된 사회에서 살아간다. 그것이 빛이 인도한 진보의 찬란한 결과물이다. 합리적인 인간들은 불평등과 부자유를 수긍하며 순응한다. 인간은 가능하다고 말해지는 것만을 선택하는 제약적 존재가 되었다. 그럼에도 무한한 숲의 후예인 우리는 사회 속에서 언제든 자연의 필연성에 따르는 삶을 실현할 수 있다. 인간은 누구나 자신의 내면에서 양심의 목소리를 들을 수 있기 때문이다.

루소에게 양심은 어린 시절부터 받은 교육을 통해 형성된 사회적 편견의 산물이 아니다. "우리가 자신에게 좋은 것을 원하고 나쁜 것을 피하는 법을 전혀 배우지 않으면서도 이러한 의지를 자연에서 물려받은 것과 마찬가지로, 좋음에 대한 사랑과 나쁨에 대한 미움 또한 자기애만큼이나 우리에게 자연적인 것이다. 양심의 활동은 판단이 아니라 감정이다."[9] 이성은 세론에 따라 선과 악을 판단하는 반면, 양심은 세론과 상관없이 자신에게 좋은 것과 나쁜 것을 판결한다. 양심의 역할은 단순히 사회적 규범을 어긴 이의 내면에 죄책감을 불러일으키는 것에 그치지 않는다. 양심은 무엇보다 자기 자

---

9 루소, 『에밀』 2, p. 167.

신에게 진실할 것을 요구한다. 양심은 자신에게 좋은 것을 추구하고 나쁜 것을 거부하도록 만드는 신적인 본능이다. 사회적 성공의 길 위에 안착한 이들은 방황하지 않는다. 그들은 가야 할 길을 정확히 안다고 확신한다. 그러나 아버지의 이름들이 가리키는 안정적인 길에서 벗어나 방황할 때, 양심에 따라 자신의 길을 창조하며 나아갈 수 있다. "영혼에 대한 양심은 육체에 대한 본능과 같은 것이다. 그것을 따르는 사람은 자연에 복종하는 것이며, 결코 길을 헤맬 걱정이 없다."[10] 이 점에서 교육의 과정은 새로운 방황의 끝없는 반복으로 채워진다. 한 번의 방황이 아닌 수많은 방황들이 있을 뿐이다.

    사회에서 흔히 사람들은 영혼의 목소리인 양심을 무시하고 이기적인 정념과 그것을 합리화하는 이성에 집중한다. 정념에 흔들리는 사람들은 자주 양심과 협상하고자 하며, 그때마다 은밀히 이성이 개입한다. 거대한 힘들은 공포 속에서 양심을 억누르고자 매번 기회를 엿본다. 그러나 우리 모두는 얼마든지 인간으로 살아갈 수 있다. "인간은 어떻게 이토록 폭력적인가? 동시에 인간은 어떻게 그토록 압도적인 폭력의 반대편에 설 수 있는가?"[11] 양심은 인간으로서 마땅히 해야 할 일을 심장에 새기며 주저 없이 실천하도록 만든다. "항상 자신의 방법을 따르면서, 나는 그 규칙들을 고상한 철학의 원리들에서 끌어내는 것이 아니라, 그것들이 자연에 의해 지울 수 없는 문자로 쓴 것을 내 마음 깊은 곳에서 발견한다. 나는 내가 하고 싶은 일에 대해 스스로 묻기만 하면 된다. 내가 좋다고 느끼는 것은 모두 좋은 것이고 나쁘다고 느끼는 것은 모두 나쁜 것이다. 모든 결

---

10   루소, 『에밀』 2, pp. 160-161.

11   한강, 「빛과 실」, p. 20.

의론자들casuistes 중 가장 좋은 것은 양심이다. 사람들은 양심과 흥정할 때만 미묘한 추론에 의존한다. 무엇보다도 먼저 배려해야 할 것은 자기 자신이다."[12]

모든 존재는 양심에 따라 사물과 가장 적절한 관계를 맺을 수 있다. 양심의 목소리에 귀를 기울일 때, 무한한 숲에서 사물들이 맺었던 평등하고 자유로운 관계가 조금씩 회복된다. 이로부터 사람들은 사물들의 필연성에 따라 살아갈 수 있다. 그것은 무한한 숲의 거주민들이 보여주었던 자연스러운 삶의 방식 그 자체이다. 평등한 숲에서 인간은 자유롭게 살아갔다. 불평등한 도시에서 인간은 자유롭게 살아가야 한다. 진보의 물결 속에서 만들어 낸 오류와 악덕의 파도를 막아서는 양심. 불평등하고 부자유한 사회 곳곳에 누군가 무한한 숲의 바람을 일으킨다. 그 바람에 실려 있는 씨앗은 사회적 이성에 대항하는 '양심의 목소리'la voix de la conscience로서, 우리 안의 '자연의 목소리'la voix de la nature이다.

---

12 루소, 『에밀』 2, p. 160.

세상에서 세론에 따라 사는 것은 쉬운 일입니다.
외딴곳에서 자신만의 견해에 따라 사는 것도 쉬운 일입니다.
반면 위대한 인간은 군중 속에서도 고독의 독립성을
완벽한 감미로움으로 유지하는 사람입니다.

— 에머슨, 『자기신뢰』

I. 사회의 발생

1. 무한한 숲

자연상태에서 인류는 풍요로운 자연 속에서 평등하고 자유로운 삶을 영위했다. "대지가 비옥한 자연 그대로 도끼날 한 번 닿지 않은 무한한 숲forêts immenses으로 덮여 있을 때 모든 동물종은 발걸음 닿는 곳마다 먹을 것이 넘쳐나고 언제든지 쉴 수 있는 장소를 만나게 된다."[1] 만약 사람들이 결집해서 함께 살아가게 된다면, 장소와 사물들에 대한 경쟁이 일어날 수 있으며, 그 결과 비교와 불평등이 발생할 위험이 있다. 그렇기에 자연상태의 인류는 뿔뿔이 흩어져 독립적인 삶을 살아갔다. "굳이 그럴 필요가 없는데 그들이 자연적 무심함indolence naturelle에 그토록 잘 어울리는 삶을 버리고 떠나서, 사회를 형성하면 불가피하게 나타나는 예속과 노동과 곤궁을 스스로 짊어지려는 그런 선택을 하리라고는 상상하기 힘들다는 말이다."[2]

자연상태의 인류가 살아가는 세계에는 '영원한 봄'printemps perpétuel 이 변함없이 이어진다. 따뜻함으로 가득한 숲에서 사람들은 무엇이건 풍족하게 누리며 하루하루를 살아간다. 특정한 힘으로 자신을 굴복시키고자 하는 이를 우연히 만나게 될지라도, 숲속 어딘가로 홀연히 떠나면 그만이다. "누군가 나를 내가 머물던 나무에서 쫓아낸들, 나는 다른 나무로 가 버리면 끝이다. … 내가 숲속으로 스무 발자국을 걸어 들어가, 내가 찬 족쇄를 끊어 버리고 나면 이제 그는 평

---

[1] 루소, 『언어 기원에 관한 시론』, p. 49.

[2] 루소, 『언어 기원에 관한 시론』, p. 77.

생 나를 볼 일이 없을 것이다."[3] 이러한 자연상태의 무한한 숲은 충만한 동시에 텅 빈 장소라는 양면적 특성을 지니고 있다. "**숲은 충만한 공간이다.** 이는 **손으로 잡을 수 있는 것이다**l'Handgreiflichkeit."[4] 이와 더불어 "**숲은 텅 빈 공간이다.** 숲은 공백의 무한이다l'infini du vide."[5] 실로 자연상태의 인류는 다른 이들과 관계를 맺고 살아갈 필요가 없었다. "자연의 상태는 인간이 사물들과 더불어 관계에 놓이는 상태이지 결코 인간이 다른 인간들과 더불어 관계에 놓이는 상태가 아니다."[6]

루소는 자연상태를 만인에 대한 만인의 전쟁상태로 규정했던 홉스의 관점, 다시 말해 "인간은 그들 모두를 위압하는 공통의 권력이 존재하지 않는 곳에서는 전쟁상태에 들어가게 된다"[7]는 주장을 비판한다. "홉스의 오류는 독립적이고 사회성을 갖게 된 사람들에게 전쟁상태를 설정한 것이 아니라, 이런 자연상태를 종이 가진 것으로 전제했다는 것, 그리고 악의 결과인 이 상태를 악의 원인으로 제시했다는 데 있다."[8] 홉스는 숲에서 살아 본 경험이 없다. 그리하여 숲이 사라진 사회의 고통에 진심으로 아파하며 분노할 수 없었다. 그 결과 홉스는 느긋한 이성의 눈으로 사회상태의 인간을 관찰하며 자연상태의 인간을 추론하는 오류를 범했다. "그들은 야만

---

3 루소, 『인간 불평등 기원론』, pp. 96-97.

4 알튀세르, 『정치철학 강의』, p. 448.

5 알튀세르, 『정치철학 강의』, p. 448.

6 들뢰즈, 「카프카, 셀린, 퐁구의 선구자, 장 자크 루소」, p. 150.

7 홉스, 『리바이어던』 1, p. 171.

8 루소, 『사회계약론 초고』, pp. 122-123.

인에 대해 말했지만 그들이 그려 낸 사람들은 문명인이었다."[9] 만약 자연상태에서 만인에 대한 만인의 전쟁상태가 지속되었다면, 그것이 가능한 결정적인 이유는 자연상태의 인류가 평등했기 때문이다. "자연은 인간이 육체적·정신적 능력의 측면에서 평등하도록 창조했다. 간혹 육체적 능력이 남보다 더 강한 사람도 있고, 정신적 능력이 남보다 더 뛰어난 경우도 있지만, 양쪽을 모두 합하여 평가한다면, 인간들 사이에 능력 차이는 거의 없다."[10] 이 지점에서 루소와 홉스는 공명한다. 다만 루소의 관점에서 볼 때, 자연상태의 무한한 숲에서 동등한 역량을 지닌 이들이 생명의 위협을 감수하면서까지 같은 공간에서 끝없는 투쟁을 벌일 이유는 어디에도 없었다.

자원이 넘치는 풍요로운 장소에서 인간은 무엇인가를 성찰할 필요가 없다. 그저 자신의 보존에 도움이 되는 것만을 바라보고, 오직 그것을 획득하기 위한 노력을 기울이며 일생을 보낼 뿐이다. 이들은 제각기 흩어져 평등하면서도 자유로운 삶을 영위했다. 자연의 필연 법칙에 따라 살아가는 이들, "그런 사람은 마찬가지로 못되게 굴거나 앙심을 품지도 못한다. 아무것도 상상해 보지 않는 사람은 자신만을 의식할 뿐이다. 그는 인류 가운데에서 살고 있지만 외톨이다."[11]

---

9   루소, 『인간 불평등 기원론』, p. 43.

10 홉스, 『리바이어던』 1, p. 168.

11 루소, 『언어 기원에 관한 시론』, p. 68.

2. 최초의 정념들

모든 것이 제공되는 광활한 공간인 무한한 숲에서 인류는 '자기보존'conservation de nous-mêmes의 정념에 따라 살아갔다. 자연상태의 인류는 자기보존을 과도하게 추구하지 않을 수 있었다. 자기보존의 정념으로부터 '아무것도 하지 않으려는'ne rien faire 정념이 필연적으로 뒤따랐기 때문이다. 일면 나태하거나 무관심해 보이는 이들의 행동은 사실 자신을 보존하기 위한 최선의 행위를 실천하는 적극적 무위였다. "아무것도 하지 않는 것은 자신을 보존하려는 정념 다음에 오는 가장 강한 정념인 것이다."[12] 이러한 측면에서 볼 때, 최초의 인류가 예속과 노동이 강요되는 사회를 형성할 이유는 전혀 없었다. 본래 인류는 자기보존을 충족하게 되면, 곧바로 불필요한 일을 하지 않을 수 있는 무심함을 지닌 존재였기 때문이다.

풍요로운 자원이 존재하는 무한한 숲에서 사람들은 자기보존에 필요한 것을 적절히 취하고, 그 이외의 일을 하지 않으며 여가를 즐겼다. "인간이 갖게 된 최초의 감정은 자기존재의 감정이며, 인간이 기울인 최초의 배려는 자기보존의 배려이다. 대지는 최초의 인간이 필요로 한 모든 것을 넉넉히 마련해 주었고 인간은 본능적으로 이를 이용할 줄 알았다."[13] 자연상태의 인류는 자신에게 좋은 것을 추구하고 나쁜 것을 멀리하며 살아가는 것으로 충분했던 것이다. "야만인의 욕망은 신체의 필요를 넘어서는 법이 없다."[14] 그리하여

12　루소, 『언어 기원에 관한 시론』, p. 235.

13　루소, 『인간 불평등 기원론』, p. 102.

14　루소, 『인간 불평등 기원론』, p. 63.

이들은 서로 떨어진 채 이성의 사용 없이 평등하고 자유로운 삶을 영위했다. "최초의 욕구들의 자연적 효과는 인간들을 떼어놓는 것이었지, 그들을 함께 하도록 만드는 것이 아니었다."[15]

자연상태의 인류에게는 사랑이 존재하지 않았고, 다른 성이라면 누구라도 좋았으며, 육체적 관계와 더불어 미련 없는 떠나감이 있었다. "지식에 현혹되고 정념에 고통받고 자기가 살아가는 것과는 다른 상태가 있지 않을까 추론하는 야만인보다 더 불행한 사람은 아무도 없을 것이다."[16] 이때 인간들은 서로 만나는 일이 드물었으며, 끝없는 공간 및 자원으로 인해 경쟁 없이 살아갈 수 있었다. 그런데 우연히 누군가를 만나게 되었을 때, 만약 그가 심각한 자기보존의 파괴를 겪고 있다면, 누구든 자기보존의 정념을 약화시키는 예외적인 정념을 느끼지 않을 수 없다. "자기와 동류semblable가 고통받는 것을 볼 때 천성적으로 혐오감을 느끼게 되면서 자신의 안위를 추구하고자 하는 뜨거운 열의가 누그러진다."[17] 이러한 정념이 바로 '연민'pitié이다.

연민 속에서 우리는 동정을 느낄 수 있다. '동정'commisération은 연민을 불러일으킨 대상과 자신을 동일시함으로써 겪게 되는 정념이다. "동정이란 우리가 고통받는 사람과 입장을 바꿔 볼 때 느끼게 되는 감정이며, 야만인은 이런 감정이 무엇인지는 몰라도 이를 생생하게 느끼지만, 문명인은 이런 감정이 확장되어 있다고 해도 더 약하

---

15 루소, 『언어 기원에 관한 시론』, p. 25.

16 루소, 『인간 불평등 기원론』, p. 79.

17 루소, 『인간 불평등 기원론』, p. 83.

게 느낀다."[18] 자연상태에서 동류의 고통을 자신의 고통과 동일시하는 동정은 추론 없이 즉각적으로 일어났다. "동정의 감정은 정말이지 어떤 광경을 목도하는 동물이 자기를 고통스러워하는 동물과 마음 깊은 곳에서 동일시하게 되므로 그만큼 더 강화될 것이다. 그런데 분명한 점은 이러한 동일시가 추론을 하게 된 상태보다 자연상태에서 훨씬 더 긴밀하게 이루어졌으리라는 것이다."[19]

사실 자유롭게 흩어져 자유와 평등을 누리는 이들에게 연민과 동정은 원리상 발생해서는 안 되는 정념이다. "정념에 사로잡힐 일이 없다시피 하고 스스로 모든 것을 해결하므로 … 동류를 해칠 생각이 전혀 없을뿐더러 개인적으로 그들을 알고 싶은 마음도 전혀 없을 것이다."[20] 그럼에도 자연상태에서 누군가에게 연민을 느끼며 동정하게 되었다면, 이 순간 동정하는 자와 동정받는 자가 구별되고, 이로부터 한쪽이 다른 한쪽에게 전적으로 의존하는 사태가 초래될 수 있다. 연민을 통해 맺어진 동정의 관계는 평등하고 자유로운 관계가 깨졌다는 것을 알려 주는 징후로서, 기존의 평등한 상태를 회복하기 위해 신속히 해결해야 할 문제적 관계인 것이다. 그리하여 자연상태에서 인류는 자기보존을 추구하면서도, 연민과 동정을 느끼는 관계가 발생할 경우 서로가 이전과 같은 평등한 상태로 돌아가기 위해, 다시 말해 독립적인 자유의 상태인 비-관계를 회복하기 위해 자기보존을 얼마간 포기하면서까지 밀접한 관계를 맺었다. 이와 같은 측면에서 자연상태의 인류에게 연민과 동정의 관계

---

18   루소, 『인간 불평등 기원론』, p. 85.

19   루소, 『인간 불평등 기원론』, p. 86.

20   루소, 『인간 불평등 기원론』, p. 93.

는 '비-관계의 관계'le rapport du non-rapport이며, 작동해서는 안 되는 것이고, 실존해서도 안 되는 것이다.[21]

연민과 동정으로 맺어진 관계는 그들이 본래 평등한 인간이라는 점에서, 연민과 동정을 불러일으키지 않는 동등한 관계로 반드시 회복될 필요가 있다. 그렇기에 연민과 동정은 발생과 동시에 자신의 소멸을 요구하는 정념이다. 연민과 동정의 관계는 평등과 자유를 되찾기 위해 불평등과 부자유를 일시적으로 감내하는 역설적 관계인 것이다. 연민과 동정을 더는 느낄 필요가 없어질 때, 평등한 상태에서 자유롭게 서로를 떠나가 비-관계의 개별적 삶으로 돌아갈 수 있다. 그러나 모종의 이유로 사람들은 집단을 이루어 함께 살아가지 않을 수 없었다. 이로부터 인류의 삶은 급격한 변혁을 겪게 되었으며, 그 결과 무한한 숲에는 전례 없는 변화가 찾아오고 말았다.

3. 언어의 기원과 사회의 불평등

자연상태의 인류는 자기보존과 아무것도 하지 않으려는 정념에 따라 살아갔다. 다만 예외적으로 연민과 동정의 정념을 느낄 경우, 동정하고 동정받는 불평등한 관계를 다시 평등한 관계로 회복하기 위해 최선의 노력을 기울였다. 그렇게 인류는 뿔뿔이 흩어져 자유롭고 평등한 삶을 지속할 수 있었다. 그렇다면 무한한 숲에서 각자 여유롭고 풍요롭게 살아가던 인류는 어째서 집단생활을 시작하게 되었을까? 이 문제를 루소는 언어의 기원을 탐색하며 대답하고자

---

21 알튀세르, 『루소 강의』, p. 186.

한다. 언어는 사람들을 결속시키는 대표적인 수단이기 때문이다.

언어는 크게 '몸짓'geste 언어와 '음성'voix 언어로 구분될 수 있다. 몸짓 언어는 시각적 이미지를 통해 즉각적이면서도 호소력 있는 소통을 가능하게 한다. 반면, 음성 언어는 몸짓 언어와는 달리 우리의 마음을 깊이 자극한다. "말을 할 때는 반복적으로 자극을 일으키며 연속해서 인상을 강화하기 때문에, 한눈에 본 대상이 눈앞에 그냥 있는 것과는 다른 어떤 감동을 준다."[22] 그런데 음성 언어로 소통하기 위해서는 몇 가지 조건이 충족되어야 한다. 먼저 대화를 나눌 수 있을 만큼 두 사람이 가까이 있어야 한다. 동시에 이들에게는 대화를 주고받기 위한 적당한 시간이 필요하다. 그런데 좁은 공간에 많은 사람이 모여 함께 살아갈 경우, 한정된 자원에 의해 불필요한 경쟁이 일어날 수 있다. 이러한 위험을 무릅쓰지 않기 위해 원초적 욕구는 사람들을 떨어지게 만드는 역할을 했다. 가족을 이룰지라도 필요하다면 언제든 서로를 떠나갔기에, 몸짓 언어를 사용하는 것만으로도 충분했다. 음성 언어는 지속적인 집단생활을 할 때 요구되는 것이었다.

루소에 따르면, 인간이 모여 살게 된 원인은 재해와 같은 우연의 소산이다. "인간의 결집은 대부분 자연 재난이 낳는 작품이다. 대홍수, 해일, 화산 폭발, 대지진, 번개로 인한 산불 등은 어떤 지역에 사는 야생인들을 두렵게 하여 흩어지게 만들었는데, 그것들은 곧이어 공동의 재해를 공동의 힘으로 복구하기 위해 그들을 결집시켰다."[23] 가령 재난으로 인해 다른 곳으로 이동할 수 없게 되어 특정 지

---

22 루소, 『언어 기원에 관한 시론』, pp. 17-18.

23 루소, 『언어 기원에 관한 시론』, p. 79.

역에 갇히게 될 경우, 사람들은 문제를 해결하고자 집단을 이루어 협동할 수밖에 없었다. "우물에서 물을 구할 수 있도록 메마른 곳에서는 우물을 파기 위해 모여야 했고, 적어도 우물을 사용하는 데 서로 합의하기 위해서라도 함께 모일 필요가 있었다. 더운 고장에서 사회와 언어가 생겨난 기원은 바로 그러했음이 틀림없다."[24] 그런데 재해를 이겨 낸 이후에도 사람들은 이전의 삶으로 돌아가길 거부했다. 자기보존의 충족과 함께 오는 아무것도 하지 않으려는 정념의 자리에 다른 정념들이 들어섰기 때문이다. 이를테면 자연상태에는 존재하지 않았던 사랑이라는 정념이 아무것도 하지 않으려는 정념을 대신했다. 사랑으로부터 질투와 시기가 파생되었고, 이와 같은 방식으로 수많은 정념들이 연이어 등장했다.

재해를 이겨 내기 위해 결집했던 이들 사이에 새로운 정념들이 발생했다. 이후 함께 살아가는 데 있어 이익이 되는 정념과 그렇지 않은 정념이 구분되기 시작했다. 다양한 정념들은 우연히 모인 인간들을 더욱 단단히 묶어 주었다. 이와 같이 공통의 정념이 형성되는 지점이 바로 민족의 요람이었다. 집단을 이룬 이들은 야성을 잠재우며 서로를 길들였다. 서로의 욕구와 욕망을 긴밀히 소통할 필요가 있었고, 그리하여 인류에게 언어는 필수적인 것이 되었다. 그러나 새로운 언어를 만들고 배우는 것은 결코 간단한 일이 아니다. "우리가 말을 사용해서 얼마나 많은 관념을 얻었는지, 문법은 얼마나 정신의 작용을 훈련하고 용이하게 하는지, 최초로 언어를 고안하기 위해 얼마나 많은 시간이 필요했고 상상할 수도 없는 노력이

---

24 루소, 『언어 기원에 관한 시론』, p. 84.

필요했는지 생각해 보아야"[25] 한다. 이로 미루어 볼 때, 사회를 이루어 특정한 언어를 고안해서 사용하는 것이 인류에게 얼마나 힘겹고 부자연스러운 일인지 알 수 있다. 사회를 구성하기 이전에 인류는 몇몇의 몸짓 언어만으로도 아무 문제 없이 생활했다. 그러므로 "언어를 창안했던 사람들은 이미 사회라고 할 수 있는 것이 세워진 뒤의 사람"[26]이다. 만약 인류가 계속해서 적절한 환경 속에서 살았다면, 즉 재해와 같은 우연적 요인이 심각한 영향을 끼치지 않았다면, 다른 동물들과 마찬가지로 육체적 욕구만을 해소하며 복잡한 언어적 소통 없이 잘 살아갔을 것이다. 그리하여 "우리가 말의 도움을 빌려 할 수 있는 것과 거의 같은 만큼의 것들을 다 할 수 있었을 것이다."[27]

자연상태에서 인간은 불필요한 정념에 사로잡히지 않은 채 자유롭게 살아갔다. 이때 인간과 인간의 차이는 결코 심하지 않았는데, 이는 애초에 서로를 비교할 필요가 없었기 때문이다. 자연상태의 인간은 자연의 충동이 일으키는 정념만을 갖는다. 이러한 정념은 신체의 필요를 넘어서지 않는다. 반면, 집단생활 속에서 인류는 신체의 필요를 넘어서는 정념에 휘둘렸다. 그리고 이때 사람들은 모순적이게도 이성을 사용하기 시작했다. "정념이 활동해야 이성이 완전해진다. 우리가 왜 알고자 하겠는가. 향유하고 싶어서가 아닌가? 욕망도 두려움도 갖지 않는 자가 굳이 힘들게 추론할 이유가 어디에 있겠는가?"[28] 우리가 불완전한 상태에 있다고 느끼자마자 이

---

25   루소, 『인간 불평등 기원론』, p. 68.

26   루소, 『인간 불평등 기원론』, p. 69.

27   루소, 『언어 기원에 관한 시론』, p. 19.

28   루소, 『인간 불평등 기원론』, p. 63.

성은 필요를 충족하기 위해 노력하게 된다. 이와 같은 이성의 노력은 다양한 부족함을 더욱 세부적으로 깨닫게 만듦으로써 정념의 종류를 확장시켰다. "정념의 기원은 우리의 필요에서 왔으며, 정념의 확장은 우리의 지식에서 왔다고 해야겠다."[29]

부정적인 정념뿐만이 아니라 긍정적인 것으로 생각되는 정념조차 과거에는 구태여 가질 필요가 없던 것이다. 자기보존과 아무것도 하지 않으려는 정념 이외의 다른 정념들에 휩싸인 채로 살 수밖에 없다는 점에서, 집단생활을 통해 형성된 사회 속 인간은 그만큼 더 부자유스러운 존재이다. 정념을 겪으며 인류는 이성을 사용하기 시작했고, 이로부터 다른 이들과 비교하고 경쟁하는 일이 격화되었다.

함께 모여 살아가면서 사람들은 더 나은 자가 더 많은 사랑을 받는 것, 더 뛰어난 자가 더 큰 권력을 차지하는 것을 당연한 권리로 여기게 되었다. 사람들은 자기보존에 필수적이지 않은 것들을 추구하기 시작했고, 그리하여 아무것도 하지 않으려는 정념은 다른 욕망들로 대체되었다. "서로 빈번히 만나다 보니 교분이 다정하기는 매한가지이지만 더 지속적이게 된다. 다양한 대상들을 고려하고 비교를 해 보는 데 익숙해진다. 자기도 모르게 장점과 아름다움에 대한 생각이 떠오르면서 선호의 감정이 생긴다."[30] 이제 비교가 당연한 일이 되었으므로 자신의 욕구를 충족시키기 위해서는 다른 이들보다 더 뛰어나다는 것을 알릴 필요가 있었다. 경쟁이 빈번히 이루어지면서 불평등의 발생 또한 자연스러운 일이 되었다. 사람들은

---

29 루소, 『인간 불평등 기원론』, p. 63

30 루소, 『인간 불평등 기원론』, p. 111.

불평등을 아무렇지 않게 학습했다. 비교와 경쟁이 일반화된 사회에서 사람들은 소유권에 대해 생각하게 되었고, 정의의 규칙들을 세워야 할 필요가 대두되었다. 결국 힘을 가진 자가 더 많이 소유하는 것이 공식화되면서 불평등은 더욱 견고히 뿌리내리게 되었다.

누군가는 지배하는 권력이 주는 우월감에 취했다면, 다른 누군가는 권력자에게 복종함으로써 인정받는 쾌락에 만족했다. 어떤 이는 자신이 더 우월한 존재라는 생각으로부터 오만과 경멸의 정념을, 다른 이는 자신이 받아야 할 존중을 받지 못했다는 모욕감으로부터 증오와 복수의 정념을 갖게 되었다. "새로이 나타난 수만 가지 필요 때문에 자연 전체에, 특히 자기와 같은 사람들에게 예속되었다. 어떤 의미로 그는 자신과 같은 사람들의 주인이 되면서도 그들의 노예가 되는 것이다. 그가 부자라면 다른 이들의 봉사를 필요로 하고, 그가 가난하다면 다른 이들의 도움을 필요로 한다."[31] 사회에서 발생하는 수많은 정념들은 사람들을 서로 속박시켜 떨어지지 못하게 했다. 이 과정에서 사람들은 다른 이들보다 우월한 자리를 차지하기 위해 이성을 더욱 정교하게 사용할 필요가 있었다. "지속적으로 사회는 우리가 악함으로써 이익을 얻게 되는 상황 속으로 우리를 몰아간다. 우리는 허영심 때문에 우리가 본성적으로 악하다고 믿기 쉽다. 그러나 진실을 보자면 상황은 이보다 훨씬 더 고약하다. 왜냐하면 결정된 사회적 구조와 상태로 인해서 우리가 알지 못하는 사이에, 심지어는 우리에게 그 어떤 설명도 없이 우리는 악하게 되어 버리기 때문이다."[32]

---

31 루소, 『인간 불평등 기원론』, p. 121.

32 들뢰즈, 「카프카, 셀린, 풍구의 선구자, 장 자크 루소」, pp. 151-152.

사회를 이루어 함께 살아가면서 더 나은 자가 더 많은 사랑을 받는 것, 더 뛰어난 자가 더 큰 권력을 차지하는 것이 사람들에게 필연적인 결과이자 합당한 보상으로 받아들여지게 되었다. 이와 같은 상황에 처했음에도 인류는 결코 이전의 상태로 돌아갈 수 없었다. 이미 사회 속에서 맛보았던 수많은 정념들에 익숙해져서, 그것이 약속하는 만족을 포기할 수 없는 상태에 이르렀기 때문이다. "인류는 비열해지고 유린되었으니 이제는 뒤로 돌아갈 수도 없고, 그렇다고 불행만을 가져온 취득물을 단념할 수도 없고, 그를 영예롭게 했던 능력들을 잘못 사용하면서 아무리 애를 써도 수치스럽기만 할 뿐이니 결국 스스로 몰락하기 직전에 놓이고 말았다."[33]

4. 계절이 생긴 숲

우연히 일어난 자연적 재난에 의해 사람들이 모여 살게 되면서, 그리하여 불필요한 정념들이 등장하고 이성을 통한 비교와 경쟁이 일상화되면서, 영원한 봄이 지속되던 숲에 '계절'saison이 발생하게 되었다. 겨울이 도래한 숲에서 사람들은 한정된 공간과 자원을 더 많이 확보하고자 다투기 시작했다. 빈곤한 공간에서 무엇이건 소유가 제한되었고, 밀집된 공간에서 어디서건 장소가 규정되었다. 모든 것을 소유할 수 있었기에 무엇도 소유할 필요가 없던 비-소유의 소유와 어디든 갈 수 있었기에 어디라도 상관이 없던 비-장소의 장소는 더 이상 허락될 수 없었고, 이러한 상황에서 숲은 함께 살아가는

---

33   루소, 『인간 불평등 기원론』, p. 123.

평등한 동류가 아니라 생존을 위한 착취의 대상으로 전락해 갔다. 동류의 범위는 점점 더 축소되었고, 가진 자와 그렇지 않은 자가 구분되었으며, 연민의 대상을 건조하게 동정하는 일이 빈번해졌다.

사실 자연상태에서 동류의 범위는 단순히 인간에 국한되지 않았다. 루소에 따르면 인간과 동물 모두 자기보존의 파괴 앞에서 연민을 느끼는 존재로서, "한쪽이 다른 쪽에게 불필요하게 학대당해서는 안 되는 권리를 갖는다."[34] 자연상태의 인류는 동식물의 자기보존의 파괴를 마주하는 순간 생생한 연민과 동정을 겪었던 것이다. 그리하여 이들은 더 이상 동류를 동정하지 않도록, 다시 말해 자연과 인류가 평등한 관계를 지속하도록 최선의 노력을 기울였다. 그러나 이성의 사용 속에서 인류는 자신의 동류를 인간으로 축소하게 되었으며, 인류의 이익을 위해서라는 명목 아래 숲과 강, 산과 바다 등의 파괴를 아무렇지 않게 자행하였다. 심지어 인류는 인간 내에서도 동류의 범위를 제한했다. "자아와 타자의 지속적인 구별과 차별은 사회적 관계를 전제하고 비교하는 능력인 이성을 요구"[35]한다. 그 결과 누군가는 인간의 처우를 받을 수 없는 무자격자로 취급되었다. 이러한 상황에서 연민과 동정은 급속히 타락하고 말았다.

사회에서 비교에 익숙해진 이성적인 인간은 동류의 고통으로부터 혐오감과 동정심을 느끼면서도, 그들을 적당히 외면하는 태도가 자기보존에 훨씬 더 이익이 되는 것이라고 스스로를 설득한다. "자기편애amour-propre를 낳는 것이 이성이고, 자기편애를 강화하는

---

34 루소, 『인간 불평등 기원론』, p. 37.
35 김영욱, 「루소 연민이론 해석사: 체계화의 시도와 그 이후」, pp. 45-46.

것은 성찰이다. 성찰은 인간이 자신을 돌아보게 해 주고, 자기를 불편하게 하고 마음을 아프게 하는 모든 것에서 그를 벗어나게 해 준다. 철학은 인간을 고립시켜, 고통받는 사람을 보면 마음속에서 '죽으려면 죽든지, 나는 안전하니까' 하고 말하게끔 한다."[36] 사회에서 연민과 동정은 얼마든지 감당할 수 있는 일상적인 감정, 즉 이성적으로 무시할 수 있는 안전한 감정이 되었다. 반면 자연상태의 인류는 연민과 동정을 생생히 느꼈기에, 연민이 주는 혐오감과 타인이 받는 고통을 결코 가볍게 넘길 수 없었다. "철학자야 두 손으로 귀를 막고 잠시 논리를 세워 자기 안에서 당연히 끓어오르는 반항심을 짓눌러 살육의 희생자가 된 자와 자신을 동일시하지 않으면 그만이다. 야만인에게는 이런 놀라운 재능이 전혀 없다."[37] 그리하여 오늘날 폭동의 현장에서 정직한 사람들이 서로의 목을 조르지 못하게 막는 사람들은 오히려 비이성적라고 생각되는 장터의 여인들이다.[38]

경쟁에서 승리한 자는 광활한 토지와 넉넉한 비축물을 통해 더 큰 여가와 편의를 누렸다. 이들에게 고통받는 사람들은 느슨한 동정의 대상으로 여겨질 뿐이며, 계절이 생긴 숲은 동정의 대상조차 되지 못했다. 힘이 권리로 제시되면서 더 강한 자가 그에 합당한 이익을 취하는 것이 정의로 이해되었다. "한 사람이 두 명 분의 비축을 하는 것이 유리하다는 점을 깨닫는 순간 평등은 사라지고, 소유권이 들어섰고, 노동을 하지 않을 수 없게 되었다. 끝도 보이지 않

36　루소, 『인간 불평등 기원론』, p. 86.

37　루소, 『인간 불평등 기원론』, p. 86.

38　루소, 『인간 불평등 기원론』, p. 87.

앉던 광대한 숲vastes forêts이 시원한 평야로 싹 바뀌었다. 인간이 흘린 구슬땀이 그곳을 적셔, 이내 수확과 함께 노예제도와 빈곤이 싹을 틔우고 자라났다."[39] 불평등이라는 인위적 재난 속에서 무한한 숲은 철저히 착취되었다. 이 과정에서 더 가진 자들은 자신의 소유권을 유지하기 위한 대비책을 강구했다. 가령 부유한 자들은 이성의 교묘한 사용을 통해, 사실 자신의 소유권을 지키기 위해서였음에도 대외적으로는 모두의 소유권을 보장하기 위해서라는 명분으로, 정의와 평화의 규정을 내세웠다. 그 결과 사람들은 "모두 자유를 확보하게 되었다고 믿고 그들을 묶을 족쇄를 향해 달려갔다."[40]

'자기애'amour de soi-même는 "모든 동물이 자기보존을 위해 신경을 쓰는 자연적인 감정"[41]이다. 자연상태에서 자기보존의 충족 여부를 알 수 있는 사람은 오직 자신뿐이다. 그렇기에 타인과의 비교는 불필요하다. "자연상태에서 한 사람 한 사람은 각자 제 자신을 관찰하는 유일한 관객이듯, 제 자신에 관심을 가진 세상의 유일한 존재이듯, 자신의 장점을 판단할 수 있는 유일한 자이듯 바라보기 마련이며, 각자 다른 사람들과 자신을 비교할 수 없으므로 그런 비교에서 비롯되는 감정이란 것이 그의 마음에서 싹틀 수가 없다."[42] 반면 사회에서 자기보존의 노력은 자연상태와는 달리 자기편애의 정념 속에서 이루어졌다. "자기편애는 상대적이고, 인위적이고, 사회에서 만들어진 감정에 불과하다. 자기편애는 다른 누구보다 자기 자신을

---

39 루소, 『인간 불평등 기원론』, p. 114.

40 루소, 『인간 불평등 기원론』, p. 126.

41 루소, 『인간 불평등 기원론』, pp. 211-212.

42 루소, 『인간 불평등 기원론』, p. 212.

더욱 가치 있게 여기게 하고 사람들에게 모든 악을 불러일으켜 그들이 서로 악을 행하게끔 한다. 영예의 실질적인 원천이 바로 자기편애다."[43] 삶의 성공 여부가 타인과의 비교를 통해 판단되기 시작하면서, 사람들은 서로 더 나은 존재임을 증명하고자 노력했다. 이로부터 경쟁적인 이성의 사용을 통해 문명의 발전을 이룩할 수 있었지만, 성공한 자가 실패한 자를 태연히 연민하며 값싼 동정을 유지하는 불평등한 관계가 당연한 것으로 자리 잡게 되었다.

누군가는 불평등을 문명의 진보를 위해 어쩔 수 없이 받아들여야 하는 필요악으로 규정할 수 있다. 이와 관련하여 칸트는 사회적 관계를 형성하게 되면서 인간은 자신이 원하지 않을지라도 서로를 비교하며 예속되는 관계를 포기할 수 없게 된다고 주장한다. 다른 사람과 어울리고 싶지 않음에도, 사회에서 사람들은 타인의 인정이나 판단 없이 자신의 행복 여부를 판단할 수 없기에, 불가피하게 사교적인 태도를 취한다는 것이다. 그리하여 사람들은 좋은 평판이나 신용을 얻기 위해 기만적인 행위를 하게 된다. 사교적이고 싶지 않음에도 사교적이게 되며, 사회를 이루고 싶지 않음에도 사회를 이루어 함께 살아가는 것이다. 이것을 칸트는 '비사교적 사교성'ungesellige Geselligkeit이라고 말한다.[44] 비사교적 사교성 속에서 비교와 경쟁이 싹트게 되며, 그 결과 학문과 과학 및 예술의 발전이 이루어지게 된다. 그러나 루소의 관점에서 문명의 진보, 즉 학문과 예술의 발전은 자기보존과 아무것도 하지 않으려는 무심함 그리고 연민과 동정을 타락시킬 뿐이다. 과학과 예술이 아무리 진보한들 불평등이

---

43 루소, 『인간 불평등 기원론』, p. 212.

44 칸트, 「세계시민적 관점에서 본 보편사의 이념」, A392.

더욱 심해지고 확산된다면 무슨 소용이 있단 말인가? 그리하여 루소는 무한한 숲에서 살아가던 인류가 숲에 계절을 가져오면서 타락시킨 두 가지 원초적인 정념을 회복하고자 시도한다. 그것은 자기 보존과 아무것도 하지 않으려는 정념을 회복해서 자기편애적인 삶을 자기애의 확장으로 전환하는 것, 그리고 연민과 동정을 생생히 느낌으로써 불평등한 관계를 당연시하지 않도록 만드는 것이다.

"사람과 사람이 관계를 맺을 때 최악의 관계는 자기가 타인에게 좌지우지될 처지가 된 경우이다."[45] 그럼에도 사람들은 한 줌의 소유권을 움켜쥐기 위해 사회의 예속을 순순히 받아들였다. 이들은 예속이 보장하는 쾌락을 포기할 수 없었다. "나는 예속된 인민은 끊임없이 그들이 족쇄를 찼을 때 누리는 평화와 휴식을 자랑하고, '비참하기 그지없는 예속을 평화라는 이름으로 부르고 있음'을 알고 있다."[46] 루소는 절대다수가 먹을 것이 없어 굶고 있음에도 넘치는 잉여 속에서 호의호식하는 소수의 삶을 당연히 여기는 상황에 몸서리치게 아파하며 분노했다. 이와 같은 상황에서 루소는 사회를 이루어 함께 살면서도 자유와 평등을 실현할 수 있을 방안에 대해 고민했다. 사회가 자아낸 수많은 정념들과 이로부터 초래된 불평등 속에서 우리는 자유로운 인간의 삶을 살아갈 수 있을 것인가?

---

45   루소, 『인간 불평등 기원론』, p. 132.

46   루소, 『인간 불평등 기원론』, p. 133.

5. 힘의 차이와 완전한 양도

서로 다른 가치관을 갖고 있는 사람들이 함께 모여 살아갈 경우, 자연상태와는 달리 자기보존의 정념이 서로 충돌하게 된다. 이를 해결하기 위해서는 자기보존의 정념이 각자의 권리를 침해하지 않으면서도 적절한 이익을 얻을 수 있어야 한다. 루소는 정치의 측면에서 이 문제를 해결하고자 한다. 그리하여 제시된 『사회계약론』의 기획은 다음과 같다. "나는 인간은 있는 그대로 두고 법은 바꿀 수 있는 것으로 생각하면서, 정치질서에 정당하고 확실한 운영원칙이 있을 수 있는지 따져 보고자 한다. 나는 이 연구 내내 권리droit가 허용하는 것과 이익intérêt이 명령하는 것을 결합하려 애쓸 것인데, 그래야 정의justice와 유용성utilité이 결코 분리되지 않을 것이기 때문이다."[47]

루소는 인간은 있는 그대로 두겠다고 말한다. 인간이 어떤 존재인가와 상관없이 좋은 법 및 운영원칙이 있다면, 법과 원칙에 따라 공정한 판결을 내리고 적절한 정책을 시행할 수 있기 때문이다. 이 과정에서 권리와 이익이 결합하고, 정의와 유용성이 분리되지 않아야 한다. 그런데 이를 실현하는 한 가지 간단한 방법이 있다. 그것은 더 큰 힘을 권리로 내세우는 것이다. 더 큰 힘을 가진 자는 자기보존을 위해 더 적은 힘을 가진 자에게 손해를 입힐 수 있는데, 그것이 힘을 가진 자의 정당한 권리이기 때문이다. 이와 관련하여 플라톤의 『국가·정체』의 한 대목을 참고할 수 있다. 여기서 트라쉬마코스는 소크라테스에게 다음과 같이 말한다. "저로서는 올바른 것to

---

47 루소, 『사회계약론』, p. 10.

dikaion이란 '더 강한 자의 편익'to sumpheron tou kreittonos 이외에 다른 것이 아니라고 주장합니다."⁴⁸

트라쉬마코스의 관점에서 더 큰 힘을 권리로 내세우며 더 많은 이익을 얻는 것은 정의로운 일이며, 더 적은 힘을 가진 자가 더 많은 이익을 얻는 것은 부정의한 일이다. 이러한 관계를 '힘과 힘의 관계'라고 말할 수 있다. 권리로 내세우는 더 큰 힘은 물리적 힘일 수도 있고, 재산일 수도 있으며, 지식, 외모, 나이, 혈통, 인종 등등 무엇이든 될 수 있다. 이때 사회적 이성은 서로가 지닌 힘의 격차를 비교하며 더 큰 힘을 자격으로 삼아 더 약한 힘을 가진 자를 지배하는 것을 합리화한다. "누군가 한 인민을 강제로 복종시켰고 그래서 그들이 복종하고 있다면, 그 인민은 잘하고 있는 것이다."⁴⁹ 그런데 그들은 얼마나 잘하고 있는 것일까? 힘을 지닌 자와 그렇지 않은 자가 사회계약을 맺을 경우 권력, 재산, 지식, 혈통, 인기 등의 더 큰 힘을 가진 자의 주도하에 법이 제정되며, 그 법을 준수하는 것이 정의로 둔갑한다. "그들은 법Loi의 이름 그 자체로 처벌 없이 법을 위반하기에 헌법constitution을 보호하는 척하며 공격할 수 있다."⁵⁰ 이와 관련하여 아리스토텔레스는 말이라는 힘을 권리로 내세우며 지배와 복종의 관계를 합리화한다.

아리스토텔레스는 『정치학』에서 인간과 동물을 말logos과 목소리phōnē의 소유 여부로 구분한다. "동물 중에서 인간만이 말을 가진다. 목소리는 고통과 즐거움의 징표인데, 이런 까닭에 다른 동물들

---

48 플라톤, 『국가·정체』, 338c.

49 루소, 『사회계약론』, p. 11.

50 루소, 「산에서 쓴 편지」, p. 483.

에도 속하는 것이다."[51] 인간은 말, 즉 로고스를 통해 유익한 것과 해로운 것, 정의로운 것과 부정의한 것에 대한 사회적 기준을 합의했다. 이로부터 사람들은 가정과 폴리스를 형성하고 관리할 수 있었다. "말은 유익한 것과 해로운 것을 분명하게 하는 데에, 따라서 또한 정의로운 것과 정의롭지 않은 것을 분명하게 하는 데에 기여한다. 왜냐하면 다른 동물에 비교해서 인간만이 좋은 것과 나쁜 것, 정의로운 것과 정의롭지 않은 것, 그리고 다른 나머지 것들의 지각을 가진다는 이 점은 인간에게 고유한 것이기 때문이다. 이러한 것들에서의 공동체가 가정과 폴리스를 만들어 내는 것이다."[52]

인간은 로고스를 사용해서 정의로운 것과 정의롭지 않은 것이 무엇인지 결정할 수 있다. 그러므로 로고스가 아니라 목소리만 앞세우는 이들은 정치에 참여할 자격이 없다. 플라톤에 따르면 이들은 목소리의 크기와 숫자를 자격으로 내세우며 로고스에 의해 결정된 정의의 기준선을 무분별하게 흐트러뜨리는 '큰 짐승'to mega zōon에 불과하다.[53] 사회에 혼란을 초래하지 않기 위해서는 로고스를 사용하는 이들이 목소리만 사용하는 이들을 가르치고 통제해야 한다. 로고스라는 힘을 적절히 사용할 수 있는 자와 그렇지 않은 자가 구분되는 것이다. 로고스를 가진 이들이 목소리만 사용하는 이들을 적절히 교육할 때, 그리하여 큰 짐승이 인간의 말을 이해할 수 있을 때, 정치 역시 올바로 수행될 수 있다. 로고스라는 힘을 가진 목자가 시끄럽게 우는 양 떼를 이끌어 주어야 한다. "목동의 본성이 양 떼의

---

51 아리스토텔레스, 『정치학』, 1253a10-11.

52 아리스토텔레스, 『정치학』, 1253a15-18.

53 플라톤, 『국가·정체』, 493c.

본성보다 우월하듯이, 인간의 목자인 지도자들의 본성 또한 인민의 본성보다 우월하다."[54] 이러한 아리스토텔레스의 입장에 대해 루소는 다음과 같이 논한다. "아리스토텔레스는 인간이 결코 자연적으로 평등하지 않으며, 어떤 이들은 노예가 되기 위해 또 어떤 이들은 지배하기 위해 태어난다고 말했다. 아리스토텔레스는 옳았다. 하지만 그는 원인과 결과를 뒤바꾸었다."[55]

아리스토텔레스의 주장은 원인과 결과가 뒤바뀐 것이다. 플라톤이 들려주는 이야기, 즉 신이 인간을 만들면서 다스리는 자에게는 황금을, 보조자들에게는 은을, 농부들이나 장인들에게는 쇠와 청동을 섞었다는 이야기 역시 마찬가지이다.[56] 로고스를 가진 자와 그렇지 않은 자, 황금과 은과 쇠 혹은 청동을 지닌 자가 구분되어 태어나는 것이 아니다. 루소는 뒤바뀐 원인과 결과를 원래의 자리로 돌려놓는다. 모든 인간은 평등하게 태어난다. 지배자로 태어났기 때문에 지배자로 사는 것이 아니고, 노예로 태어났기 때문에 노예로 사는 것도 아니다. 그렇다면 어째서 누군가는 노예로 살아가는가? "노예상태로 태어난 모든 인간은 노예가 되려고 태어난 것이다. 이보다 더 확실한 사실은 없다. 쇠사슬에 묶인 노예는 모든 것을, 심지어 거기에서 벗어날 욕망까지 잃어버린다."[57] 평등하게 태어났음에도 사회의 불평등한 삶을 불만 없이 받아들일 때 인간은 노예가 된다. 자발적 복종의 정념과 그것을 옹호하는 이성의 설득이 인간을 짐승

54　루소, 『사회계약론』, p. 13.

55　루소, 『사회계약론』, p. 13.

56　플라톤, 『국가·정체』, 415a-b.

57　루소, 『사회계약론』, pp. 13-14.

I. 사회의 발생

으로 만든다. 불평등하게 태어났기 때문에 지배하는 자와 예속되는 자가 생겨났다는 주장이 있다. 이와 달리, 평등한 인간으로 태어났음에도 복종하고자 했기 때문에 지배자와 노예라는 불평등이 발생했다는 주장도 있다.

루소는 힘의 차이가 존재하는 상태에서 맺어지는 계약은 노예계약에 불과한 것이라고 단언한다. 사실 노예가 반란 없이 자신의 삶에 순응할 수 있으려면, 힘을 권리로 내세우는 자들의 논리를 이해하고 수긍해야 한다. 불평등한 관계의 지속은 평등한 능력이 전제될 때 가능한 것이다. 특정한 힘에 굴복해서 자신의 권리를 양도한다면, 그것은 불평등을 수용하며 스스로를 파는 일에 불과하다. 그러나 더 큰 힘을 가진 자들은 힘을 권리로 삼아 자신의 이익을 추구하는 것이 정의로운 일이자 사회의 구성원 모두에게 유용성을 선사하는 것이라고 선전한다. 이러한 측면에서 사회계약이 올바로 이루어지기 위해서는 먼저 힘의 차이가 없는 평등한 관계를 회복할 필요가 있다. 그렇다면 더 큰 힘을 권리로 내세우는 이들과 공정한 계약을 맺기 위해서는 무엇으로 그들에게 대항해야 하는가? 루소의 관점에서 볼 때, 재산이나 지식과 같은 힘이 사회적 기준에서 부족할지라도, 인간이라면 누구나 그 힘에 저항할 수 있는 자격을 지니고 있다. 그것은 곧 평등한 인간으로서 계약에 참여할 수 있는 '자유'liberté이다.

사회계약을 맺을 때 누구도 사적인 목적을 위해 힘을 발휘해서는 안 된다. 모든 인간은 어떤 힘에도 굴복할 필요가 없는 평등한 존재로 태어났기에, 자유를 자격으로 삼아 회합에 참여할 수 있다. 그리하여 회합의 참여자들은 누군가 더 큰 힘을 권리이자 정의로 내세울 때 그것의 부당함을 지적하며 자유로 대적한다. 이 순간 '힘과 자유의 관계'가 설정된다. "그런데 멍에를 벗을 수 있게 되어 그래서 그 즉시 멍에를 벗어 버린다면, 그들은 훨씬 더 잘하는 것이다. 왜냐하면 이것은 그들에게서 자유를 빼앗아 간 것과 동일한 권리를 통해 자유를 회수하는 것이라, 그들이 자유를 다시 취할 근거가 분명하든지 아니면 그들에게서 자유를 빼앗은 행위가 근거 없는 것이었든지, 둘 중 하나이기 때문이다."[58]

힘을 가진 자는 상대가 힘으로 대항하는 것을 반긴다. 가령, 노예가 칼로 반란을 일으킬 경우 문제는 매우 간단해진다. 주인 역시 칼을 들고 노예의 반란을 진압하면 그만이기 때문이다. 주인과 노예가 존재했던 과거 규율사회에는 주인의 채찍에 맞서 무기를 들고 반란을 일으키는 노예들이 존재했다. 때때로 노예의 반란이 성공할 수 있지만, 이 경우 채찍을 쥐고 있는 존재의 이름이 바뀌게 될 뿐, 힘의 차이가 정의를 결정하는 불평등은 그대로 지속될 수 있다. 그런데 노예가 무기를 드는 것이 아니라, 즉 주인과 동일한 속성인 힘으로 대항하는 것이 아니라 다른 속성인 자유로 싸우고자 시도할 수 있다. 가령, 어떤 노예들은 목숨을 잃을 각오로 아무것도 하지 않을 자유를 발휘하며, 평등한 자리에서 자유로운 대화를 끝까지 포기하지 않을 수 있다. 인간이라면 누구든 아무것도 하지 않는 '무위'를 실천함으로써 불평등한 시간과 장소에 평등을 기입할 수 있는 것이다. 그 결과 주인은 권리로 내세우던 힘을 포기하고 서로 마주 앉아 대화를 시작해 보자고 제안할 수 있다. "**무위**far niente는 게으름이 아니다. 그것은 **한가로움**otium의 향유다. … 한가로움은 비활동이

---

[58] 루소, 『사회계약론』, p. 11.

아니라 활동들의 위계를 폐지하는 것이다."[59]

힘에 자유로 대항하는 이들의 일차적인 목적은 대화의 무대를 마련하는 것으로서, 대화를 나눌 수 있는 동등한 존재로 자신을 인정하도록 만드는 것이다. 마주 앉은 대화의 장소에서 이들은 각자의 말을 주고받는 평등한 존재가 된다. 물론 대화는 순조롭지 않을 것이다. 그러나 평등한 무대를 만들고 그곳에 올라가서 일단 대화를 시작하는 것이 중요하다. 이러한 관계를 '자유와 자유의 관계'라고 말할 수 있다. 계약에 참여하는 이들은 모두 자유로운 존재로서 동등해야 한다. 현실에서 그가 권력자이고, 자본가이며, 지적인 인물인가 등의 여부는 전혀 중요하지 않다. 남성인가 여성인가, 나이가 많은가 적은가, 어떤 인종인가, 어느 집안인가 등이 아무런 힘을 발휘할 수 없어야 한다. 계약의 순간만큼은 자신이 가지고 있는 모든 권리와 힘을 공동체 전체에 완전히 양도해야 하는 것이다. 그렇지 않으면 특정한 힘이 계약에 영향을 미쳐 불평등한 법이 만들어질 수 있다. 한편, 회합이 끝난 이후 이들은 양도했던 것들을 곧바로 회복한다. 회합의 과정에서 모든 구성원이 평등한 존재로서 자유로운가, 그것이 문제이다.

"스스로 자유를 포기하는 것은 인간의 자격, 인간성의 권리와 그 의무까지 포기하는 것이다."[60] 그러나 계약에 참여한 이들 가운데 일부는 자신의 힘을 결코 내려놓지 않으며, 힘을 권리로 삼아 타인의 자유를 침해한다. 과연 모든 사람들이 자유로운 존재로서 자기보존을 추구하면서도 타인에게 피해를 주지 않으며 살아갈 수 있

---

59 랑시에르, 『아이스테시스』, p. 89.

60 루소, 『사회계약론』, p. 18.

을 것인가? 그리하여 제기되는 사회계약의 근본 문제는 다음과 같다. "**공동의 힘을 다해 각 회합원의 인격과 재산을 지키고 보호하며, 각자가 모두와 결합함에도 오직 자기 자신에게만 복종하기에 전만큼 자유로운 회합형식을 찾는 것.**"[61] 그리고 이 문제를 해결하기 위해서 반드시 충족되어야 하는 조건이 곧 완전한 양도이다. "각 회합원은 자신의 모든 권리와 함께 공동체 전체로 완전히 양도aliénation totale된다."[62]

회합에 참여한 이들의 모든 것이 공동체 전체에 완전히 양도될 때, 그리하여 그가 지닌 자격이 모두가 평등하게 갖고 있는 자유뿐일 때, '일반의지'volonté générale를 온전히 도출할 수 있다. "**우리 각자는 공동으로, 자신의 인격과 모든 힘을 일반의지의 최고 지도 아래 둔다. 그리고 우리는 단체로서, 각 구성원을 전체의 분리 불가능한 부분으로 받아들인다.**"[63] 그리고 이러한 회합행위로부터 '공적 인격'personne publique이 형성된다. "그 즉시 이 회합행위는 각 계약자의 개별적인 인격이 있던 자리에, 집회의 투표수와 동수인 구성원으로 이루어진 집단적 가상단체를 생산하며, 이 단체는 이와 같은 회합행위로부터 통일성, 공동의 **자아**, 그리고 생명과 의지를 부여받는다."[64] 법은 공적 인격의 일반의지를 구체적으로 표현한 것으로서, 법을 준수한다는 것은 일반의지를 자신의 의지로 삼아 행위한다는 것을 의미한다.

61   루소, 『사회계약론』, p. 24.
62   루소, 『사회계약론』, p. 24.
63   루소, 『사회계약론』, p. 25.
64   루소, 『사회계약론』, p. 25.

I. 사회의 발생

"모두의 의지volonté de tous와 일반의지 사이에는 흔히 큰 차이가 있다. 일반의지는 오직 공동이익에 몰두한다. 모두의 의지는 사적인 이익에 몰두하며 개별의지의 합일 뿐이다."[65] 인민 모두가 일반의지를 자신의 의지로 여길 수 있을 때, 자기 자신에게만 복종하면서도 타인의 자유와 평등을 침해하지 않을 수 있다. 이를 위해 특정한 힘을 가진 자가 일반의지의 도출 과정에서 어떤 영향도 미칠 수 없도록 완전한 양도가 이루어져야 한다. 모든 사람이 평등한 존재로서 자유롭게 회합에 참여해야 하는 것이다. 다만, 더 큰 힘을 가진 자가 아무 대가 없이 공적 이익을 고려하며 순순히 일반의지의 도출에 임하리라고 생각하는 것은 순진한 믿음에 불과하다. 그렇기에 회합의 과정에서 완전한 양도를 실현하는 것은 결코 쉬운 일이 아니다.

6. 일반의지

회합원들은 회합행위를 통해 개별적인 인격이 있던 자리에 공적 인격을 갖는 집단적 가상단체를 생산한다. "이 공적 인격은, 예전에는 **도시국가**cité라는 이름을 가지고 있었고, 지금은 **공화국**république 또는 **정치체**corps politique라는 이름을 가진다."[66] 루소는 공적 인격이 수동적인 상태일 경우 국가로, 능동적인 상태일 경우 주권자라고 말한다. 이때 인민이 일반의지의 표현으로서 법을 만들고 그것을 준수한다면, 이들은 법을 따르는 자로서 신민이다. 그런데 단순

---

65 루소, 『사회계약론』, p. 39.
66 루소, 『사회계약론』, pp. 25-26.

히 법을 준수하는 자가 아니라, 일반의지를 다시 도출하고 이를 통해 기존의 법을 검토한다면, 이들은 주권자의 역할을 하는 시민이다. "회합원들은, 집단으로서는 **인민**peuple이라는 이름을 가지며, 개별적으로 지칭될 때는 주권의 권한에 참여하는 자로서는 **시민**citoyens으로, 국가의 법에 종속된 자로서는 **신민**sujets으로 불린다."[67]

누군가는 법을 준수하며 신민으로 사는 것도 쉽지 않은 일이라고 생각할 수 있다. 그러나 시민이 아니라 오직 신민으로만 살아가고자 할 경우, 그리하여 기존의 법에 의존하는 것으로 만족하는 이들이 늘어날 경우, 지속적으로 발생하는 불평등에 적절히 대응하지 못하게 된다. 그 결과 법은 점점 더 강자를 위한 것으로 변질될 위험이 있다. 신민에 안주할 때, 불공정한 힘이 개입된 법에 따라 살아가는 상황에 처할 수 있는 것이다. 반면, 시민은 기존의 법을 왜곡해서 사적인 이익을 추구하고자 시도하는 권력자들의 힘에 평등한 인간의 자유로 대항한다. 설령 자신에게 피해가 발생할지라도, 시민은 일반의지에 따라 법이 잘 집행되는지 확인하며, 필요하다면 언제든 일반의지를 재도출해서 기존의 법을 재검토할 것을 요구한다.

일반의지는 결코 고정될 수 없으며, 규정 불가능한 이념의 성격을 지닌다. "일단 일반의지가 구성되면, 그러한 구성에서 정확히 그것의 존재가 전제되는 것이다."[68] 인민은 그들과 자연 사이에 일반의지를 계속해서 비틀어 끼워 넣는다. 일반의지는 그것을 구성하는 이들에 의해 매번 새롭게 전제되는 것으로서, 인민에 대한 정치

---

67   루소, 『사회계약론』, p. 26.

68   바디우, 『존재와 사건』, p. 554.

체의 '자기귀속'auto-appartenance을 통해 반복해서 도출되어야 한다.[69] 일반의지를 계속해서 사후적으로 구겨 넣는 일은 법을 준수하는 신민과 법을 검토하는 시민 사이의 긴장감이 유지될 때 지속될 수 있다. 일반의지의 도출은 신민과 시민의 분열된 긴장감 속에서 끊임없이 간극을 열어젖히는 일이며, 그렇기에 일반의지는 '식별 불가능성'indiscernable에 묶여 있을 수밖에 없다.[70] 일반의지와 그것의 표현인 법은 주권자에 의해 완벽한 완성이 영원히 지연될 운명에 처해 있는 것이다. 문제는 불변하는 일반의지를 알 수 있다고 말하는 자, 그리하여 영구적인 법을 줄 수 있다고 장담하는 자들이 끊임없이 등장한다는 점이다.

민주적인 사회는 누군가가 자유를 권리로 내세우며 자신의 개별의지가 일반의지에 부합하는지 검토해 달라고 주장할 때, 그러한 주장을 부분에 불과한 것으로 간주하며 무시하지 않고, 그 개별의지가 일반의지에 부합하는 것인지 공론화해서 확인하고자 노력하는 사회이다. 반면 비민주적인 사회는 소수자의 목소리를 작고 사소한 것으로 취급하는 한편, 그 문제는 다음 기회에 논의하자고 말하며 끊임없이 대화를 미루는 사회이다. 이를 막기 위해서는 회합에 참여한 이들이 자신의 권리와 더불어 모든 것을 공동체 전체에 완전히 양도한 상태에서 일반의지를 도출하는 숙의의 과정을 거쳐야 한다. 그렇다면 완전한 양도를 이루기 위해 우리는 어떤 노력을 기울여야 하는가?

불공평한 계약이 원인으로 작용하여 사회에 비극적인 사건이

---

69   바디우, 『존재와 사건』, p. 554.

70   바디우, 『존재와 사건』, p. 556.

일어날 경우, 사람들은 동일한 문제가 반복하지 않도록 계약을 재검토해야 한다고 주장할 수 있다. 만약 힘을 가진 이들이 기존의 계약을 그대로 유지하고자 시도한다면, 사람들은 집회와 시위 등을 통해 불공평한 계약에 항의할 수 있는 것이다. 시위를 위해 모인 이들은 각기 다른 지식과 재산을 지니고 있으며, 외모, 성별, 집안, 나이 등도 마찬가지이다. 그러나 공평한 계약의 체결을 요구하기 위해 모인 순간만큼은 모든 것을 완전히 양도한 상태에서 하나의 목소리를 내는 개체가 될 수 있다. 그러나 이와 같은 방식으로 완전한 양도가 이루어지는 경우는 대개 참사와 같은 비극적 사건이 발생했을 때이다. 어떤 비극적 사건이 초래된 이유가 부실한 법으로 인한 불공평한 계약이라고 판단될 때, 사람들은 그 사건을 자신과 상관없는 일로 치부하는 것이 아니라 우리 모두의 문제로 여기게 된다. 어떤 사망 사고가 불공평한 계약에 의한 것으로 밝혀졌을 때, 사망한 이는 타인이 아니라 우리의 가족이자 친구, 더 나아가 나 자신이 되는 것이다. 이 순간 타인의 자기보존의 파괴는 곧 우리의 자기보존의 파괴이며, 그가 겪은 고통은 곧 우리의 고통으로서 생생한 동정을 불러일으킨다. 이로부터 사람들은 자발적인 완전한 양도 속에서 너와 나의 구분 없이 비극을 초래한 원인에 대한 철저한 규명 및 이를 방지할 수 있을 새로운 계약을 요구하게 된다.

한편, 사람들은 종종 익명투표를 통한 선거제도가 완전한 양도를 이루는 한 가지 효과적인 방법이라고 생각한다. 투표함에 들어서는 순간 재산, 지식, 나이, 사회적 평판 등이 완전히 무효화된 상태에서 한 표를 행사하는 익명의 평등한 존재가 되기 때문이다. 그러나 그는 여전히 특정한 힘의 영향으로부터 자유롭지 못한 상태로

한 표를 행사한다는 점에서 예속된 자일 수 있다. 가령, 누군가는 출신 지역이 주는 힘에 속박당한 사실을 제대로 의식하지 못한 채 자유롭다고 여기며 한 표를 행사할 수 있다. 익명투표를 통한 선거는 사람들로 하여금 마치 완전한 양도가 이루어진 것처럼 오해하게 만드는 것이다. 그리하여 루소가 보기에, 영국 인민이 투표를 통해 대표를 선출한다는 점에서 스스로를 자유롭고 평등하다고 생각하는 것은 커다란 착각에 불과하다. "그들은 오직 의회 구성원을 선출하는 동안만 자유롭다. 선출이 끝나면 그 즉시 인민은 노예이고, 없는 것이나 마찬가지이다."[71]

사회계약에 참여한 이들이 완전한 양도를 거부하거나 완전한 양도에 실패할 경우, 더 큰 힘이 계약에 모종의 영향을 미칠 것이며, 그 결과 불공평한 법이 제정될 위험이 있다. 그러나 힘을 가진 이들은 완전한 양도를 좀처럼 수용하지 않는다. 힘을 사용해서 자신에게 유리한 법을 만들 수 있다면, 공동체 전체에 자신의 힘을 완전히 양도할 이유가 전혀 없기 때문이다. 그러므로 모든 회합원이 평등한 관계에서 회합에 참여하기 위해서는 무엇보다도 힘을 가진 이들이 완전한 양도에 동의할 필요가 있다. "이것은 아무것도 남겨 두지 않는 양도$^{l'aliénation\ se\ faisant\ sans\ réserve}$여서, 최대로 완전한 결합이 이루어지며 어떤 회합원도 요구 거리를 가질 수 없다. 만약 개별자들에게 몇몇 권리가 남아 있게 되면, 각자는 어떤 사안에서 스스로 심판자 역할을 하게 되어 곧 모든 사안에 있어서 그렇게 되길 바랄 것이다."[72] 다만, 아무것도 남겨 두지 않는 완전한 양도는 절대적 평등

---

71 루소, 『사회계약론』, p. 118.

72 루소, 『사회계약론』, p. 24.

의 강제적 실현을 의미하는 것은 아니다. 사실상 각 개인은 서로 다른 힘을 지니고 있을 수밖에 없다. 이때 힘의 차이가 회합의 과정에서 누군가를 노예로 부릴 수 없도록 만드는 것, 동시에 모든 회합원을 동등한 대화자로 대할 수 있도록 만드는 것이 완전한 양도가 추구하는 바이다.

    루소는 사람들이 끝내 양도하기를 거부하는 대표적인 힘으로 '재산'과 '정보 및 지식'을 든다. 먼저, 일반의지를 올바로 도출하기 위해서는 회합원 사이에 재산이라는 힘의 차이가 영향을 미치지 않아야 한다. 이 점에서 모든 회합원은 다른 사람의 눈치를 보지 않고 자유롭게 주권자의 역할을 수행할 수 있을 재산을 갖출 필요가 있다. "사회상태는 모두가 어느 정도는 가지고 있고 누구도 너무 많이 가지지 않는 한에서만 인간에게 이로운 것이다."[73] 우연히 재산이 비슷한 사람들이 모이면 문제가 없을 것이다. 그렇지 않을 경우, 재산의 양도를 강제로 집행하는 방법이 있다. 사실상 이것이 현실적으로 가능하지 않다면, 경제성장 등을 통해 사람들이 재산이라는 힘으로부터 자유로운 상태에서 일반의지를 도출할 수 있도록 도와야 한다. 이로부터 재산을 완전히 양도한 것과 다르지 않은 효과가 발휘될 수 있다.

    다음으로, 일반의지를 올바로 도출하기 위해서는 회합원에게 동등한 정보를 제공해야 하며, 그것을 다른 사람들과의 의견 교환 없이 홀로 해석할 수 있을 충분한 시간과 공간이 주어져야 한다. "만약 인민이 충분한 정보를 가지고 심의할 때, 시민들 사이에 어떤 의사 교환도 없다면, 엄청나게 많은 수의 작은 차이들로부터 언제나

---

[73] 루소, 『사회계약론』, p. 34.

일반의지가 도출될 것이고, 심의는 언제나 좋은 결과를 가져올 것이다."[74] 그런데 충분한 정보와 독립적인 시간 및 공간을 제공한다고 할지라도, 인민이 그 정보를 적절히 해석해서 최선의 판단을 내릴 것이라는 확실한 보장은 없다. 이 점에서 국가의 다양한 교육 관련 정책이 중요할 수 있다. 가령, 특정한 교육정책을 잘 시행해서 필수적인 지식을 어린 시절부터 체계적으로 가르친다면, 성인이 되었을 때 좋은 정보를 정확히 파악하는 지적인 시민의 역할을 훌륭히 수행할 수 있을 것이다.

사회계약은 회합을 위해 모인 인민이 권리로 내세울 수 있을 각자의 힘을 공동체 전체에 완전히 양도해서 전부 평등한 상태가 될 때 비로소 공정하게 이루어질 수 있다. 재산이나 정보 및 지식 외에도 많은 것들이 회합에서 특별한 힘으로 작용할 수 있다. 주권자로서 행위할 때, 이러한 차별적인 힘들은 공동체 전체에 완전히 양도되어야 한다. 애초에 각자의 재산이나 정보 및 지식이 비슷하다면 이상적일 것이다. 그러나 오늘날 그것이 불가능하다는 점에서, 경제성장이나 교육정책 혹은 과학기술의 발전 등을 중요하게 다룰 필요가 있다. 재산이나 정보 및 지식의 불평등 때문에 주권자의 역할을 제대로 수행하지 못하는 일이 없도록 다양한 노력을 기울여야 하는 것이다. 그러나 강한 힘을 가진 이들은 자신의 힘을 양도하지 않은 채 불평등한 법을 유지하고자 수단과 방법을 가리지 않을 수 있다. 사실 아무리 작은 힘일지라도 사람들은 그것이 자신의 이익에 도움이 될 것이라 생각되면 결코 손에서 놓으려 하지 않는다. 이러한 상황에서 "어떻게 몽매한 군중이 입법체계와 같이 중대하고

74　루소, 『사회계약론』, p. 39.

어려운 기획을 스스로 수행할 것인가?"[75]

7. 입법자

일반의지의 도출을 위해서는 먼저 각 회합원이 자신의 모든 권리와 함께 공동체 전체에 완전히 양도되어야 한다. 회합원들 사이에 힘의 차이가 존재할 경우, 더 큰 힘을 권리로 내세우며 편익을 추구하는 것을 정의로 합리화하는 이들이 등장할 수 있다. 실로 사람들은 자신의 힘을 손쉽게 포기하지 않으려 한다. 이와 같은 상황에서 시도할 수 있는 한 가지 현실적인 노력은 재산이나 정보 및 지식과 같은 힘의 불평등을 완화할 수 있을 다양한 정책적 방안을 모색하는 것이다. 불평등을 초래하는 힘의 차이를 지금 즉시 해소할 수 없을지라도, 앞으로 더욱 평등한 관계를 맺을 수 있도록 가능한 모든 방법을 고민해야 한다. 그런데 경제성장이 재산의 평등을 이룰 수 있다거나, 교육정책 및 과학기술의 발전이 정보 및 지식의 평등을 이룰 수 있다는 생각은 하나의 환상에 불과한 것일지 모른다.

재산의 평등에 있어, 1992년 미국 대통령 선거에서 등장했던 '문제는 경제야, 이 바보야'It's the economy, stupid라는 구호는 유권자들의 선택이 경제성장에 크게 좌우된다는 점을 보여주는 한 가지 사례이다. "이는 유권자들이 어떤 가치나 선호를 갖고 있든 간에 그들의 선택을 이끄는 것은 일차적으로 '경제성장'임을 가정한다."[76] 흔히 사

75　루소, 『사회계약론』, p. 51.
76　바우만, 『왜 우리는 불평등을 감수하는가?』, p. 56.

람들은 경제성장을 이루게 되면 다른 문제들 역시 자연히 해결될 것이라고 기대한다. 그러나 경제성장은 오히려 성장이라는 미명 아래 불평등의 심화를 가릴 수 있다. "일반 대중용으로 작성된 공식 원고들은 탈규제를 모든 사람의 복지에 이르는 왕도로 제시하며, 국가 '전체 부'의 부침을 보여주는 지표이자 국가의 복지와 동일시되는 GNP(국민총생산) 통계는 부의 배분 방식에 대해 침묵한다. 무엇보다도 중요한 것은 '전체 부'의 증가가 사회적 불평등의 심화와 병행한다는 진실을 GNP 통계가 은폐한다는 점이다."[77]

정보 및 지식의 평등에 있어, 수많은 정보들이 끝없이 쏟아지는 21세기 디지털 사회에서 진실은 판별 불가능한 것이 되었다. 어떤 정보로부터 무엇인가를 사유할 틈도 없이 새로운 정보가 제시되기 때문이다. 거짓 정보의 바다에서 사람들은 진리를 담지한 지식을 잃어버린 채 표류하고 있다. 정보는 시간적 안정성이 없으며, 이러한 불안정성에 의해 앎, 경험, 깨달음 같은 시간 집약적 인지 실행을 몰아낸다.[78] 게다가 정보가 주는 순간적인 즐거움에 익숙해진 사람들은 결과를 얻기까지 오랜 시간이 요구되는 주권자로서의 역할을 조바심과 지루함 속에서 좀처럼 참아 내지 못한다. 정보에 침식된 자들은 새로운 정보가 주는 신속한 기쁨에 취한 채 일반의지를 도출하는 지난한 과정 자체를 견디기 힘들어한다. 이로부터 진실을 알고자 하는 의지 역시 점차 희미해지고 만다. 지식은 일회성 정보로 대체되며, 교육 역시 정보의 효율적 획득이라는 목적 달성을 위한 수단으로 활용된다. 정보사회에서 사람들은 우연성이 주는 기쁨

---

[77] 바우만, 『왜 우리는 불평등을 감수하는가?』, p. 63.
[78] 한병철, 『정보의 지배: 디지털화와 민주주의의 위기』, p. 35.

으로 만족하며, 진리에 대한 열정을 스스로 포기하기에 이른다. 자유와 평등의 진실은 자연스레 흩어지며, 민주주의는 정보지배로 전락한다. "진실을 향할 자유가 비로소 진짜 민주주의를 만들어 낸다. 진실을 향할 자유가 없으면 민주주의는 인포크라시Infokratie와 가까워진다."[79]

사실 루소의 관점에서 문명의 진보는 속도의 차이가 있을 뿐, 우리의 삶을 타락시키는 방향으로 이끌 뿐이다. 가령, 학문과 예술의 발전은 무엇을 초래했는가? "과격한 행위가 금지되고, 악덕vices은 사라질 것이다. 그러나 다른 악덕이 미덕vertus이라는 이름으로 치장될 것이다. 틀림없이 그런 악덕이 출현할 것이며, 그것을 좋아하게 될 것이다. 원한다면 이 시대 현인들의 절도를 칭찬해도 좋으리라. 그러나 나는 그들에게서 솔직함을 가장한 교활함과 칭찬할 수 없는 교묘한 무절제만을 볼 뿐이다."[80] 평등을 이룰 수 있다고 기대되는 문명의 발전이 오히려 불평등을 심화시키는 기폭제가 될 수 있다. 사회에서 인간은 수많은 불평등을 끊임없이 발생시킨다. 그러므로 적절한 조치를 취하지 않는다면, 많은 이들이 불평등한 삶을 당연한 듯 수용하며 살아갈 수 있다. 이 점에서 정당한 입법체계를 마련하는 일이 무엇보다 중요하다. "사물의 힘은 언제나 평등을 파괴하는 경향을 띤다. 바로 이런 까닭에 입법의 힘은 언제나 평등을 유지하는 경향을 띠어야 한다."[81] 다만 인민이 좋은 것을 원할지라도, 그들의 판단이 항상 적절하지는 않다는 데 문제가 있다. "일

79　한병철, 『정보의 지배: 디지털화와 민주주의의 위기』, p. 96.

80　루소, 『학문과 예술에 대하여』, p. 39.

81　루소, 『사회계약론』, p. 67.

반의지는 언제나 바르지만, 일반의지를 인도하는 판단이 언제나 밝은 것은 아니다."[82] 이러한 상황에서 루소는 인민이 사적인 이익의 유혹에 빠지지 않고 바른길을 갈 수 있도록 최초의 법을 주는 '안내자'guide로서, 모든 인민의 완전한 양도를 가능하게 만드는 '입법자'législateur가 필요하다고 주장한다. 입법자에 대해 루소는 다음과 같이 말한다.

> 국민에 적합한 최선의 사회 규칙을 찾아내려면 우월한 지성이 있어야 할 것이다. 이 지성은 인간의 모든 정념을 보았으나 그중 어느 것도 겪어 본 적은 없어야 한다. 그는 우리의 본성과 어떤 관계도 없지만 그것을 속속들이 알아야 한다. 그의 행복은 우리와 별개이지만 그래도 그는 기꺼이 우리의 행복을 돌봐야 한다. 끝으로, 그는 시간의 흐름 안에서 먼 훗날의 영광을 준비해야 하며, 한 시대 안에서 일하고 그 결과는 다른 시대에서 누릴 수 있어야 한다. 인간에게 법을 주려면 신들이 필요할지 모른다.[83]

입법자는 '우월한 지성'intelligence supérieure을 통해 인민 각각의 의지를 꿰뚫어 볼 수 있으며, 이를 바탕으로 그들이 도출해야 할 일반의지와 그것의 구체적 표현인 법을 제공할 수 있는 존재이다. 신적인 역량으로 인민의 본질을 즉각적으로 통찰한 뒤, 이들에게 가장 적합한 법을 주는 존재가 바로 입법자인 것이다. 입법자는 개인 혹은 집단과 언제 어떤 상황에서 어떻게 만나건 가장 적절한 관계를

---

82 루소, 『사회계약론』, p. 51.

83 루소, 『사회계약론』, p. 52.

맺을 수 있다. 그런데 우월한 지성을 지닌 입법자는 무엇보다도 '정념'passion에 대해 자세히 알고 있되, 단 한 번도 그것에 휘둘린 일이 없어야 한다. 한 번 정념에 휩쓸린 자는 언제든 다른 정념에 이끌릴 가능성이 있다. 입법자는 정념들로부터 온전히 자유로운 상태에서 인민의 본성을 파악한다. 더불어 입법자는 인민의 자유롭고 평등한 삶과 이로부터 뒤따르는 행복만을 고려하는 인격의 소유자이다. 설령 인민이 자신을 외면할지라도, 입법자는 당장의 영광에는 무심한 채 최선의 법을 주기 위해 노력할 뿐이다. 이러한 입법자가 지닌 인격의 크기와 위력은 현실의 척도로는 측정이 불가능한 것으로서 사람들에게 숭고를 불러일으킨다.

입법자의 우월한 지성과 어떤 정념도 겪지 않은 채 인민의 행복만을 고려하는 고결한 인격은 인민 각각이 지니고 있는 힘을 일거에 무효화한다. 즉, 입법자는 사람들의 서로 다른 힘을 자발적으로건 비자발적으로건 완전히 양도시킨다. 입법자가 자아내는 숭고감 속에서 사람들은 세속의 욕망을 추구하는 삶을 보잘것없는 것으로 여기게 되는 것이다. 입법자는 자신의 신적인 역량을 통해 모든 인민을 평등한 존재로 만든다. 이 상태에서 입법자는 인민에게 가장 적절한 최초의 법을 제공한다. 그런데 이후 입법자는 인민을 즉시 떠나감으로써 특정한 힘을 중심으로 사회적 관계가 형성되는 것을 방지한다. 이것이 입법자에게 요구되는 결정적인 조건이다. 입법자가 계속해서 사회에 남아 있게 되면, 무조건적으로 입법자에게 복종하거나 사적인 목적을 위해 입법자를 이용하려는 이들이 등장할 수 있다. 사실 입법자는 누구보다 집단적 광신을 자아낼 수 있는 위험한 존재이기도 하다. 그러므로 입법자는 자신이 준 최초의 법을 바탕으로 사람들이 주권자의 역할을 수행할 수 있도록 반드시 사라져야 한다. "인간을 지휘하는 자가 법을 지휘해서는 안 되는 것처럼, 법을 지휘하는 자도 인간을 지휘해서는 안 되기 때문이다."[84] 이와 관련하여 루소는 리쿠르고스의 사례를 든다. "자신의 조국에 법을 줄 때 리쿠르고스는 우선 왕위를 내려놓았다."[85]

불평등한 관계를 정의로운 것으로 내세우는 권력자들의 힘을 사회에서 개인이 홀로 이겨 내는 것은 쉽지 않은 일이다. 그러므로 완전한 양도는 일반의지를 도출하기 위한 핵심적인 조건이다. 입법자는 인민이 불평등이라는 재난을 극복할 수 있을 환경을 마련한 뒤, 자신이 힘의 중심이 되지 않도록 사라지는 존재이다. 그리하여 입법자가 제공하는 최초의 법을 어떻게 사용할 것인지는 전적으로 인민의 몫으로 남겨진다. 분명 입법자의 행위는 특수하고 우월하다. 그렇지만 입법자는 결국 사회를 떠나야 하며, 결과적으로 사회계약의 주체는 언제나 인민이어야 한다. 인민 스스로가 일반의지의 도출을 계속해서 실천해야 하는 것이다. 이 점에서 입법자가 제공하는 최초의 법은 성격상 내용과 의미 등이 전부 비워진 '텅 빈 법'과 다르지 않다. "입법자는 거의 신적인 인물이라는 비유 속에서 루소가 시도하고자 생각한 것은 사실상 공백vide의 도입이다."[86]

힘을 가진 이들은 자유를 자격으로 평등을 요구하는 이들의 주장을 기만적인 법을 앞세워 잘못으로 규정한다. 이때 입법자는 신적인 역량을 통해 인민과 자연 사이에 공백을 도입해서 모두가 평

84　루소, 『사회계약론』, p. 54.

85　루소, 『사회계약론』, p. 54.

86　바디우, 『존재와 사건』, p. 561.

등한 상태로 자유롭게 입법을 수행할 수 있도록 만든다. 그러므로 입법자가 제공하는 최초의 법은 구체적인 조항이 있는 특별한 법이라기보다는, 인민이 스스로 법을 만들 수 있을 환경 그 자체라고 말해야 한다. "자연적 공백에서 끌려 나오는 존재인 입법자는, 인민의 회합에 의해 소급적으로 창조되는 것으로서, 투표로 비준되는 법적 임명의 지혜이다."[87] 인민의 자유롭고 평등한 회합을 위한 공백으로 존재한다는 점에서 "입법자는 사건^{événement}을 향하며, 그것의 결과들로부터 공제된다."[88] 그러나 여전히 문제가 남아 있다. 사람들이 입법자의 말을 제대로 알아듣지 못할 수 있으며, 사회의 권력자들이 숭고를 일으키는 존재에게 외적인 저항을 시도할 수 있기 때문이다. 인간의 과도한 욕망은 신과의 경쟁조차 주저하지 않게 만든다. 그러므로 입법자의 법이 제공하는 시간과 공간을 모든 인민이 적절히 받아들일 것이라고 막연히 기대할 수는 없다. "개인들 각자는 자신의 개별 이익에 호응하는 통치 계획이 아니면 높이 평가하지 않기에, 좋은 법이 부과하는 지속적인 규제에서 그가 얻을 이득을 쉽게 인지하지 못한다."[89] 게다가 입법자가 사라진 이후, 누군가는 특정한 힘이 개입된 불공정한 법을 다시 수립하고자 시도할 수 있다. 그리하여 입법자는 때때로 정치를 위한 수단으로서 종교의 힘을 사용했다.

---

87 바디우, 『존재와 사건』, p. 561.

88 바디우, 『존재와 사건』, p. 561.

89 루소, 『사회계약론』, p. 55.

8. 철인왕의 거짓말과 입법자의 종교

플라톤의 철인왕은 루소의 입법자 못지않은 조건과 역할을 요구받는다. 먼저 철인왕은 좋음 자체를 볼 수 있도록 어린 시절부터 엄격한 교육의 과정을 거친 탁월한 지성의 소유자이다. "이들이 쉰 살이 되었을 때, 이들 중에서도 시험들을 무사히 치렀으며 실무에 있어서나 학식에 있어서 두루 모든 면에서 가장 훌륭했던 자들을 이제 최종 목표로 인도해서, … 그리하여 '좋음 자체'를 일단 보게 되면, 이들은 그것을 본으로 삼고서, 저마다 여생 동안 번갈아 가면서 나라와 개개인들 그리고 자신들을 다스리지 않을 수 없도록 만들어야만 하네."[90] 다음으로 철인왕은 부적절한 정념들에 영혼이 조금도 흔들리지 않는 존재이다. 만약 영혼이 단 한 번이라도 오염되었다면, 그는 결코 판관의 지위에 오를 수 없다. "적어도 판관은 혼(마음)으로써 혼을 다스리네. … 혼이 그 자체로 훌륭하디훌륭하면서 올바른 것들을 건전하게 판단하려면, 자체가 어려서는 나쁜 성격들에 대한 체험도 없어야만 하며 그런 것들로 더럽혀지지도 않아야만 하네."[91]

철인왕은 사적인 욕망 충족을 위해 통치하는 자가 아니다. 철인왕은 어쩔 수 없이 통치하는데, 자격 없는 자의 통치를 감내하는 것이야말로 그에게 가장 큰 형벌이기 때문이다. "스스로 통치하려는 마음을 갖지 않을 경우에, 그에 대한 최대의 벌은 자기보다 못한 사람한테 통치를 당하는 것일세. 훌륭한 사람들이 정작 통치를 맡

---

90 플라톤, 『국가·정체』, 540a-b.
91 플라톤, 『국가·정체』, 409a.

게 될 때는, 그런 벌을 두려워해서 맡는 것으로 내겐 보이네."[92] 철인왕은 자신의 탁월한 지적 능력과 이익에 대한 무사심한 성품을 바탕으로 국가를 가장 탁월하게 통치하는 존재이다. 철인왕은 결코 영광을 추구하지 않지만, 그가 받아 마땅한 영광은 미래가 아닌 현재에 주어져야 한다. 그러므로 철인왕은 정치와 교육을 훌륭히 수행해서 즉시 좋은 결과를 이뤄내야 한다. 반면, 입법자의 영광은 먼 미래에 올 수 있다. 입법자는 최초의 법을 줌으로써 사람들이 일반의지를 도출하고 그 표현인 법을 통해 사회를 잘 운영할 계기를 제공할 뿐이다. 입법 및 정치체를 운영하는 주체는 언제나 인민이어야 한다.

한편, 입법자가 힘을 가진 이들에게 배척될 수 있는 것처럼, 철인왕 역시 사람들에게 외면받거나 증오의 대상으로 여겨질 수 있다. 우연히 사슬에서 풀려나 힘겹게 동굴 바깥으로 나아가 이데아의 빛을 대면하고 난 이후, 다른 동료 죄수들의 처지에 동정심을 느끼며 그들을 풀어 주기 위해 동굴 안쪽으로 다시 내려온 해방자를 죄수들은 어떻게 대할 것인가? "그가 위로 올라가더니 눈을 버려 가지고 왔다고 하면서, 올라가려고 애쓸 가치조차 없다고 하는 말을 듣게 되지 않겠는가? 그래서 자기들을 풀어 주고서는 위로 인도해 가려고 꾀하는 자를, 자신들의 손으로 어떻게든 붙잡아서 죽일 수만 있다면, 그를 죽여 버리려 하지 않겠는가?"[93] 그리하여 철인왕은 자신이 만든 법과 질서를 대중이 받아들이도록 하기 위해서 상황에 따라 거짓말을 사용한다. "필요한(마땅한) 경우에 부응하는 거짓말

---

92 플라톤, 『국가·정체』, 347c.

93 플라톤, 『국가·정체』, 517a.

을, 즉 한 가지의 훌륭한 거짓말을 함으로써 누구보다도 특히 통치자들 자신이 곧이듣도록 할 수 있는, 만약에 그게 불가능하다면, 나머지 시민이라도 곧이듣도록 할 수 있는 어떤 방도가 우리에게 있을 수 있겠는가?"[94]

철인왕이 이성적인 고귀한 거짓말을 사용할 때, 입법자는 자신의 법을 대중이 신실하게 받아들일 수 있도록 종교적 힘을 이용한다. "입법자는 평범한 사람들의 능력을 넘어서는 이 최고 이성의 결정 사항이 신들의 입에서 흘러나오도록 함으로써, 인간의 신중함으로는 자극할 수 없는 신의 권위를 통해 이끈다."[95] 이 점에서 입법자는 다른 어떤 법보다도 풍속, 관습, 특히 여론에 주의했다. 물론 입법자는 석판에 글을 새기거나, 신탁을 매수하는 등의 조잡한 방법을 사용하지 않는다. 오직 인민의 행복을 향한 입법자의 진심만이 기적처럼 모두에게 전달될 수 있다. "입법자의 위대한 영혼은 진정한 기적으로서 그의 사명을 증명한다."[96] 입법자는 자신의 진실한 영혼으로 사람들을 사로잡아, 자신이 제공한 법의 한가운데로 불현듯 도달하게 만드는 존재이다.

입법자의 종교는 텅 빈 공백의 장에서 일반의지의 도출을 가능하게 만드는 형식으로 사람들에게 선사된다. 설령 사람들이 지금 당장은 외면할지라도, 입법자는 언젠가 자신의 의도를 그들이 기적처럼 깨달을 것임을 의심하지 않는다. 입법자가 추구하는 바는 자신의 법을 영원불변한 신적인 것으로 숭상하도록 만드는 것이 아

---

94 플라톤, 『국가·정체』, 414b-c.

95 루소, 『사회계약론』, p. 56.

96 루소, 『사회계약론』, p. 56.

니다. 입법자의 종교는 인민의 모든 힘을 무효화시켜 완전한 양도를 실현하는 데 기여할 뿐이다. 철인왕이 고상한 거짓말을 통해 지금 당장의 위기를 지혜롭게 무마한다면, 입법자는 자신의 삶 그 자체를 통해 사람들에게 진실한 감동을 일으켜 자발적인 법의 수립이 갖는 가치를 의심하지 않도록 만든다. 이러한 종교적 경험 속에서 인민은 입법을 수행하는 이들이야말로 신성한 존재이며, 그렇기에 자신들이 정한 법의 준수 역시 신성하다는 것을 자각할 수 있다. 입법자가 떠난 이후 일반의지를 다시 도출하고 법을 수립하는 일은 명백히 인민의 몫이다.

　표면상 비슷한 조건과 역할을 요구받는 것으로 보이는 철인왕과 입법자는 결코 동일한 존재가 아니다. 철인왕은 계속해서 국가에 머무르지만, 입법자는 최초의 법을 주고 떠나간다. 철인왕이 전혀 권력을 추구하지 않는 청렴한 존재일지라도 언제든 권력의 집중을 야기할 위험이 있다. 더불어 철인왕의 법은 대중에 의해 변경될 수 없지만, 입법자의 법은 주권자에 의해 얼마든지 변경될 수 있다. 철인왕은 대중에게 거짓말을 이용해서라도 탁월한 법을 수립하고자 시도한다. 이와 달리, 입법자는 공정한 법의 수립을 위한 시간과 공간을 제공함으로써 인민이 직접 기존의 불평등한 법을 철폐하고, 새로운 법을 수립해서 자발적으로 그 법을 준수하는 기적을 이룩한다.

　한편, 50여 년의 시간을 요구하는 철인왕의 교육에서 특별히 주목해야 할 점은, 교육을 받을 수 있는 자와 그렇지 않은 자를 재빨리 구분하는 신속함이다. 자격 없는 자를 가려 내는 플라톤의 방식이 보이는 성급한 포기는 효율적인 빠름이라는 강점으로 둔갑한다. 반면, 루소는 어떤 아이이건 25년 동안 신중히 교육하는 법을 안다.

루소는 아무도 포기하지 않으며, 누구든 입법자와 다르지 않은 일을 실천할 수 있다고 믿는다. 이로부터 기다리지 않는 철인왕의 정치와 기다리는 입법자의 정치가 구분된다. 결국 철인왕이 대중의 잘못된 판단과 행위를 완벽히 교정하며 기하학적 비례를 이룬 신적인 정치를 추구할 때, 입법자는 모든 힘을 완전히 양도시키는 텅 빈 정치의 공간을 열어 두고 떠남으로써 각자의 평등한 말들이 자유롭게 부딪치는 인간적인 정치를 준비한다.

9. 정치에서 교육으로

신적인 역량의 입법자는 분명 드물 것이다. 입법자가 실존할지라도, 인민이 입법자를 환영한다는 보장은 없다. 오히려 입법자는 공동체에서 추방되거나 심지어 죽임을 당할 수 있다. "따라서 우리는 입법 과정에서 양립 불가능해 보이는 두 요소를 동시에 발견한다. 기획은 인간의 힘을 초과하는데, 이 기획을 실행해야 할 권한은 너무나 미약한 것이다."[97] 게다가 입법자가 떠나간 이후, 인민은 점차 관습을 형성하게 되고, 그 과정에서 다시금 편견이 뿌리내리고 만다. 이때 관습에 의한 편견을 누군가 고치고자 하면, 대부분의 인민은 의사 앞에서 두려워하는 환자처럼 격렬히 치료를 거부한다. 편견의 사슬로부터 풀려나기를 스스로 포기하는 것이다. 그러므로 입법자는 입법 대상이 되기에 적합한 인민을 만날 필요가 있다. 그렇다면 그들은 어떤 인민인가?

---

97 루소, 『사회계약론』, p. 55.

출신, 이익, 합의의 결합으로 이미 묶여 있으면서 아직 진정한 법의 족쇄에 속박된 적 없는 인민, 완전히 뿌리내린 관습도 미신도 갖고 있지 않은 인민, 갑작스러운 침입에 시달리는 것을 두려워하지 않으며 주변 인민들의 다툼에 휩쓸리지 않고 혼자서 그들 각각에 저항할 수 있거나 한 인민을 이용해 다른 인민을 물리칠 수 있는 인민, 모든 구성원이 서로 알고 있으며 누구에게도 한 사람이 감당하기 힘든 큰 짐을 지울 필요가 없는 인민, 존속을 위해 다른 인민을 필요로 하지 않고 다른 인민들에게도 필요치 않은 인민, 부유하지도 가난하지도 않고 자립할 수 있는 인민, 끝으로 고대 인민의 확고함과 요즘 인민의 유순함을 겸비한 인민이 그들이다.[98]

입법 대상이 되기에 적합한 인민은 힘을 권리로 삼아 정의를 합리화하는 기만적인 법을 경험한 적이 없어서, 입법자가 마련해준 입법의 시간과 공간을 낯설어하지 않을 수 있어야 한다. 그들은 외부의 힘에 저항할 수 있어야 하며, 내부의 힘의 차이에 의해 불평등이 발생하지 않도록 노력해야 한다. 이를 위해 서로를 잘 알고 있어야 하며, 재산이나 정보 및 지식의 차이가 심하지 않아 누군가에게 의존할 필요도 없어야 한다. 결정적으로 이들은 평등한 상태에서 자유롭게 회합에 참여해 공정한 법을 수립하는 확고함을 갖추고 있으면서도, 일단 법이 정해지면 그것을 준수하고자 노력하는 유순함을 겸비해야 한다. 그러나 어떤 법일지라도 추후에 문제가 된다면, 다시금 일반의지를 도출해서 적절한 법을 제정할 수 있어야 한다.

신적인 입법자가 존재하는 것도 어렵지만, 입법자가 이상적인

---

[98] 루소, 『사회계약론』, p. 65.

인민과 만나는 것 역시 쉽지 않은 일이다. 게다가 적합한 인민을 만났다고 할지라도, 시간의 흐름 속에서 이들은 결국 힘의 개입이 이루어진 법을 수립하게 된다. 그리하여 "수많은 국민이 지상에서 찬란하게 빛났으나 그들도 좋은 법을 감당하지 못했고, 심지어 감당할 수 있던 국민들조차 그들이 존속했던 전체 기간에서 아주 짧은 시간만 그럴 수 있었다."[99] 이 점에서 입법자는 계속해서 재등장해야 한다. 다만, 시간이 지날수록 인민은 불공평한 법에 더욱 익숙해져서 입법자를 외면할 가능성 또한 커지게 된다. 그럼에도 우리는 입법자와 인민의 문제가 전부 해결되었다고 가정해 볼 수 있다. 그렇다면 이제 정부를 구성해서 실질적으로 국가를 운영하는 일, 즉 구체적인 법의 집행으로서 행정이 문제가 된다.

주권을 지닌 인민이 시민으로서 도출한 일반의지의 표현, 즉 법에 따라 운영되는 국가를 루소는 공화국이라고 말한다. "나는 어떤 행정 형태를 가지든지 법에 의해 지배되는 모든 국가를 공화국이라고 부른다."[100] 공화국만이 공적 이익에 의해 통치되는 국가이다. 모든 정당한 정부는 공화정이며, 이때 정부는 어디까지나 주권자의 집행자이다. "정부는 신민과 주권자의 상호 일치를 위해 둘 사이에 설치되어, 법을 집행하고 시민의 자유와 정치적 자유를 유지하는 일을 담당하는 매개체다."[101] 이러한 관점에서 입법권과 행정권은 명확히 구분된다. 그런데 "주권을 그 원리에 있어서는 분할하지 못하는 우리의 정치가들은 그것을 대상에 따라 분할한다. 그들은

---

99 루소, 『사회계약론』, p. 58.

100 루소, 『사회계약론』, p. 51.

101 루소, 『사회계약론』, p. 73.

주권을 힘과 의지, 입법권과 행정권, 과세권과 사법권과 전쟁권, 대내 행정과 대외 교섭권으로 나눈다. 그들은 때로는 이 모든 부분을 뒤섞고, 때로는 분리한다. 그들은 주권자를 누더기처럼 구성된 공상의 존재로 만든다."[102]

정부는 매개하는 힘을 가지고 있을 뿐이다. 정부의 구성원, 즉 행정관은 입법권을 지닌 주권자의 관료로서 공적 이익을 달성하기 위해 주권자의 이름으로 법을 집행한다. 행정관들은 권력을 주권자로부터 잠시 위임받은 것이지, 결코 완전히 양도받은 것이 아니다. "주권은 일반의지의 행사일 뿐이기에 결코 양도될 수 없으며, 주권자는 집합적 존재일 뿐이기에 오직 그 자신에 의해서만 대표될 수 있다. 힘을 이전하는 것은 가능하지만, 의지는 그렇지 않다."[103] 인민이 도출한 일반의지와 정부라는 부분단체의 의지는 동일한 것이 아니다. "의지는 일반적이거나 일반적이지 않거나 둘 중 하나이기에, 그것은 인민단체의 의지든지 아니면 단지 그 한 부분의 의지일 뿐이다. 앞의 경우에 이 의지는 선포되어 주권행위가 되며, 법을 만든다. 뒤의 경우에 그것은 개별의지일 뿐이거나 행정직의 행위일 뿐이다. 그것은 기껏해야 명령이다."[104] 만약 행정관이 위임받은 권력을 제멋대로 사용한다면, 주권자는 언제든 이들의 권력 행사를 차단할 수 있다. "주권자는 내킬 때 이 권력을 제한하고 변경하고 회수할 수 있으며, 권리를 양도한다는 것은 사회체의 본성과 양립 불가

---

102 루소, 『사회계약론』, p. 37.

103 루소, 『사회계약론』, p. 35.

104 루소, 『사회계약론』, p. 37.

능할 뿐더러 회합의 목적에도 반한다."[105] 그리하여 루소는 다음과 같이 말한다. "나는 행정권의 정당한 행사를 **통치**gouvernement 혹은 최고행정이라 부르고, 이 행정을 맡은 사람 혹은 단체를 군주prince 혹은 행정관magistrat이라 부른다."[106]

    루소는 시민과 행정관의 비율에 따라 정부를 크게 세 가지로 분류한다. 첫 번째는 단순 시민보다 행정관을 겸하는 시민이 많은 경우인 '민주정'démocratie이다. 민주정은 민중dēmos의 통치kratos라는 의미를 지니고 있다. 두 번째는 행정관보다 단순 시민의 수가 더 많은 경우인 '귀족정'aristocratie이다. 귀족정은 가장 탁월한 자들aristos의 통치kratos라는 의미를 지니고 있다. 세 번째는 정부가 단 한 명의 행정관의 수중에 있고, 다른 모든 행정관이 그를 따르는 경우인 왕정'monarchie이다. 왕정은 한 명monos의 통치arkhō라는 의미를 지니고 있다.

    민주정은 모든 인민이 입법가이면서 행정관일 수 있는 정부형태이다. 그런데 민주정이 실지로 시행되기 위해서는 여러 조건들을 충족시켜야 한다. 우선 국가가 아주 작아서 인민이 쉽게 모여야 하고, 이들이 서로를 잘 알고 있어야 한다. 가령, 먼 곳에 사는 이들이 회합에 좀처럼 참여하기 어려울 때, 혹은 사람들이 모였지만 서로에 대해 잘 알지 못해 혼란이 이어질 때, 일반의지의 도출은 어려움을 겪게 된다. 이와 관련하여 아리스토텔레스가 가장 훌륭한 민주정이란 농민의 민주정이라고 주장한 대목을 참고할 수 있다. 농민의 민주정이란 충분한 자격을 갖추었을지라도 도시와 멀리 떨어져

---

105   루소, 『사회계약론』, pp. 73-74.

106   루소, 『사회계약론』, p. 74.

살고 있기에, 현실적 여건상 농민들이 정치에 참여할 수 없는 정부 형태이다. "농사짓는 인민이 가장 낫기 때문이다. 그래서 다중이 농업과 목축업으로 살아가는 곳에서 또한 민주정을 만드는 것이 가능할 수 있다. 왜냐하면 많은 재산을 가지고 있지 못하므로 여가가 없으며, 그래서 민회에 빈번하게 참석할 수 없기 때문이다."[107] 아리스토텔레스는 농민들에게도 정치 참여의 기회를 제공한다는 구실 아래, 실질적으로는 그들의 정치 참여를 막을 수 있는 농민의 민주정을 옹호한다. "시민이 될 사람들은 농민일 수가 없다. 왜냐하면 여가는 덕을 계발하기 위해서도, 정치적인 활동을 위해서도 필요하기 때문이다."[108] 농민의 민주정에서 농민들은 사실상 시민에서 제외되는 것이다.

    다음으로 민주정이 제대로 기능하기 위해서는 풍속이 매우 단순해서 불필요한 업무가 생기지 않아야 한다. 너무 많은 사안이 검토의 대상이 되거나 사소한 논의가 지속될 경우, 국가의 안정적이고 실질적인 운영은 어려움을 겪을 수밖에 없다. 더불어 신분과 재산이 특정한 영향을 미칠 수 없도록 가능한 평등해야 한다. 경제적 여유가 없어 회합에 참여할 수 없는 사람들이 늘어날 때, 경제력을 가진 이들이 불평등한 지위와 힘을 바탕으로 사람들을 회유해서 자신에게 유리한 법을 만들 위험이 있다. 그러므로 민주정에는 사치가 없거나 매우 적어야 한다. 민주정은 덕을 원리로 삼는 통치 및 행정 형태이다. 그러나 이상의 모든 조건을 만족시키는 정치체가 과연 가능할 것인가? "진정한 민주정이란 존재해 본 적이 없으며 앞으

---

[107] 아리스토텔레스, 『정치학』, 1318b9-13.

[108] 아리스토텔레스, 『정치학』, 1328b40-1329a2.

로도 존재하지 않을 것이다."[109] 만약 신들이라면 초월적 존재로서 거리나 장소에 구애받지 않을 것이고, 완벽하기에 모두 동등하며, 재산에 구애받거나 사치를 부릴 이유 또한 없을 것이다. 이 점에서 신들은 얼마든지 민주정을 채택할 수 있다. "신들로 구성된 인민이 있다면, 이 인민은 민주정으로 스스로를 통치할 것이다. 그렇게 완전한 정부는 인간에게 맞지 않다."[110]

귀족정은 입법권과 행정권을 행사하는 주체가 구분된다는 것과 더불어 행정관을 직접 선택한다는 장점이 있다. "인민정부에서 모든 시민은 행정관으로 태어나지만, 귀족정에서는 행정관이 소수에 한정되고 오직 선거를 통해서만 행정관이 되기 때문이다."[111] 초기 사회는 어른들의 경험에 젊은이들이 굴복하는 '자연 귀족정'aristocratie naturelle에 따라 통치되었다. 그리하여 어른들은 나이와 경험이라는 자격을 통해 사제, 장로, 원로 등의 자리를 자연스럽게 차지하였다. 그러나 자연적 연륜이 반드시 더 뛰어난 통치를 보장하는 것은 아니었다. 그리하여 제도적 절차에 의거해 최선의 통치를 수행할 수 있는 자를 선출하는 '선거 귀족정'aristocratie élective이 등장하였다. 일정 시기마다 선거를 통해 최고의 인물을 뽑아 행정관의 역할을 맡기는 것이다.

귀족정은 가장 탁월한 자들이 선발되어 대중의 이익을 위해 통치하는 정부형태이다. 이러한 측면에서 귀족정이야말로 최선의 정부형태로 보일 수 있다. 그런데 귀족정은 단체의 이익을 추구하는

---

109 루소, 『사회계약론』, p. 84.

110 루소, 『사회계약론』, p. 85.

111 루소, 『사회계약론』, p. 87.

방향으로 흐르기 쉽고, 그 결과 공적인 힘의 운용이 일반의지의 규칙에서 점차 멀어질 수 있다. 이 과정에서 일부 행정관은 법을 무시하게 된다. 게다가 귀족정의 행정관은 공무에 모든 시간을 할애할 수 있는 부를 갖춘 사람이 선발될 가능성이 컸다. 이로부터 강력한 힘을 지닌 특정한 가문이 권력과 재산을 자식에게 상속하며 통치를 대물림하는 '세습 귀족정'aristocratie héréditaire이 등장했다. 부유한 귀족들은 가난한 자들의 반발을 힘으로 억누르며 불평등을 고착시켰다. 이처럼 귀족정이 타락하지 않기 위해서는 부자들이 '절제'modération의 덕목을 갖추고, 빈민들은 '만족'contentement의 덕목을 따를 수 있어야 한다. 그러나 부자들과 빈민들은 과연 자신의 현재 상황에서 절제하고 만족할 수 있을 것인가?

왕정은 왕이 홀로 인민의 의지를 집행하는 정부이다. 이러한 정부에서는 개별의지가 가장 큰 영향력을 갖게 되며, 그리하여 다른 의지들을 쉽게 지배할 수 있다. 그 결과 왕은 자신의 의지를 일반의지와 동일시하게 된다. "가장 선한 왕도 자신이 원하면 악해질 수 있기를 바라지, 지배자이기를 관두지 않는다."[112] 왕정은 큰 국가에 적합한 정부형태이다. 그런데 이 경우 왕과 인민 사이의 거리가 너무 멀어지기 때문에 매개하는 신분이 필요하게 된다. 이로부터 제후, 대귀족, 귀족들이 등장한다. 결국 왕정에서는 신분 질서가 공고화되고, 별 볼 일 없는 이들이 출세해서 요직에 오르는 경우가 늘어나게 된다. 그러나 무엇보다도 왕정의 취약점은 계승의 연속성이 안정적이지 않다는 점에 있다. 그리하여 사람들은 왕위를 세습하도록 했으며, 계승 순서 또한 정해 두었다. 왕이 죽은 이후 선거를 통해 다음

---

112 루소, 『사회계약론』, p. 90.

왕을 뽑고자 하면, 무수한 음모와 부패가 끼어들어 국가에 엄청난 분란이 초래될 수 있기 때문이다. 그리하여 왕정은 "선거의 약점을 섭정의 약점으로 대체함으로써 현명한 행정보다는 표면상의 평온을 선택했고, 좋은 왕을 뽑기 위한 논쟁의 위험보다는 어린애, 괴물, 얼간이를 지도자로 삼는 위험을 기꺼이 감수했다."[113] 이 점에서 현명한 왕이 될 수 있도록 왕세자를 교육하는 일은 국가의 명운과 직결되는 문제였다. 그러나 왕세자 교육은 대부분 실패한 훈육이 될 수밖에 없었다.

국왕은 왕세자를 탁월한 왕으로 기르기 위해 최고의 교사들을 선별하여 최선의 수업이 이루어지도록 노력한다. 그러나 그토록 뛰어난 교사들과 함께했음에도 어째서 수많은 왕세자들은 위대한 국왕이 되지 못했던 것일까? 분명 왕세자는 장래의 국왕에게 요구되는 것들을 적절히 배울 수 있다. 그런데 이 과정에서 왕세자는 결정적으로 다른 것을 함께 배운다. 교사들이 왕세자의 신하라는 지위로부터 자유롭지 못한 그만큼, 왕세자는 자연스럽게 교사를 신하로서 다스리는 법을 배우게 된다. 수업의 과정에서 불평등의 합리화를 체득하는 것이다. "타인에게 명령하기 위해 교육되는 사람은 어떻게든 정의로움과 이성을 상실한다."[114] 그러므로 왕세자에게는 차라리 복종하는 기술을 가르치는 편이 더 낫다. 사실 위대한 왕들은 통치를 위한 교육을 받지 않았으며, 오히려 인민의 입장에서 어떤 왕이 되어야 하는지를 스스로 깨달았다. 반면 명령하는 법을 배운 왕세자가 왕이 되었을 때, 그는 이런저런 계획을 자의적으로

---

113 루소, 『사회계약론』, p. 93.

114 루소, 『사회계약론』, p. 93.

실행할 뿐이며, 그리하여 왕의 성향에 따라 국가의 운영이 급변하게 된다.

 모든 정부는 얼마간 혼합적이며, 완벽히 단순한 정부는 존재하지 않는다는 점을 고려해야 한다. 그러나 어떤 정부이건 시간이 흐르면서 행정관들이 권력을 남용하며 타락하고 만다. 민주정은 무리의 권력 남용 속에 '중우정'ochlocratie이 되고, 귀족정은 소수의 권력 남용 속에 '과두정'oligarchie이 되며, 왕정은 단일자의 권력 남용 속에 '폭정'tyrannie이 된다. 정부의 타락 속에서 국가는 필연적으로 위기에 직면하게 된다. 그 외에도 자연재해나 내부의 반란 혹은 외부의 침략 등에 의해 국가의 존속이 위태로워질 수 있다. 이처럼 국가가 폐망의 위기에 처한 경우, 잠시 주권과 법의 힘을 정지시키고 적법한 행정관에게 모든 권한과 책임을 부여할 수 있다. 다만 이러한 사태는 극히 예외적인 경우에만 해당한다. "공적 질서를 변경하는 위험과 맞먹을 수 있는 것은 가장 중대한 위험뿐이므로, 조국의 안녕이 문제 될 때만 신성한 힘을 정지시켜야 한다. 이런 경우란 명백하고 드물다. 이때 공적 안전을 지키기 위해 특수한 행위를 통해 가장 적합한 자에게 그 책임을 넘긴다."[115]

 국가가 무너질 위기는 너무나 명백해서 오판할 수 없는 것이며, 그렇기에 그만큼 드물 수밖에 없다. 이 순간 일반의지는 그 무엇보다 분명하다. "국가가 폐망하지 않는 것이 인민의 최우선적인 의도임이 명백한 것이다."[116] 최고 지도자로 임명된 행정관은 국가의 폐망을 막기 위해 일시적으로 입법권을 침묵시킨다. 그렇다고 입

---

115 루소, 『사회계약론』, p. 152.

116 루소, 『사회계약론』, p. 153.

법권이 폐지되는 것은 아니다. "그는 입법권을 억누르고 있는 것이지, 그것을 대표할 수는 없다."[117] 이와 관련하여 루소는 로마의 '독재관'dictateur 제도를 언급한다.

로마의 초기 공화정에서 국가의 급박한 위기에 대처하기 위해 독재관으로 임명된 이들은 역설적이게도 서둘러 권력을 내려놓으려 했다. 그만큼 독재관은 국가의 존속을 위태롭게 만드는 문제를 신속히 해결해야 할 막중한 책임을 짊어졌던 것이다. "마치 법의 자리를 차지하는 것이 너무 힘들고 위험한 직책이라는 듯이!"[118] 실로 독재관의 위임 기간은 아주 짧아야 했다. 만약 이 기간이 길어진다면 국가는 위기를 제대로 해결하지 못해 무너질 것이다. 그런데 독재관을 임명하자마자 그가 더 이상 필요하지 않다는 것이 밝혀지거나, 국가가 망하지 않고도 독재관이 자리를 계속 유지하는 일이 발생할 수 있다. 이와 같은 사태는 국가가 절체절명의 위기에 처한 것이 아니었거나, 독재관이 권력을 사적으로 남용하고 있음을 방증하는 것이다.

로마인들은 점차 독재관 임명에 조심스러워졌다. 그리하여 원로원은 독재관을 임명하기보다는 '집정관'consul에게 권력을 넘기는 것으로 대신했다. 긴급한 위기를 넘겼음에도 독재관이 권력을 내려놓지 않으면 폭정으로 이어질 위험이 크기 때문이다. 그런데 일부 집정관은 자신의 영광을 더 사랑했기에, 국가를 구하기보다 명예를 차지하는 일에 골몰하곤 했다. 이 경우 집정관이 로마의 해방자로서 정당한 명예를 얻을지라도, 그는 법의 침탈자로서 정당한 처벌

---

117 루소, 『사회계약론』, p. 153.

118 루소, 『사회계약론』, p. 153.

을 받아야 했다. 결국 국가의 가장 심각한 위기 상황에만 잠시 법을 잠재우는 최고 지도자로서 독재관을 임명할 수 있었다. 이때 독재관은 국가의 존속을 위해 모든 역량을 쉼 없이 쏟아부어야 했다. 다른 생각을 가질 여유가 조금도 없을 만큼 상황이 너무도 심각하기 때문이다. "독재관에게는 그를 선출하게 만든 필요에 대처할 시간만이 주어졌으며, 다른 계획을 구상할 시간은 없었다."[119]

루소가 보기에 자신이 주장한 국가의 이상은 유럽에서 오직 코르시카에서만 실현될 수 있었다. 이러한 측면에서 일반의지에 따라 법을 세우고 그에 적합한 정부를 통해 자유국가를 실현하는 일은 작은 국가에서 가능할 것이라고 추측해 볼 수 있다. 그 국가의 구성원들은 타고난 자유를 지키며 살아가는 훌륭한 인격의 소유자들로서, 서로를 잘 알고 평등하며 조금도 사치를 부리지 않아야 한다. 이때 비로소 신들에게나 적합한 민주정은 가능할 수 있다. 이 모든 어려움이 어떻게든 해결되었다고 가정해 보자. 그럼에도 장애물은 완전히 사라지지 않는다. 입법자가 좋은 인민을 만나서 정치체를 훌륭히 구성했을지라도, 강력한 힘에 의해 통치되는 이웃 국가의 침공을 받아 노예가 될 위험이 있기 때문이다. 그러므로 "정치법의 참된 원리를 제시하여 국가를 기반 위에 세우기 위해 노력했으니, 이제 대외관계를 통해 국가를 지지해야 할 것이다. 이 일에는 만민법, 교역, 전쟁법, 정복, 공법, 동맹, 협상, 협약 등이 포함될 것이다."[120] 그러나 결국 코르시카는 프랑스에 복속됨으로써 루소의 기대에 부응하지 못했다.

---

119   루소, 『사회계약론』, p. 155.

120   루소, 『사회계약론』, p. 173.

자유롭고 평등한 삶이 가능한 정치체를 수립하고자 했던 루소의 기획은 그 일의 불가능성을 확인한 채 끝나고 말았다. 사회계약을 위해 요구되는 수많은 조건들을 달성했다고 가정할지라도 다른 국가들이 힘에 의한 통치를 정의로운 것으로 합리화한다면, 자유롭고 평등한 사회를 위한 모든 노력은 외부의 힘에 의해 수포로 돌아갈 수 있다. 그러므로 인류 전체가 각각 자유롭고 평등한 정치체를 이룰 때, 비로소 사회계약은 의미 있는 성취를 달성하게 된다. 결국 루소의 『사회계약론』은 마지막까지 넘기 힘든 장애물을 제시하며 우울한 전망 속에서 마무리된다. 그런데 우리는 이 지점에서 좌절하는 대신에, 『사회계약론』의 첫 문장으로 돌아갈 수 있다. 루소는 인간은 그대로 둔 채, 법을 바꿈으로써 정치질서에 정당하고 확실한 운영원칙이 있을지 검토하겠다고 말했다. 그러나 정치질서의 문제를 통해 자유롭고 평등한 삶을 실현하는 일은 다양한 현실적 난관들로 인해 달성이 요원한 상황이다. 결국 공화국의 수립이 사실상 불가능하므로 시민 역시 존재할 수 없다. 그러나 이와 같은 비관적 결말 속에서 루소가 취할 수 있는 또 다른 선택지가 있다. 『사회계약론』의 논의 내내 있는 그대로 두었던 인간의 변화에 주목하면서, 오랜 시간이 걸릴지라도 인간의 교육에 집중하는 것이다.

10. 시민의 불가능성과 인간의 가능성

　　법과 정치질서의 운영원칙을 통해 자유롭고 평등한 사회를 수립하는 일은 수많은 장애물로 인해 실현이 어려운 상황이다. "국가의 차원에서 자유의 가능성을 타진한 『사회계약론』은 결론적으로 절망과 실패의 서사시라고 할 수 있다."[121] 불평등한 사회는 조국으로 불릴 수 없고, 그렇기에 자유로운 시민 역시 등장할 수 없다. 그리하여 루소는 『에밀』에서 시민의 교육, 다시 말해 공공교육에 대해서는 다루지 않을 것이라고 말한다. 그것은 플라톤의 『국가·정체』에서 확인할 수 있는 것이다.[122] "더 이상 조국이 없는 마당에 더 이상 시민도 있을 수 없기 때문이다. 조국과 시민이라는 두 단어는 현대 언어에서 지워야만 한다."[123] 시민을 기르는 교육이란 "'조국의 유지를 위해 사는 인간을 양성'하는 교육이며, 이것이 루소가 말하는 '공공교육'이다. 그런데 루소는 공공교육의 가능성을 부정한다."[124] 이제 루소에게 어떤 국가에 속해 있는가의 여부는 중요한 문제가 될 수 없다. 루소는 부자유하고 불평등한 사회 속에서도 인간으로 살아갈 수 있는 존재를 길러 내는 일에 집중한다. "누군가 다른 사람이 각자 그가 염두에 두고 있는 고장이나 국가État에 대해 그렇게 하고 싶어 한다면 그 일을 맡을 수 있을 것이다. 나로서는 사람들이 태어나는 곳이라면 어디서든 인간을 내가 제시한 대로 만들 수만 있다면 충분하다."[125]

 한 국가가 모범적인 시민들의 조화로운 사회를 지향하는 한, 인간을 무질서한 자연에서 멀어지도록 만들기 위해 최대한 노력할

---

121 김민철, 「루소의 사회계약 이론에 대한 역사적 독해」, p. 460.

122 루소, 『에밀』 1, p. 64.

123 루소, 『에밀』 1, pp. 64-65.

124 강성훈, 「루소의 『에밀』에 대한 재해석」, p. 16.

125 루소, 『에밀』 1, p. 53.

것이다. "훌륭한 사회제도란 인간을 자연에서 최대한 이탈시켜 그에게서 절대적 존재를 빼앗고 대신 상대적 존재를 부여하는, 그리하여 단일한 전체 속에 '자아'를 옮겨 놓을 줄 아는 제도다."[126] 이 순간 인간은 사회라는 전체의 부분이 된다. "사회 속의 인간은 분모에 기인하는 분수의 한 단위에 불과하며 그 가치가 전체, 즉 사회집단과의 관계 속에 있다."[127] 이제 국가에서 힘을 갖지 못한 이들은 흐릿한 동정의 대상으로 전락한다. 그들은 부족한 역량에 상응하는 합당한 처우를 받는 것일 뿐이다. 게다가 사회의 권력자 입장에서 볼 때, 별다른 자격도 없는 장터의 여인과 같은 이들이 연민과 동정을 생생히 느끼며 고통을 나눌 것을 요구하는 것은, 개인의 고통을 전체의 고통으로 만들어 사회적 질서를 흐트러뜨리는 부적절한 행위이다. 그리하여 국가는 연민과 동정을 관리하기 위한 다양한 방안을 마련한다. 그 가운데 하나가 바로 극장에서의 연극을 이용하는 것이다.

국가는 극장을 찾은 사람들로 하여금 인위적으로 연민과 동정을 격렬히 경험하도록 한 후, 효율적으로 그 정념을 해소함으로써 정화된 상태로 일상에 복귀하도록 유도한다. "우리네 극장에서 하루가 멀다 하고 무대에 오르는 광경을 관람하는 관객이 한 불운한 자가 겪는 불행을 보고 측은지심을 느끼고 눈물을 흘리는 것을 우리는 보지 않던가."[128] 극장은 연민의 대상과 자신을 얼마든지 안전하게 동일시할 수 있는 장소다. 그리하여 사람들은 극장에서 마음

---

126 루소, 『에밀』 1, p. 62.

127 루소, 『에밀』 1, p. 62.

128 루소, 『인간 불평등 기원론』, p. 85.

껏 연민과 동정을 느끼게 된다. 이 과정에서 관객들은 카타르시스 catharsis를 통해 고통을 정화하며 내적인 안정을 얻을 수 있다. 자기편애적 행위가 축적해 온 비양심적인 삶의 찌꺼기들이 카타르시스와 함께 배출되기 때문이다. 이러한 장소는 극장뿐만이 아니라 다른 어떤 곳이라도 국가의 주도하에 마련될 수 있다.

연극은 권력자들이 원하는 여론의 형성에 기여할 수 있다. 그리하여 정부는 다양한 연극을 활용하고자 시도한다. 그런데 극장에 갈 수 있는 이들과 그렇지 못한 이들이 구분되는 차별이 발생할 수 있다. 더불어 대중들의 인기에 따라 자신의 값이 결정된다는 생각 속에서, 배우들이 스스로를 상품으로 취급하는 사태가 벌어지곤 한다. 이때 배우들의 화려한 몸치장이나 방탕한 취향은 사치와 향락, 방종을 조장하며, 이를 통해 특히 젊은이들의 품행을 타락시킬 위험이 있다.[129] 이러한 연극에 대항하여 루소는 다양한 '공공 축제들'fêtes publiques을 옹호한다. 연극은 극장에 앉아 있는 사람들을 수동적인 관객으로 만든다. 더불어 관객들은 연극을 제대로 이해할 수 있는 자와 그렇지 않은 자로 나뉘게 된다. 반면, 공공 축제는 광장에 모인 사람들을 능동적인 배우로 만든다. 이들은 모두 평등한 축제의 주인공이다. 그러나 공공 축제 역시 입법자를 자칭하는 권력자에 의해 힘의 결집과 유지를 위한 수단이 될 수 있다.

사람들의 연민과 동정에 대한 국가적 개입은 곧 불평등한 사회 구조 자체에 대한 과도한 감정과 의식을 의도적으로 해소하기 위한 한 가지 조치이다. 극장 밖으로 나온 사람들은 치열한 비교와 경쟁이 기다리는 일상으로 순순히 돌아간다. 자기편애적인 삶을 다시

---

129 루소, 「공연에 관하여 달랑베르 씨에게 전하는 편지」, p. 229.

살아갈 수 있을 동력을 얼마간 되찾은 것이다. 그런데 극심한 연민과 동정을 불러일으키는 사건이 실지로 발생할 경우, 국가는 현실의 사건들조차 일종의 극장 속 연극처럼 관망하도록 조장함으로써 연민과 동정을 안정적으로 해결하고자 한다. 국가는 아무리 참혹한 사건일지라도 이성적으로 받아들일 수 있을 엄선된 정보와 근거를 제공한다. 이와 동시에, 연민과 동정을 적절히 떠나보내기 위한 과장된 애도의 방식을 제안한다.

 기획된 카타르시스 속에서 연민과 동정을 불러일으킨 누군가의 끔찍한 고통은 예외적인 것으로 배설되고, 사회에는 아무 문제가 없는 것처럼 결론이 내려진다. 사회에 내재한 불평등은 이성적으로 봉합되며, 계속해서 문제를 제기하는 이들은 훈육이 필요한 병리적 존재로 지목된다. 국가의 관리 속에서 사람들은 자기편애적인 삶의 유용성을 학습받는다. 그러나 국가가 아무리 불평등한 질서를 정교하게 강제할지라도, 그것에 그대로 복속되지 않을 수 있어야 한다. 어디서 살아가든 자유롭고 평등한 삶을 추구하는 인간을 길러 낼 수 있을 것인가? 이것이 『에밀』의 교육적 물음이다.

들어오는 길
- 자연적 발달의 연계성

『에밀』의 전체적인 내용을 개관하는 한 가지 방법은 자연적 발달의 연계성 속에서 루소의 주장을 살펴보는 것이다. 루소는 인간의 마음을 '감성'sensibilité과 '이성'raison의 조합으로 본다. 그가 보기에 인간은 본래적으로 감성적 존재이다. 감성은 다시 '감정'sentiment이라는 주관적인 측면과 '표상'représentation이라는 객관적인 측면으로 나뉜다. 두 측면이기는 해도 분리될 경우, 주관적 측면은 사라지고 객관적 측면이 남는데, 루소는 이를 무기력한 것으로 본다. 이성은 주체성의 표시이다. 아직 자기를 의식하지 못하는 유아는 이성을 가지고 있지 않다. 유아는 '정동'affect과 '감각'sensation만을 갖는다. 아동은 자기애라는 감정과 고립된 기호로서의 이미지를 갖는다. 또한 이때 감각적 이성이 나타난다. 소년은 욕망과 '단순한 관념들'idées simples을 가진다. 그에게도 역시 이성은 대개 감각적으로 사용된다. 청년기에 들어서면서 본격적으로 자기편애와 '복잡한 관념들'idées complexes이 나타난다. 청년은 이성을 지적으로 사용한다. 성인은 청년과 정서적으로나 지적으로 커다란 차이를 보이지 않는다. 그러므로 자연적 발달은 청년기에 사실상 종료된다. 요컨대, 자연적 발달론에서 루소는 주도하는 감성과 이에 부수하는 이성을 연계적 구성 요소로 보며, 이 구성 요소의 다양한 변용을 각각의 발달단계에서 개진하고 있다.

유아기(대략 1-3세)의 에밀은 아직 정신세계를 가지고 있지 않다. 아동기에 들어서야 정신적 존재가 되기 때문이다. 그는 살아 있지만, 스스로 자신의 존재를 의식하지 못한다. 감정도 관념도 없이 오직 감각이 있을 뿐인 궁핍과 나약함의 상태이다. 유아는 자신의 정신세계를 가지지 못하며, 스스로 자신의 욕구를 해결할 수 없기에, 오직 수동적으로 외부 세계를 받아들일 수밖에 없다. 그에게는 감각적 수용이 있을 뿐인데, 그 감각들은 감정이나 관념의 형태로 마음에 머물지 않는다. 유아에게는 감각의 표현으로서의 표정은 나타나지만, 감정과 관념의 표현으로서의 시선은 없다.

감각과 짝을 이루는 감성의 주관적 측면이 정동이다. 하지만 유아의 감각과 정동은 미구분 상태로 섞여 있다. 유아의 감각은 순전히 정동적인 것이며, 그들은 쾌감과 고통만을 감지한다. 정동은 감정보다 더 원초적인 정서이고, 감각은 관념이나 이미지보다 더 미세한 지각이다. 유아에게는 아직 감정과 관념은 없고 다만 정동과 감각이 있다. 감정과 관념이 그렇듯이 정동과 감각도 분리되어 있지 않다. 이 원초적 정동과 감각은 옹알이와 같은 분절되지 않은 음성과 얼굴표정을 포함한 전신체적 몸짓으로 표현된다.

아동기(대략 3-12세)에 들어선 에밀은 원초적 언어 상태에서 벗어나 말을 할 수 있는 존재가 되며, 비로소 하나의 정신적 존재로서 개인의 삶을 시작한다. 여기서 정신적 존재는 다만 말을 할 수 있게 됨으로써 '나'를 의식하는 존재일 뿐이다. 하지만 말을 할 수 있다는 섯은 약속할 수 있는 존재가 되었다는 점에서 중요하다. 약속한다는 것은 계약을 맺는다는 것이고, 더불어 거짓말을 할 수 있다는 것이다. 아동 에밀은 '자기애'라는 정념과 '이미지'라는 감각인상을 갖는다. 정동은 자기애로 응집되고, 감각은 이미지로 새겨진다.

에밀은 자기애라는 정념에 의해 지배된다. 이때의 자기애는 좋은 것이고 그렇기에 유용하다. 철들 나이가 되기 전에 아이는 관념이 아닌 이미지만을 받아들인다. 여기서 이미지는 그림, 도상, 기호 같은 것이어서 그 자체로 고립되어 있는 것이다. 고립성과 자기중심성이 아동이 가진 이미지의 특징이다. 이미지와는 달리 관념은 이미지들의 관계에 의해 결정되기에 대상들의 공통성과 차이성을 포함한다. 아동의 기억력이 약한 것은 그들에게 이미지만 있고 아직 관념이 없기 때문이다. 개별적인 이미지는 상상력의 작용 속에서 분화된 언어의 사용과 함께 관념으로 형성된다.

아동은 '감각적 이성'raison sensitive을 가지고 있다. 감각에는 '육감'sixième sens, 즉 '공통감각'sens commun이 있는데, 이는 기관을 갖지 않고, 여타 오감의 감각 이미지를 연결하고 통합하는 내적 지각 또는 관념을 갖는다. 이성은 이 육감에 개입한다. 루소는 신체와 오감을 한편에, 육감과 정신 혹은 이성을 다른 한편에 두면서 둘 사이의 평행적 발달을 강조한다. 아동은 감각적 존재이며, 그 신체적 능력에 기초하여 분별력이나 사변적 능력 등이 발달한다. 최초의 이성은 감각적 이성이며, 이것이 '지적인 이성'raison intellectuelle의 토대가 된다. 그러므로 감각적 이성 없이 지적인 이성은 발생하지 않는다. 이때 지적인 이성과 감각적 이성은 한 가지 이성의 서로 다른 사용 방식으로 볼 수 있다.

이제 에밀은 무척 짧은 소년기(대략 12-15세)에 접어들게 된다. 소년기는 상대적으로 최대의 힘을 갖는 시기이며, 한편으로는 평온한 지성의 시기이기도 하다. 소년기 에밀의 힘은 어른과 비교하면 절대적으로 약할 것이지만, 욕망에 대한 힘의 우위로 인하여 상대적으로 강한 전능감을 갖는다. 더불어 에밀은 지식 그 자체에 대한 열망 없이, 자신에게 유용한 지식에만 관심을 갖는 현자의 평온함을 갖는다. 아동기와 청년기 사이의 이 과도기에 에밀은 우리를 나약하게 만드는 정념의 침노를 겪지 않는 한편, 신체는 매우 빠르게 성장하는 중이어서 욕망보다 힘이 우위에 있고 무엇이든 할 수 있으리라는 자신감에 휩싸인다. 이 시기는 약동하는 행복감에 휩싸여 있는 때이다.

소년기 에밀의 욕망은 아동기의 내향적 욕망과는 달리 외향적으로 세계에 대해 탐색하며 자신의 능력을 신장시킨다. 에밀은 외향적 욕망을 통해 본격적으로 아동기의 고립된 이미지를 관념으로 만들어 나간다. 이 과정에서 에밀의 이성 역시 활발히 작용한다. 물론 소년기 에밀의 이성은 완성된 이해력은 아니다. 감각적 이성은 이성을 고립적으로 사용하는 반면, 지적인 이성은 이성을 연계적으로 사용한다. 에밀의 역량은 자기를 향한 욕망의 투자에 소원한 소강 상태와, 세계를 향한 욕망의 투자에 집중하는 열광 상태 속에서 마음껏 표현된다.

청년기(대략 15-22세)의 에밀은 타인의 존재를 의식하게 되고, 이에 따라 사회적 편견의 영향력이 증대한다. 자기애가 자기편애로 분화되며 관념은 더욱 복합적인 것이 된다. 자기편애는 타인의 고통을 절실히 연민하며 동정하는 자기애의 확장으로 전환될 수도 있지만, 타인의 평판에만 신경을 쓰는 이기적인 사랑의 고집에 머물 수도 있다. 자기편애는 전자의 경우 유용하지만, 후자의 경우 위험하다. 그런데 타인의 고통에 연민과 동정을 느끼는 일은, 그것이 생생한 동정이 아닌 달콤한 동정이 될 수 있다는 점에서, 마냥 긍정적이기만 한 것은 아니다. 타인의 고통을 바라보며 연민과 동정을 갖지만, 자신은 그 고통의 상태에 있지 않다는 안도감이 비밀스러운 쾌락을 선사한다.

타인에게 동정을 느끼기 위해서는 과거에 그 고통을 느낀 적이 있고 미래에도 느낄 수 있어야 한다. 그런데 이보다 중요한 것은 현재에 고통을 느끼지 않아야 한다는 점이다. 만일 지금 너무 큰 고통을 겪고 있다면, 동정을 느낄 겨를이 없을 것이다. 결국 자기편애는 긍정적인 것일 수도 부정적인 것일 수도 있지만, 어느 쪽이건 여전히 상대를 굽어보며 은밀히 쾌감을 느끼는 이기성과 함께한다. 자기편애라는 정념에는 외양과 내실 사이의 모순이 존재한다. 가령, 범죄는 악이지만 아무도 모르게 범죄를 저질러 이익을 얻고 싶다는 기대와, 범죄는 악이므로 타인은 결코 내게 범죄를 저질러 이익을 얻어서는 안 된다는 분노가 공존한다. '우리 모두는 악인이다'라는 철학자의 유약한 발언과, '당신들은 미쳤다'라는 야만인의 단호한 외침은 이 모순적 사태에 대한 두 가지 극단적 반응을 보여준다.

성인이 된 에밀(22세)이 가진 발달적 기반은 감성 면에서나 이성 면에서 청년기와 크게 다르지 않다. 다만 그는 성 및 성적 구별에 관심을 가지며 연인을 욕망한다. 에밀의 짝 소피(18세)도 그 점에서는 마찬가지이다. 남녀의 성적 욕망이 이 시기 남녀의 일반적 정서이다. 이러한 욕망은 이기적 지배욕과 편견으로 나아갈 수도 있고,

생생한 동정과 우정으로 나아갈 수도 있다. 이 모든 자연적 발달의 과정에서 양심과 이성의 관련은 그 무엇보다 중요하다.

한 학기 내내 그는
모든 수업 시간마다 침묵하는
무서운 고집을 보여주었다
참지 못한 학생들이, 소리의 뼈란 무엇일까
각자 일가견을 피력했다

- 기형도, 〈소리의 뼈〉

II. 인간의 교육

11. 교육적 관계

신적인 역량의 소유자인 입법자가 떠난 이후, 자신을 새로운 입법자로 내세우며 권력의 장소를 차지하려는 이들이 언제든 등장할 수 있다. 이처럼 누군가 사적인 이득을 추구하며 사람들을 회유할 때, 정의로 치장된 불공정한 계약을 재검토할 수 있을 시공간을 제공하는 존재가 필요하다. 입법자의 역할을 현실적으로 실천함으로써 더 좋은 사회의 가능성을 열어젖힐 이들이 요청되는 것이다. 그런데 숭고한 존재로서 최초의 법을 제공하고 떠나가는 일을 힘의 독점이라는 문제를 야기하지 않으면서 다른 방식으로 실행하는 존재가 있다. 그는 자신과 관계를 맺는 사람들이 평등한 상태에서 자유로운 인간으로 자라날 수 있도록 최선을 다하는 인물로서, 입법자에게 요청되는 책무를 교육을 통해 실천하는 '교육자'maître이다.

입법자에 의한 완전한 양도 속에서 완벽한 일반의지의 도출을 고집할 경우, 일반의지의 도출과 그것의 표현인 법의 검토가 반복해서 이루어져야 한다는 루소의 관점을 놓치게 된다. 일반의지의 도출은 분명 중요하지만, 단 한 번 도출되는 것으로 완료되어서는 안 된다. 완벽한 일반의지를 도출해서 모두에게 이익에 되는 최고의 법을 수립해야 한다는 강박관념은 그것을 실현할 수 있도록 도와주는 특별한 인물에게 더 큰 힘을 부여해야 한다는 오판, 혹은 자신만이 일반의지에 부합하는 적절한 법을 제시할 수 있다는 오만을 유발할 위험이 있다. 로베스피에르의 공포정치는 이에 관한 대표적인 사례이다. "동질적인 공화주의적 시민들의 결합체로서 공화국은 일반의지의 실현을 통해 통치된다. 하지만 프랑스 혁명 시기에 등장한 '루소주의'Rousseauisme는 대표의 절대화, 즉 동질적인 시민들의 일반의지를 체현하고 있는 '최고 존재'—프랑스 혁명이 급진화되던 시점에서 '최고 존재의 축제'Fête de l'Etre suprême를 통해 자신을 부각시켰던 '로베스피에르'라는 존재—라는 '대표'를 통해 표상된다."[1]

신적인 입법자가 등장해서 최초의 법을 통해 사회에 공백이라는 환경을 제공하고 떠나가는 것은 쉽지 않은 일이다. 그럼에도 불구하고 완전한 양도 속에서 최선의 법을 추구하도록 만드는 일을 교육적 관계에서 무한히 시도하는 교육자가 실존할 수 있다. 교육자는 사람들로 하여금 완전한 양도 속에서 동류를 평등하게 바라보도록 하며, 이로부터 지금껏 의심 없이 받아들이고 있는 불평등한 법과 규칙들을 자유롭게 검토하도록 돕는다. 교육자는 불평등한 관계에 민감히 반응하며, 모든 사람이 자유롭게 살아갈 수 있도록 고무한다. 교육자는 기존의 관습이나 법의 처벌을 두려워하지 않으며, 사람들에게 자신만의 법을 생성할 것을 독려한다. 교육자와의 관계 속에서 인간으로 자라난 이들은, 자유롭고 평등한 사회를 위한 더 좋은 계약의 가능성을 포기하지 않는다. 그렇다면 입법자의 역할을 수행하는 교육자는 어떤 교육을 실천하는가?

루소의 교육은 인간을 기르는 것을 목적으로 한다. "그는 무엇보다도 먼저 인간이 되어 있을 것이다."[2] 이러한 인간은 어떤 사회에 속해 있건 자유롭고 평등한 삶을 살아가고자 노력하는 존재이다. 강자를 위한 법이 정의로운 것으로 여겨지는 사회에서, 적지 않은

---

1 홍태영, 「주권자의 귀환과 민주주의적 정치?」, p. 63.

2 루소, 『에밀』 1, p. 67.

사람들이 부자유와 불평등을 당연한 것으로 받아들이며 살아간다. "인간은 자유롭게 태어나 어디에서나 쇠사슬에 묶여 있다. 자신이 다른 사람들의 주인이라고 믿는 자가 그들보다 더 노예로 산다."[3] 지역, 인종, 성별, 나이, 재산, 지식, 지위, 외모 등에 따라 아무렇지 않게 차별을 가하는 사회에 태어난 이들은, 그것을 합리화하는 사회적 쇠사슬의 무게를 제대로 감각하지 못한 채 성장할 수 있는 것이다.

부자유와 불평등에 익숙해진 사람들은 타인보다 조금 덜 무거운 쇠사슬에 묶여 있다는 사실에 안도하며 상대적인 쾌감을 누리는 일에 만족한다. 심지어 누군가는 다른 이들보다 더 많은 쇠사슬을 욕망한다. 이들은 자신만큼 쇠사슬을 짊어지지 못하는 자들을 열등한 존재로 바라보며 우월감을 느낀다. 타인의 욕망을 실현하는 일을 행복으로 여기며 앞장서서 쇠사슬을 두르는 자들은, 자신의 가치를 쇠사슬을 통해서만 증명받을 수 있다고 믿는다. 쇠사슬의 속박에 안주하는 것을 행복으로 여기는 삶, 전전긍긍하며 더 많은 쇠사슬을 반복해서 갈구하는 존재의 무게, 그것은 참을 수 없을 만큼 가볍다. "행복은 반복의 욕구이기에, 인간이 행복할 수 없는 것도 이런 이유 때문이다."[4] 많은 인간들이 자신의 진실한 무게를 살필 틈도 없이 쇠사슬의 무게에 휘둘리며 이리저리 휘청거린다. "행복은 너무 한결같은 상태이고 인간은 너무 변하기 쉬우므로, 행복은 인간에게 적합하지 않다."[5] 반면, 자유로운 인간은 지금 당장 쇠사슬을 벗어던질 수 있는 존재이다. 그리하여 교육자 장-자크는 에밀에게

---

3 루소, 『사회계약론』, p. 11.

4 쿤데라, 『참을 수 없는 존재의 가벼움』, p. 492.

5 루소, 「몽상의 초안」, p. 189.

다음과 같이 말한다. "자네의 조건이 자네의 욕망들을 제한하게 하고, 의무가 경향성들에 앞서도록 하게. 필연의 법칙을 도덕적인 것들에까지 확장시키고, 빼앗길 수도 있는 것은 잃어버리는 법을 배우게."[6]

부적절한 정념들을 이성적 노력을 통해 통제할 수 있다고 생각하는 것은 안일한 소망일 뿐이다. 사회적 성공이 불평등한 관계를 전제로 삼는 것일 때, 이성은 불평등에 예속되어 열등한 이들을 재생산하는 삶을 옹호할 수 있다. 성공하기 위해서는 때때로 다른 누군가에게 복속되어 노예로 사는 것을 감수할 필요도 있다고 설득하는 것이 바로 이성이다. 사회적 욕망의 시녀 역할을 자청하는 이성의 합리적 설득에 맞서, 우리 안의 '신적인 본능'instinct divin인 '양심'conscience에 의거하여 행위해야 한다. 양심에 따라 살아가고자 노력할 때, 사회가 약속하는 달콤한 보상이나 사회가 위협하는 끔찍한 처벌을 자신도 모르게 잃어버릴 수 있다. 이것이 바로 양심적인 인간의 자유로운 삶이다. "인간이 되어야 하네."[7]

흔히 양심은 비도덕적인 행위에 대해 수치심과 죄책감을 불러일으키는 내면의 감정으로 이해되곤 한다. 이 경우 죄를 범한 이들은 양심의 목소리와 빈번히 마주하게 되는 반면, 도덕적인 인간은 양심의 목소리를 들을 일이 거의 없다. 이와 관련하여 혹자는 각각의 사회에 존재하는 법과 규칙, 문화와 관습에 따라 도덕적인 행위가 다르게 제시된다는 점에서, 양심 역시 시대나 환경에 따라 다르게 형성되는 것이라고 주장한다. 이들에게 양심은 이성의 지도에

---

6 루소, 『에밀』 2, p. 455.

7 루소, 『에밀』 2, p. 454.

따라 올바로 갖춰져야 하는 것이며, 그렇지 않은 경우 양심의 판결은 불확실한 감정적 견해에 불과한 것으로 치부된다. 그리하여 루소가 양심을 인간의 영혼 속에 있는 신적인 본능으로서, 좋은 행위와 나쁜 행위를 판단하는 '정의와 미덕의 생득적 원리'un principe inné de justice et de vertu라고 주장할 때,[8] 사회에서 현자라고 일컬어지는 이들은 다음과 같이 반박하며 소리친다. "유년기의 오류들, 교육의 편견들!"[9] 그러나 교육을 통해 인간으로 자라난 이들은 양심의 판결에 따라 자기보존을 추구하며 불필요한 것들을 잃어버리는 법을 안다. 이 순간 양심은 사회의 법과 규칙, 관습이나 문화 등과 상관없이 자신에게 진실할 것을 요구하는 정념이다. 신이 곧 자연일 때, 인류는 신과 양심을 찾을 필요가 없었다. 무한한 숲이라는 자연이 훼손되자 인류는 비로소 신을 찾았고, 이와 동시에 양심의 목소리가 들려왔다. 자신에게 진실한 자는 양심에 따라 자기보존을 추구하며, 불필요한 일은 아무것도 하지 않으려 할 것이다. 더불어 그는 동류의 고통을 자신의 고통처럼 여기며, 상대와 가장 적절한 관계를 맺고자 노력할 것이다. "정념을 통해서만 정념을 붙잡을 수 있다."[10]

교육자는 각자의 내면에 울려 퍼지고 있는 양심의 목소리에 집중할 수 있도록 도와주는 존재이다. 누구라도 자신의 양심에 따라 부자유와 불평등에 대항하며 인간으로 살아갈 수 있다. 강대한 사회적 힘이 위협할지라도, 인간이라면 양심에 따라 자신을 긍정하며 무엇이든 획득하고 어디든 가고자 시도할 수 있다. 양심은 도덕법

---

8   루소, 『에밀』 2, p. 165.

9   루소, 『에밀』 2, p. 165.

10 루소, 『에밀』 2, p. 240.

칙을 어긴 자신을 죄인으로서 책망하기도 하지만, 그에 앞서 타인의 기준에 따라 자신을 판단하는 기만적 태도를 직시하게 만든다. "자네가 자네의 양심에 귀 기울이기를 원할 때, 그 목소리에 수많은 공허한 장애물이 사라질 걸세."[11] 양심에 따라 살고자 노력함으로써 우리는 세론의 유혹들을 물리치며 미덕을 갖출 수 있다. "투쟁 없는 미덕은 없고, 승리 없는 미덕은 없습니다."[12] 모든 인간은 양심을 지니고 있다는 점에서 평등하며, 어떤 억압 속에서도 양심의 목소리를 들을 수 있다는 점에서 자유롭다. "이상한 건, 그들의 힘만큼이나 강렬한 무엇인가가 나를 압도하고 있었다는 겁니다. 양심. 그래요, 양심."[13]

사회의 수많은 정념과 이를 합리화하는 사회적 이성의 목소리는 쇠사슬이 되어 양심의 목소리를 가로막는다. 이러한 쇠사슬의 무게를 지각하기 위해서는 진실한 몸의 무게를 느낄 수 있을 신체의 사용이 요구된다. 이를테면 기존의 귀의 사용 방식을 버릴 줄 알아야 하며, 이로부터 양심의 목소리를 포착하는 새로운 귀의 사용 방식을 직접 배워야 한다. 타인이 알려 주는 귀의 사용 방식은 세상이 요구하는 삶의 방향에 집중하도록 만들 수 있다. 이 점에서 교육자는 사람들이 자유롭게 자기 자신을 탐색하며, 무엇이 자기보존에 있어 가장 중요한 것인지 실험할 수 있도록 도와주는 존재가 되어야 한다. 교육자와의 관계 속에서 자유롭게 동류의 범위를 확장하며 평등하게 대하는 존재로 성장할 때, 부자유와 불평등을 옹호하

---

11 루소, 『에밀』 2, p. 246.

12 루소, 「프랑키에르에게 보내는 편지」, p. 220.

13 한강, 『소년이 온다』, p. 114.

는 다양한 시도들을 본능적으로 문제 삼을 수 있다. 실로 교육적 관계란 양심의 목소리에 따라 부자유와 불평등을 합리화하는 것들을 스스로 잃어버리고, 동류들과 자유롭고 평등한 관계를 맺으며 살아가고자 노력할 수 있도록 서로를 지지하는 관계이다.

학교의 경우, 흔히 교사는 더 많은 지식이라는 힘을 바탕으로 가르치는 자의 자격을 내세우며, 학생에게 배우는 자의 위치를 감내할 것을 요구한다. 분명 이와 같은 힘과 힘의 관계 속에서 학생은 부족한 지식을 보충하거나 잘못된 견해를 교정할 수 있다. 그런데 교사의 가르침을 통해 특정한 지식을 획득하는 과정에서 학생은 점차 우월한 존재에게 의존하는 일에 익숙해지고 만다. 지적 불평등을 출발점으로 삼아 지적 평등에 도달하는 것을 목표로 삼는 수업은, 평등을 달성하자마자 새로운 불평등을 제시하는 방식으로 교사와 학생의 위계를 유지한다. 이러한 수업을 통해 학생이 진정으로 배우게 되는 것은 교사에게 예속된 불평등한 관계의 합리성이다. 불평등한 관계를 당연시하는 수업은 더 큰 힘에 복종할 것을 강요하는 부자유한 훈육에 불과하다. 수업이 반복될수록 학생은 교사에 의해 부과되는 쇠사슬을 하나둘 추가로 걸치면서도, 쇠사슬의 길이와 무게가 갖는 부자유와 불평등은 좀처럼 자각하지 못하게 된다.

12. 교육자

교육자는 입법자의 역할을 현실적으로 실현하는 인물이다. 그렇기에 교육자는 입법자의 자격과 역할을 동일하게 요구받는다. 먼저 교육자는 입법자와 마찬가지로 우월한 지성의 소유자이다. 여기서 교육자에게 요구되는 우월한 지성은 지식의 수준을 의미하지 않는다. 더 높거나 많은 지식을 소유한 인물이 반드시 더 훌륭한 교육자인 것은 아니다. 교육자의 우월한 지성은 누구든 자신의 역량을 진심으로 긍정하며 발현할 수 있다는 무조건적인 믿음으로 표현된다. 에밀은 반드시 인간으로 자라날 것이다. 이것을 장-자크는 조금도 의심하지 않는다. 교육자의 굳건한 믿음은 그와 교육적 관계를 맺는 이들에게 자신을 자유롭게 실험할 수 있을 환경을 선사한다. 교육자는 입법자가 인민에게 제공한 환경, 즉 입법을 위한 공백이라는 환경을 현실적으로 구현하는 존재이다. 교육자에 의해 형성된 환경 속에서 사람들은 더는 고귀한 자와 그렇지 않은 자로 구별되지 않는다. 사람들 사이의 차이는 오직 역량을 표현하기 위해 기울이는 노력에 있을 뿐이다. 교육자에게 재산, 지식, 성별, 외모, 집안, 나이 등등은 아무런 의미를 가질 수 없다. 중요한 것은 모든 이들을 평등하게 대하며, 그들 각자에게 동등한 주의를 기울이는 의지이다.

다음으로 교육자는 모든 정념을 보았으나 어떤 정념도 겪지 않도록 노력해야 한다. 물론 신적인 입법자와 달리 교육자는 정념으로부터 완전히 자유로울 수 없다. 그러나 교육자는 특정한 정념들에 이끌리지 않은 채, 가령 누군가를 특별히 더 사랑하거나 미워하지 않고, 자신과 교육적 관계를 맺는 모든 이들에게 동등한 열의를 기울이고자 노력해야 한다. 교육자는 정념들에 일방적으로 휩쓸리지 않는다. 설령 학생이 큰 잘못을 저질렀을지라도 분별없이 화를 낸다면, 그를 교육자라고 말할 수는 없다. 교육자는 분노의 정념에 휘둘리는 대신, 마땅히 그가 취해야 할 단호함을 보일 수 있어야 한다. 교육적 관계는 더 좋은 인간이 되기 위해 함께 노력하는 자유롭고 평등한 관계 속에서만 지속될 수 있다.

　이어서 교육자의 행복은 자신과 교육적 관계를 맺는 자들의 행복을 돌보는 것이어야 한다. 교육적 관계를 맺고 있는 누군가가 연민과 동정을 불러일으키는 불평등한 상황에 처했을 때, 교육자는 자기보존의 피해를 감수하면서도 그를 이전의 상태로 회복시키기 위해 최선을 다한다. 더불어 교육자는 자신의 교육적 노력을 사람들이 전혀 알아 주지 않을지라도 실망하지 않고 흔들림 없이 자신의 교육적 삶을 지속한다. 교육적 삶이 이룬 성취는 지금 당장의 영광을 위한 것이 아니라, 언젠가 반드시 찾아올 미래의 영광을 위한 것이기 때문이다. 교육자는 자신의 교육적 실천을 사람들이 외면하거나 비난할지라도, 누구든 자신과 교육적 관계를 맺고자 한다면 단 한 명일지라도 그를 위해 모든 역량을 쏟는다. 이후 그가 양심에 따르는 인간의 삶을 살게 될 때, 바로 그 순간 교육자의 영광이 찾아온다. 교육자는 이러한 믿음을 결코 잃지 않는 존재이다. 이와 같은 교육자와 교육적 관계를 맺는 이들은 사회적 욕망이나 평가를 완전히 양도한 것과 다르지 않은 상태에 들어설 수 있다.

　한편, 교육자의 노력에도 불구하고 적지 않은 사람들이 기존의 삶으로 돌아가고 싶은 충동에 시달리곤 한다. 이때 이성은 세론에 따르는 삶이야말로 안정적인 성공을 달성할 수 있다고 설득한다. 그러므로 사회적 이성의 유혹을 이겨 내기 위해서는 교육적 관계를 지속할 필요가 있다. 그런데 입법자는 최초의 법을 주고 떠나는 존재이다. 그렇다면 입법자로서 교육을 실천하는 교육자 역시 사람들에게 최초의 법을 주고 떠나가야 하는가? 분명 교육자는 신적인 존재가 아니다. 그럼에도 교육자는 사람들이 과도한 존경 속에서 자발적 복종에 빠지도록 만들 위험이 있다. 그러므로 교육자는 자신과 교육적 관계를 맺고자 하는 이들에게 특정한 힘을 가하지 않는 상태로 함께해야 한다. 가령, 교육자의 재산이나 지식, 외모나 배경 등이 예속적인 힘으로 작용해서는 안 된다. 교육자는 진리를 직접 전수하는 자가 아니라, 자신만의 진리를 생성할 수 있을 계기를 마련하는 자이기 때문이다. 입법자 역시 사회를 떠나가지만, 한편으로 그는 공백의 장소로 남겨져 있다. 교육자 또한 교육적 관계 속에서 자신의 힘을 완전히 양도한 채, 무엇이건 학생이 스스로 배울 수 있는 환경으로 비워져야 한다. 장-자크는 자신을 진리의 담지자이자 전수자로 여기지 않는다. 오히려 그는 사회가 진리라고 일컫는 힘을 스스로 잃어버리고자 노력한다. 장-자크는 그 자체로 텅 빈 교육적 환경이 된다. 장-자크는 이 환경을 지속적으로 제공하는 일에 집중한다. 그리하여 에밀은 스승에게 의존하는 삶이 아니라, 양심의 판결에 따라 자유롭게 살아가는 인간으로 성장한다. 그럼에도 에밀은 얼마든지 스승과 교육적 관계를 이어 갈 수 있다. 스승 장-자크는 인간의 삶을 이어 가도록 격려하는 환경으로서만 존재할 것이기 때문이다.

입법자에게 요구되는 조건과 역할을 교육자는 교육적 관계 속에서 실현한다. 이와 같은 교육자의 사례를 우리는 부모와 아이의 관계에서 발견할 수 있다. 사실 장-자크는 부모의 역할을 위임받은 자로서, 에밀의 아버지와 다르지 않은 존재이다. 교육자로서 아버지 혹은 어머니는 세론과 상관없이 아이의 역량을 믿어 주고, 아이에게 좋은 영향을 줄 수 있을 품성을 갖추기 위해 최선을 다한다. 부모는 아이의 행복을 자신의 행복으로 여기며, 지금 당장은 아닐지라도 언젠가 아이가 부모의 교육적 노력을 상기하며 인간이 되고자 노력할 것이라는 희망을 잃지 않는다. 이러한 부모는 넘어진 아이를 일으켜 주기도 하지만, 결정적인 순간에는 아이가 스스로 일어나기를 응원하며 기다릴 줄 안다.

입법자의 역량과 역할이 교육자에게 요구되는 것이라면, 입법 대상이 되기에 적합한 인민의 조건 역시 교육적 관계를 맺고자 하는 이들의 조건으로 생각해 볼 수 있다. 먼저 불평등을 합리화하는 법에 익숙해진 인민은 그러한 법의 사슬을 끊으려 하지 않을 것이며, 새로운 법을 위협으로 받아들일 것이다. 그렇기에 어떤 교육도 받지 않은 이들과 처음으로 교육적 관계를 맺는 것이 이상적이다. 루소가 가정교육을 중시한 이유를 여기서 찾을 수 있다. 부모와 아이는 다른 누구의 영향 없이 최초의 교육적 관계를 맺을 수 있기 때문이다. 물론 이때 부모는 아이의 교육에 전념할 수 있어야 한다. 다음으로 관습과 미신은 정치와 교육에 끊임없이 개입해 특정한 힘의 작용을 가할 수 있다. 그렇기에 관습과 미신으로부터 아이를 보호할 수 있을 가정을 이루는 것이 중요하다. 한편, 교육자에게 무조건 의존하려는 이들과는 자유롭고 평등한 교육적 관계가 지속되기 힘들다. 더불어 누구 한 사람에게 감당하기 힘든 짐이 지워지지 않아야 한다. 가령, 큰 빚을 지고 있는 사람이 있다면, 그는 교육적 관계에 집중하기 어려울 수 있다. 이러한 교육적 관계 속에서 사람들은 서로 교육자의 역할을 수행하고자 노력해야 한다. 마지막으로 교육자와 교육적 관계를 맺는 이들은 교육자가 제시한 최초의 법을 중요하게 여기는 유순함을 보이면서도, 필요하다면 언제든 자신만의 법을 수립하고, 그에 따라 살아가는 고대 인민의 확고한 자유를 발휘할 수 있어야 한다.

인간을 기르는 교육을 위해 교육자는 입법자에게 요구되었던 역량을 발휘해야 한다. 그리하여 장-자크는 에밀이 잃어버리는 법을 배우며 양심의 목소리에 따라 인간으로 성장할 수 있도록 최선의 노력을 기울인다. 이 과정에서 장-자크는 에밀이 자유롭게 자신을 실험할 수 있도록 지원하는 환경 그 자체가 된다. 교육자란 양심에 따라 살아가며 자신과 교육적 관계를 맺는 이들에게 인간으로 자라날 수 있을 최적의 환경을 제공하는 존재이다. 이와 달리, 누군가는 사회적 이성의 설득 속에서 힘과 힘의 관계를 통해 훈육을 시행하는 것이 학생들에게 가장 이롭다고 주장할 수 있다. 훈육자에게 평등은 이성적인 명령 앞에서만 실현되는 것이며, 자유는 이성적인 명령의 복종 속에서만 달성되는 것이다. 그들은 서둘러 무엇인가를 알려 주고 싶은 욕망을 억누르지 못한다. 그러나 성급한 이성의 합리적 시선은 느리게 진행되는 비가시적 변화에 지루함을 느끼며, 쾌락을 좇는 일이 지닌 가시적 이로움의 설득에 앞장설 수 있다. 이 과정에서 양심의 목소리는 점점 더 멀어진다. 이 순간 필요한 것은 가만히 눈을 감고 아무것도 보지 않는 실천을 적극적으로 실행하는 것이다.

신의 빛은 세상의 색깔들이 중단된 내면의 어둠 속에서 스스로 생성하는 것이다. 이때 비로소 우리는 사회의 어둠을 실감하게 된다. 성실하지만 오만한 문명인은 사회의 빛에 취한 채 눈먼 삶을 살아간다. 이들은 빛을 놓칠까 두려워하며 잠시도 눈을 감지 못한다. 소박하지만 어리석은 야만인은 사회의 빛을 거부하며 눈감은 삶을 살아간다. 이들은 감긴 눈의 세계에서 들려오는 목소리를 본능적으로 듣는다. 문명인은 야만인의 눈에 빛을 비추기 위해 노력하며, 야만인은 문명인의 빛을 피하기 위해 애쓴다. 한쪽은 모두가 같은 곳을 바라보는 동일한 시점을 갖기를 강요하며, 다른 한쪽은 아무것도 보이지 않기에 무엇이든 볼 수 있는 동등한 시점을 고집한다. 무한한 숲이 존재하지 않는 세계에서 이 문제는 이성을 통해 손쉽게 해결될 것처럼 말해진다. 그러나 이성에 전적인 신뢰를 보내는 일을 경계하며 양심의 목소리에 주의를 기울일 필요가 있다. "이성은 너무나 자주 우리를 속이기 때문에 우리는 얼마든지 이성을 거부할 권리를 갖고 있는 셈이다. 그러나 양심은 결코 속이지 않기 때문에 인간의 참된 안내자다."[14]

13. 무한한 숲의 상상력

사회의 형성과 불평등의 발생은 무한한 숲에 계절을 가져오고 말았다. 자유롭고 평등한 삶이 가능한 사회를 이룩하기 위해서는 무엇보다도 무한한 숲을 회복해야 한다. 입법자가 인민에게 제공하는 공백은 교육자에 의해 무한한 숲으로 전환된다. 교육자는 양심에 따라 살아가기 위해 노력하며 자신의 내면을 무한한 숲으로 가꿔 간다. 그리고 자신이 회복한 무한한 숲을 사람들에게 조건 없이 제공한다. 교육자는 자신의 숲에 들어선 자들, 즉 그와 교육적 관계를 맺고자 하는 이들을 모두 평등하게 대하며, 각각의 역량을 무한

---

14 루소, 『에밀』 2, p. 160.

히 신뢰함으로써 그것을 표현하도록 돕는다.

본래 자연상태에서 인류는 사물과 장소로부터 평등한 자유로운 존재였다. 그러나 오늘날 사람들은 무엇을 얼마나 소유하고 있는지, 어떤 장소에서 무슨 지위를 갖고 있는지 등으로 비교된다. 이로부터 발생하는 부자유와 불평등을 사회적 이성은 당연한 것으로 여기게 만든다. 이때 무한한 숲을 회복하고 제공하는 교육자는 인간이 소유해야 하는 것이 무엇인지, 특정한 장소에 의해 규정되는 인간은 어떤 존재인지 돌아보게 한다. 교육자와의 관계를 통해 사람들은 무한한 숲의 대상들을 동류로 대할 수 있다. 사람들은 교육자의 무조건적인 긍정 속에서 수많은 것들과 자신을 자유롭게 연결하며 스스로의 역량을 실험하게 된다. 예를 들어, 사회의 훈육자들이 학생에게 '너는 그것을 할 수 없다'고 규정할 때, 교육자는 불가능하다고 말해진 그것과 학생을 연결해서 '나도 그것을 할 수 있다'는 의지를 갖도록 만든다. 이와 같은 교육자의 무한한 숲에서 사람들이 사용하는 능력이 '상상력'imagination이다.

상상력은 대상에 대한 기존의 관념을 전부 자연에 양도해서 평등하게 만든 뒤, 이질적인 것들과 자유롭게 연결하는 능력이다. 무한한 숲에 들어온 자는 무엇이건 자신과 연결함으로써 스스로를 다채롭게 바라보고자 시도할 수 있다. 사물과 자신을 자유롭고 평등하게 연결할 때, 그 사물에 관해 무엇인가를 더 알게 되는 것을 넘어, 지금까지 자신이 그것을 어떻게 바라보고 있었는지 깨닫게 된다. 이로부터 우리는 자신이 고수하던 세상에 대한 관점이나 태도 등을 돌아볼 수 있다. 풍부한 상상력은 다양한 대상들에 대한 추가적인 지식이 아니라 스스로에 대한 진실한 의식을 갖게 한다. 그러므로 누구든 교육을 실천하는 이들이라면, 자신이 모종의 힘을 가하는 존재로서 상상력을 발휘하지 못하도록 가로막는 장애물인 것은 아닌지 반성할 필요가 있다. 교육자는 사람들이 자유롭게 상상력을 발휘하며 자신을 시험할 수 있을 시간과 공간을 무조건적으로 제공하는 무한한 숲 그 자체가 되어야 한다. 무한한 숲은 풍부한 상상력의 작용을 끝없이 촉발한다.

> 나는 심지어 내가 말했던 준비가 된 후에도, 갑자기 에밀의 방에 가서 내가 그에게 가르치고 싶은 주제에 대해 부담스럽게 긴 이야기를 늘어놓는 일은 삼갈 것이다. 나는 그의 상상력을 움직이는 것부터 시작할 것이다. 나는 내가 그에게 남기고 싶어 하는 인상에 가장 유리한 시간, 장소 그리고 대상들을 선택할 것이다. 나는 말하자면 자연 전체를 우리가 나누는 대화의 증인으로 요청할 것이다. 나는 자연의 저자인 영원한 존재l'Être éternel를 내 이야기의 진실성의 증인으로 부를 것이다. 나는 그를 에밀과 나의 심판자로 삼을 것이다. 나는 우리가 있는 장소, 즉 우리를 둘러싸고 있는 바위들, 숲들, 산들을 그와 나 사이 약속의 기념물로 표지할 것이다. 내가 그에게 불러일으키고자 하는 열광과 열의를 내 눈, 내 어조, 내 몸짓 속에 담을 것이다. 그러면 내가 그에게 말하면 그는 귀 기울일 것이고, 내가 감동하면 그는 감격할 것이다. 나는 내 의무의 신성함에 전념함으로써 그에게 자신의 의무를 더욱 존중하게 만들 것이다.[15]

무한한 숲과 같은 교육자의 무조건적인 믿음 속에서 사람들은

---

15 루소, 『에밀』 2, pp. 232-233.

자신에게 걸맞지 않거나 불가능하다고 말해지던 것일지라도 일단 연결해 보고 싶다는 열망을 가질 수 있다. 이때 교육자는 '너는 무엇을 반드시 할 수 있다, 그러니 그것을 시도해 보라'와 같이 특정한 기대나 요구를 드러내서는 안 된다. 교육자는 무한한 숲이라는 환경으로서 원하는 것을 마음껏 시도할 수 있을 의지를 북돋울 뿐, 구체적으로 무엇을 해야 할 것인지는 각자의 몫으로 남긴다. 물론 에밀은 무한한 숲에서 방임되거나 방치되지 않는다. 교육자 역시 풍부한 상상력을 발휘하여 자신과 교육적 관계를 맺는 이들을 수많은 것들과 끝없이 연결한다. 스승은 누구보다 탁월한 상상가이다. 이로부터 스승은 지금껏 사람들이 스스로 믿지 않거나 눈치채지 못하던 각자의 고유한 아름다움이 지금 여기서 표현될 수 있음을 가장 먼저 입증하고자 애쓴다. 이를 위해서는 스승 자신이 무한한 존재가 되고자 노력해야 한다. 스승은 텅 빈 존재가 되고, 그곳에서 학생은 무엇이든 얻으며 어디든 가고자 시도할 수 있다. 이때 비로소 학생은 풍부한 상상력을 발휘하게 된다.

교육자는 자신과 교육적 관계를 맺는 이들을 결코 가볍게 동정하지 않는다. 타인이나 자신을 가볍게 동정하는 자는 사회가 정해준 기준으로 대상을 평가하는 빈곤한 상상력의 소유자일 뿐이다. 무한한 숲에서는 느슨한 동정이 지속될 수 없다. 만약 교사가 학생들을 동정하며 그들을 직접 구원하고자 시도한다면, 학생들은 동정받고 구원되는 불평등한 관계를 당연하고 유용한 것으로 받아들일 수 있다. "당신은 악마의 수중에 있는 인간밖에 볼 줄 모르시지만, 저는 인간이 어떻게 악마의 손에 떨어졌는지를 봅니다."[16] 교사가 유

---

16 루소, 「보몽에게 보내는 편지」, p. 35.

일한 구원의 길을 제시하는 존재로서 학생을 가르칠 때, 학생은 불평등과 부자유라는 악마의 손아귀 위에서 단잠을 잔다. 교육자는 이러한 시도를 막고자 온 힘을 다한다. "악덕의 문을 닫아 버리세요. 그러면 인간의 마음은 언제나 좋을 것입니다."[17] 이제 사회에서 악덕이 존재하지 않는 곳을 찾는 것은 너무도 어려워졌다. 그러므로 악덕의 문을 닫는 일은 악덕 속에서도 그것이 아무런 힘을 발휘할 수 없는 인간이 되어야 한다는 것을 의미한다. 그러나 어린 시절부터 아이는 악덕을 주입받는 환경에 빈번히 노출된다. 가령, 아이는 위인들의 삶에 대해 읽고 들으며, 모범적인 미래의 삶을 그려 보도록 유도된다. 아이가 스스로 판단을 내리기 전에 어른이 무엇인가를 가르칠 때, 이로부터 아이가 깨닫게 되는 것은 어른이 원하는 것을 하지 않으면 잘못되거나 벌을 받을 수 있다는 조악한 지혜이다. 아이들은 조각된 상상력 속에서 어른처럼 말하는 법을 배우지만, 사실은 예속과 복종의 습성을 익히고 만다.

누군가를 빈번히 동정하는 행위는 단조로운 상상력을 부끄러움도 모른 채 드러내는 것과 같다. 이러한 인물은 경직된 상상력을 불러일으킬 뿐이다. 만약 에밀이 사회적 기준에 부합하는 모범적인 것들에만 자신을 연결한다면, 그것은 교육자의 숲이 사회적 오염에 제대로 대처하지 못했기 때문이다. 계절이 생긴 숲에서 사람들은 숲속의 대상들을 선별하며 차별을 합리화한다. 이와 달리, 양심적인 교육자의 무한한 숲에서 사람들은 풍부한 상상력을 발휘하며, 무수한 대상과 자유롭고 평등한 관계를 맺고자 시도한다. 교육적 관계가 깊어질수록, 무한한 숲은 울창해진다.

---

17 루소, 「보몽에게 보내는 편지」, p. 41.

14. 상상력과 이성

자연상태의 인류는 자기보존을 위해 살아갔으며 그 이외의 불필요한 일들에는 무심했다. 이들은 비교를 하지 않았고, 자연적인 관계에 만족했으며, 그렇기에 편애를 알지 못했다. "사랑이며 모든 다른 정념들이 맹렬하게 타오르게 된 것은 오직 사회에서라는 점은 이론의 여지 없는 사실이다."[18] 사회에서 사랑은 불평등을 전제로 하기에 더욱 소중하고 특별한 것일 수 있었다. 우리는 이와 같은 삶에 오랫동안 익숙해졌으며, 그 결과 편애 없이 살아갈 수 없게 되었다. 그렇다면 자기편애를 인정하되, 그것을 전환하고 확장해서 보다 자유롭고 평등한 삶을 추구할 필요가 있다. 이를 위해서는 어린 시절부터 이루어지는 교육이 무엇보다 중요하다. 세론에 이끌리며 성장할 경우, 에밀은 불평등한 사회 속의 삶을 당연한 것으로 생각할 것이다. 반면 풍부한 상상력을 갖추는 교육을 받을 경우, 에밀은 사회적 편견들로부터 자유로운 상태에서 수많은 대상들과 평등한 관계를 맺는 한편, 연민과 동정을 불평등의 징후로서 위급한 정념으로 감지할 수 있다.

루소의 관점에서 볼 때, 풍부한 상상력의 작용이 없다면 사회에서 연민과 동정은 메마른 것이 될 수밖에 없다. "연민은, 비록 인간의 마음에 자연적인 것일지라도, 그것을 발현하는 상상력 없이는 영원히 비활동적으로 남아 있을 것이다. 그런데 우리는 어떻게 연민에 추동되는가? 우리를 우리 자신 밖으로 이동시킴으로써, 고통을 겪고 있는 존재와 동일시함으로써. 우리는 오직 그가 고통스러워한

---

18 루소, 『인간 불평등 기원론』, p. 91.

다고 판단하는 한에서 고통스러워한다. 우리 안에서가 아니라, 그 안에서 우리는 고통을 느낀다."[19] 연민과 동정은 사회적 이성에 의해 언제든 밋밋하게 희석될 수 있다. 이에 대항하여 장-자크는 교육적 관계 속에서 에밀이 자유롭게 상상력을 발휘할 수 있도록 노력한다.

아이는 촉각, 시각, 청각, 미각, 후각 등의 오감을 사용하며 세상을 탐색한다. 그 가운데 상상력과 가장 밀접한 관련을 맺고 있는 감각은 후각이다. "후각은 상상력의 감각이다."[20] 후각은 대상의 성질을 간접적으로 알려 줌으로써 그것을 더욱 다양하게 상상하도록 만든다. 가령, 후각에 민감한 이들은 불평등을 미화하는 악덕의 냄새를 놓치지 않는다. "만인을 위한 책은 항상 악취를 풍긴다. 그것에는 소인배의 냄새가 배어 있다."[21] 아무런 문제의식 없이 사회적 기준에 따라 살아가는 것을 행복으로 여기지 않기 위해서는 감춰진 냄새를 맡을 수 있어야 한다. 이때 비로소 자기보존에 진정으로 유용한 것이 무엇인지 알 수 있다.

처음에 아이는 감각에 의존하며 대상을 느끼는 것에 집중한다. 이때 스승은 불필요한 개입 없이 아이가 자유롭게 대상과 교감할 수 있을 충분한 시간과 공간을 제공해야 한다. 만약 스승이 직접 올바른 감각의 기준을 제시해 준다면, 에밀은 느끼는 방식 자체를 학습하게 될 것이다. 게다가 사회는 올바른 상상과 그릇된 상상을 구분하여 관리하고자 한다. 가령, 특정 사회에서 성역할의 구분을 뒤섞는 상상은 죄악시된다. 이와 같은 방식으로 동정 또한 학습될 수

---

19 루소, 『언어 기원에 관한 시론』, pp. 67-68.

20 루소, 『에밀』 1, p. 276.

21 니체, 『선악의 저편』, p. 88.

있다. 자연상태의 생생한 동정을 더 이상 느끼지 못하는 한 가지 중요한 이유는 관리 학습된 상상력 때문이다. 그러므로 에밀은 어린 시절부터 자유롭게 감각하며 상상력을 발휘할 수 있어야 한다. 이를 위해 에밀이 시간을 보내게 되는 장소는 무엇이건 그가 원하는 것을 얻을 수 있는 무한한 숲이면서, 사회적인 것들이 차단된 공백과 같은 곳이어야 한다.

아이는 오감을 통해 세상을 느끼며, 이 과정에서 공통감각으로 불리는 육감을 발휘하게 된다. 육감은 다양한 감각들을 적절히 조정해서 사용하도록 하는 감각으로서, 사물들의 현상을 종합해서 그 본성에 대해 알려 주는 감각이다. 이를 통해 아이는 대상의 관념을 얻게 되며, 이성을 사용할 최초의 준비를 하게 된다. 루소에게 이성이란 일차적으로 관념들을 비교하고 종합하는 능력이다. "인간의 이성이라고 불리는 것은 바로 이 관념들을 비교하는 기술이다. 따라서 내가 감각적 이성, 또는 유치한 이성raison puérile이라고 부르는 것은 여러 감각들을 종합하여 단순한 관념들을 만드는 것이다."[22]

우선 아이는 공통감각을 통해 단순한 관념을 만든다. 그리고 단순한 관념들을 비교하고 종합하여 복잡한 관념을 형성한다. 복잡한 관념을 형성하는 이성을 루소는 지적인 이성 혹은 '인간의 이성'raison humaine이라고 부른다. 직접적으로 사물을 느끼며 감각을 통해 단순한 관념을 만드는 것은 감각적 이성으로도 충분하다. 이때 아이는 공통감각을 사용한다. 그러나 복잡한 관념을 형성할 경우에는 서로 다른 감각으로 형성한 관념들을 연결할 필요가 있다. 가령, 촉각을 통해서 갖게 된 특정 대상에 대한 관념을 후각을 통해서 갖

---

[22] 루소, 『에밀』 1, p. 278.

게 된 관념과 비교하고 종합할 때, 그 관념은 복잡한 것으로서 대상에 대한 풍요로운 파악을 가능하게 만든다. 이를 위해서는 이전에 가지고 있었던 특정 사물에 대한 관념으로부터 빠져나와 기존의 관념과 다른 관념을 접속시켜야 한다. 이것을 가능하게 만드는 것이 상상력이다.

상상력은 서로 다른 관념들을 자유롭고 평등하게 연결한다. 하나의 감각을 통해 파악한 관념에 머무른다면, 그 대상은 시간의 흐름 속에서 무미건조한 것으로 남겨질 것이다. 반면 상상력을 통해 기존의 관념과 다른 관념을 연결할 때, 그 대상은 새로운 생명력을 얻어 더욱 생생하게 해석될 수 있다. "만약 상상력이 우리를 자극하는 것에다 어떤 매력을 덧붙이지 않는다면, 거기서 느끼는 건조한 즐거움은 그 기관에 한정되고 마음은 언제나 냉랭한 채로 남아 있을 것이다."[23] 가령, 헐벗은 봄의 정경을 바라볼 때, 시각을 통해 형성된 봄에 대한 관념이 변함없이 지속된다면, 봄은 그저 토박한 것으로 기억될 것이다. 그런데 봄의 새싹이 주는 담녹색 내음이 봄의 헐벗음과 연결되는 순간, 황량한 봄의 정경은 새싹의 생명을 품고 있는 신비로운 풍경으로 뒤바뀔 수 있다. "상상력은 언이어 올 시간들을 한데 모아 대상들을 앞으로 될 모양대로가 아니라 자신이 바라는 모습대로 바라본다. 그것들을 선택하는 것은 상상력에 달려 있기 때문이다."[24] 오감과 공통감각을 통해 외적인 세계를 탐색하던 에밀은 상상력을 통해 단순한 관념들을 연결하는 동시에, 지적인 이성을 통해 그것들을 비교하고 종합함으로써 세계를 더욱 풍부하

---

23 루소, 『에밀』 1, pp 278-279.

24 루소, 『에밀』 1, p. 279.

게 바라보며 즐거움을 느끼게 된다.

에밀은 자신의 감각에 온전히 집중한 채 자연의 모든 사물들을 대상으로 삼아 상상력을 발휘하며 자유롭고 평등한 연결을 시도한다. 이때 에밀의 이성은 사회적 관계의 개입 없이 독립적인 상태에서 대상들을 비교한다. 이로부터 에밀은 더욱 일반적인 관념으로 나아갈 수 있다. 이를 위해 장-자크는 에밀에게 무한한 숲이라는 환경을 아낌없이 제공한다. "그는 관례, 관습, 습관이 무엇인지 모른다. ⋯ 그는 결코 공식을 따르지 않고 권위나 모범에 굴복하지 않으며, 오로지 그에게 어울리는 행동과 말만 한다."[25]

15. 소유욕

에밀은 장-자크라는 무한한 숲에서 사물들과 자유로운 관계를 맺는다. 그런데 여러 사람들과의 관계 속에서 에밀은 점차 무엇인가를 소유하고자 한다. 이로부터 에밀은 약속과 의무 및 책임에 대해 알게 되며, 약속을 어길 때 야기되는 다양한 문제들을 감수해야 하는 상황에 처한다. 이때 아이는 약속을 지키지 않았음에도 무엇이든 소유하고자 하는데, 그럼에도 다른 사람들이 자신을 계속해서 사랑해 주기를 원한다. 그 결과 "계약, 의무와 더불어 속임수와 거짓이 생겨난다. ⋯ 벌만 받지 않으면 약속을 어기는 것은 더 이상 문제가 되지 않는다. 자연스럽게 그럴 수단이 생긴다. 그래서 사람들은

---

25 루소, 『에밀』 1, p. 282.

숨거나 거짓말을 한다."[26] 이러한 상황에서 스승은 아이에게 소유권에 대해 곧장 설명하는 대신, 자유롭게 사물과 관계 맺을 수 있는 환경을 제공해 주어야 한다. 그리고 아이가 사물을 소유의 대상으로 삼을 때, 이로부터 뒤따르는 의무와 책임을 스스로 깨닫도록 해야 한다. 가령, 아이가 자기 방의 창문을 깨뜨렸을 경우, 감기에 걸릴 것을 염려하지 말고 밤낮으로 바람이 들이닥치게 내버려두어야 한다. 그럼에도 아이가 다시 창문을 깨뜨린다면, 창문이 없는 어두컴컴한 장소에 한동안 머물게 해야 한다. 이후 아이가 창문을 깨뜨리지 않겠다고 약속하면, 스승은 이 약속을 불가침한 것으로 여기는 진중한 태도를 보여주어야 한다. 이러한 경험을 통해 아이는 소유 관념과 계약 및 의무에 대해 깨닫게 된다. "이제 우리는 도덕의 세계로 들어섰고, 여기서 악덕을 향한 문이 열린다."[27]

 아이는 여러 사물들만이 아니라, 다른 사람들도 소유하기를 원하게 된다. 그리하여 아이는 누가 자신에게 더 이득이 될 것인지 비교하기 시작한다. 이때 아이는 우연히 자신에게 도움을 주는 사람이 아니라, 의지를 갖고 도움을 주고자 하는 사람에게 더 큰 사랑을 느낀다. "그들이 자기에게 도움이 될 뿐 아니라 도움이 되고 싶어 한다는 것을 이해하기까지는 오랜 시간이 걸리는데, 어린아이가 그들을 사랑하기 시작하는 것은 바로 그때다."[28] 한편, 자신에게 도움을 주고자 하는 누군가의 사랑을 확인하게 되면, 아이는 그가 자기보존을 희생할지라도 자신을 위해 애쓰기를 바라게 된다. "자신에게

---

26 루소, 『에밀』 1, p. 175.

27 루소, 『에밀』 1, p. 175.

28 루소, 『에밀』 2, p. 22.

만 관계되는 자기애는 진정한 욕구가 충족될 때 만족하지만, 자기를 다른 사람과 비교하는 자기편애는 결코 만족하지 못하고 만족할 수도 없을 것이다. 왜냐하면 자기편애라는 감정은 다른 사람들보다 자기를 더 좋아하면서 또한 다른 사람들도 그들 자신보다 자기를 더 좋아하기를 요구하는데, 이는 불가능한 일이기 때문이다."[29]

자기편애 속에서 아이의 상상력은 대상들을 부자유하고 불평등하게 연결하는 일에 익숙해진다. 이제 아이는 스스로를 우월한 자로 여기거나, 누군가를 더 우월한 자로 바라본다. 그리하여 아이는 자신을 사랑해 주는 이들을 일방적인 소유의 대상으로 삼거나, 사랑을 독차지하기 위해 우월한 자의 특별한 소유물이 되기를 욕망한다. "상대방이 자기를 특별히 좋아하기 위해서는 적어도 사랑하는 대상의 눈에 자신이 어떤 다른 사람보다, 모든 다른 사람보다 더욱 사랑스러운 존재가 되어야 한다. 이로부터 자기와 같은 인간들에게 최초로 시선을 돌리고, 이로부터 최초로 그들과 비교하게 되고, 이로부터 경쟁과 대항, 질투가 생겨난다."[30] 상상력은 언제나 자유로우며 모든 사물들을 평등하게 연결시킬 것이라는 생각은 순진한 믿음에 불과하다. 실로 상상력은 사회적 삶의 영향 속에서 체계적으로 습관화된다. 따라서 스승은 불평등을 합리화하는 외부의 개입을 사전에 막아 주기 위해 최선을 다해야 한다. 그렇지 않을 경우, 에밀은 사회적 경쟁과 적대를 당연한 것으로 받아들이며 사람들 사이의 불평등한 관계를 특별히 문제 삼지 않을 것이다. "나는 많은 다양한 정념들이 소용돌이치는 가운데서 세상의 평판이 확고부동한

---

29 루소, 『에밀』 2, p. 22.

30 루소, 『에밀』 2, p. 24.

II. 인간의 교육

왕좌에 오르고, 그 절대적 권위에 예속된 어리석은 사람들이 오로지 타인의 판단에 자기 자신의 존재를 걸고 있는 꼴을 보고 있다."[31]

사회에서 발생하는 수많은 정념들은 자신과 타인을 평등한 존재로 연결하는 상상력을 잃어버리게 만들었다. 이성은 자기편애에 따라 불평등한 비교를 합리적인 것으로 탈바꿈시켰다. 그 결과 다른 사람의 고통에 깊은 연민과 생생한 동정을 느끼며, 그의 고통을 치유하기 위해 최선의 노력을 기울이는 일은 희소해지고 말았다. 이와 같은 사태를 당연시할 경우, 불평등은 더욱 심화될 수밖에 없다. "단 하나의 대상으로 가득 찬 상상력은 나머지 다른 것들을 거부한다. 그리하여 그들은 연민도 자비도 몰랐다. 그들은 아무리 하찮은 쾌락이라도 그것을 충족시키기 위해서라면 아버지, 어머니, 그리고 우주 전체를 희생시켰을 것이다."[32] 사회에서 연민과 동정을 위급한 정념으로 느끼기 위해서는 풍부한 상상력이 필수적이다.

풍부한 상상력을 통해 연민과 동정을 생생하게 느끼는 일은 투명성의 복귀, 즉 빛의 복원에 대한 요구와 마주하는 것이다. 불평등과 부자유가 만연한 고통스러운 사회 속에서 양심의 빛이 비치는 무한한 숲의 투명성을 회복해야 한다. "인간을 사회적으로 만드는 것은 인간의 나약함이다. 우리의 마음을 인간애로 이끄는 것은 우리 공통의 비참함이다."[33] 실로 불투명성 없는 투명성의 생성은 가능하지 않다. 악덕의 유혹이 상존하는 세계에서 자유로운 존재로 살아가고자 노력할 때, 비로소 우리는 악덕에 의해 어두워진 불투

---

31 루소, 『에밀』 2, pp. 24-25.

32 루소, 『에밀』 2, p. 35.

33 루소, 『에밀』 2, p. 36.

명성으로부터 인간다운 투명성으로 복귀할 수 있다. "멀어진다는 것은 밤을, 불투명성을 바라고 견딘다는 것이다. 그 뒤에 복귀의 기쁨으로 인해 기적적으로 새로운 투명성이 복원된다."[34]

스승은 아이가 지금까지 당연하게 여겨 왔던 것들을 상상력을 통해 다른 것들과 연결할 수 있도록 도와주어야 한다. "아무것도 상상하지 않는 이는 오직 자신만을 느낄 뿐이다. 그는 인류 한가운데 홀로 있다."[35] 물론 장-자크의 노력에도 불구하고 아이는 자기편애를 갖지 않을 수 없다. 그럼에도 자기편애가 발생할 상황을 최대한 지연시키며, 자기편애를 자기애의 확장으로 전환시킬 수 있을 기반을 마련해 주어야 한다. "자기편애를 다른 존재들에게 확장해서, 그것을 우리는 미덕으로 전환할 것이며, 그리고 인간의 마음에는 이러한 미덕의 뿌리가 내리지 않은 곳이 없다."[36] 풍부한 상상력을 발휘한다면, 사회 안에서도 자신과 타인을 자유롭고 평등하게 연결함으로써 생생한 동정을 느낄 수 있다. "그의 동정적인 마음은 동류들의 고통으로 동요된다."[37] 이때 우리는 동등한 인간이 고통 속에서 불평등한 관계에 처한 사태를 부당하게 여기며, 동정의 관계가 지속될 수 있는 일은 더 이상 아무것도 하지 않으면서 다시금 평등한 관계가 회복되도록 노력할 수 있다. 이와 관련하여 루소는 풍부한 상상력을 지속하며 연민과 동정을 위급하게 느끼도록 만드는 우정의 중요성을 강조한다.

---

34   스타로뱅스키, 『장 자크 루소, 투명성과 장애물』, p. 268.

35   루소, 『언어 기원에 관한 시론』, p. 68.

36   루소, 『에밀』 2, pp. 97-98.

37   루소, 『에밀』 2, p. 35.

16. 우정

아이가 자기편애에 이끌리며 다른 사람을 소유의 대상으로 삼거나 누군가의 소유의 대상이 되기를 욕망할 때, 스승은 어떤 노력을 기울여야 하는가? 장-자크는 에밀이 이기적인 사랑에 집착하는 대신, '우정'amitié을 통해 자기편애를 자기애의 확장으로 전환할 수 있도록 돕는다. "정성스럽게 키워진 젊은이가 느낄 수 있는 최초의 감정은 사랑이 아니라 우정이다. 갓 일어난 상상력의 최초 활동은 그에게 동류들이 있음을 가르쳐 주는 것이어서, 그는 성sexe에 앞서 종espèce과 관계를 맺는다. 그러므로 무지의 상태가 연장되면 또 하나의 이점이 생기는데, 그것은 이 젊은이의 마음에 인간애humanité의 첫 씨를 뿌리기 위해 막 생겨나기 시작하는 감성을 이용할 수 있다는 것이다."[38] 사랑은 상대방의 의사와 상관없이 이루어질 수 있는 불평등한 관계를 포함하는 반면, 우정은 서로 동등할 때 맺어지는 관계로서 평등을 출발점으로 삼는 상호성을 특징으로 한다. 이와 관련하여 아리스토텔레스의 '우정'philia(친애)에 대한 논의를 참고할 수 있다. 아리스토텔레스와 루소 모두 우정의 평등성에 주목하는 동시에, 진실한 우정을 나누는 친구가 없는 삶은 아무 가치가 없는 것으로 여기기 때문이다.

루소는 "심지어 우리가 즐거울 때조차 그 즐거움을 함께 나눌 사람이 없다면 우리는 너무나 고독하고 너무나 비참할 것"[39]이라고 말한다. 아리스토텔레스 역시 마찬가지이다. "다른 모든 좋은 것들

---

38 루소, 『에밀』 2, p. 34.

39 루소, 『에밀』 2, p. 162.

을 다 가졌다 하더라도 친구가 없는 삶은 누구도 선택하지 않을 것이다. … 선행euergesia은 친구를 향한 것일 때 가장 탁월하고 찬양받을 방식으로 이루어지는 것인데, 친구가 없어 그러한 선행의 기회를 박탈당한 사람에게 그렇게 영화를 누리는 것이 무슨 소용이 있겠는가?"[40] 우정은 감정의 강렬함이 아니라, 서로 주고받는 것이 동등할 때 지속될 수 있다. 일방적인 사랑은 오히려 우정을 깨뜨리고 만다. "서로에 대해 선의를 갖고 있으며 상대방이 잘 되기를 바라고 또 동시에 그러한 사실을 서로 모르지 않아야 한다."[41] 그렇다면 우정의 관계 속에서 우리는 무엇을 주고받아야 하는가?

유익한 것khrēsimos이나 즐거운 것hēdús을 위해 맺어진 친구 관계는 그것을 제대로 제공하지 못하는 순간 손쉽게 해체되고 만다. 반면 좋은 것agathós으로서 '탁월성'aretē을 나눌 경우, 서로의 '품성상태'hexis를 계속해서 더 좋은 상태로 만들어 준다는 점에서 지속성을 갖는다. "가장 완전한 친애는 좋은 사람들, 또 탁월성에 있어서 유사한 사람들 사이에서 성립하는 친애이다. 이들은 서로가 잘되기를 똑같이 바라는데, 그들이 좋은 사람인 한 그렇게 바라며, 또 그들은 그 자체로서 좋은 사람들이기 때문이다. 그런데 친구를 위해 그 친구가 잘되기를 바라는 사람이 최고의 친구이다."[42] 이러한 점을 고려할 때, 에밀은 자기편애를 부추기는 즐거운 것이나 유익한 것이 아니라, 좋은 것으로서 탁월성을 주고받을 수 있는 사람과 친구가 되어야 한다. 탁월성을 주고받는 우정 속에서 친구들은 연민과 동

---

40   아리스토텔레스, 『니코마코스 윤리학』, 1155a7-10.

41   아리스토텔레스, 『니코마코스 윤리학』, 1156a3-4.

42   아리스토텔레스, 『니코마코스 윤리학』, 1156a7-11.

정을 위급한 정념으로 여기게 된다. 본성상 좋은 것을 가장 잘 나눌 수 있을 친구가 고통받는 순간, 친구와 함께 품성을 가꾸는 일을 더 이상 지속할 수 없다는 위기감에 휩싸이기 때문이다. 탁월성을 나누는 친구와의 우정에는 원리상 연민과 동정이 존재해서는 안 된다. 이때 친구의 고통을 자신의 고통으로 동등하게 연결할 수 있을 풍부한 상상력이 필요하다. "우리는 그가 고통스러워한다고 판단하는 한에서만 고통스러워한다. 우리가 고통스러워하는 것은 우리 내면에서가 아니라 그의 내면에서이다. 그러므로 어느 누구든 상상력이 활발해져 자신의 바깥으로 나가기 시작할 때만 감성적이게 된다."[43]

장-자크와의 우정 속에서 에밀은 자기보존이 친구의 보존을 위해 노력하는 일과 분리 불가능하다는 점을 알게 된다. 가령, 친구의 품성을 보존하기 위한 노력은 자신의 품성을 보존하기 위한 노력과 다르지 않다. "친구는 또 다른 자기"[44]이기 때문이다. 그리하여 장-자크는 말한다. "언제나 그의 이익에 대해 말하면서 그의 영혼을 편협하게 만드는 대신에, 앞으로 내가 그에게 말할 것은 바로 나의 이익에 관한 것뿐이며, 그리고 나는 한층 더 그를 감동시킬 것이다. 나는 그의 젊은 가슴을 우정과 관대 그리고 감사의 모든 감정들로 타오르게 할 것이다. 이러한 감정들은 내가 이미 싹을 틔운 것으로, 그것들을 키우는 일은 참으로 감미롭다."[45] 실로 장-자크는 특정한 지식을 가르치기 때문에 교육자인 것이 아니라, 에밀과 탁월성을 나누는 우정의 관계를 맺는다는 점에서 교육자이다.

---

43 루소, 『에밀』 2, p. 39.

44 아리스토텔레스, 『니코마코스 윤리학』, 1166a31.

45 루소, 『에밀』 2, p. 233.

친구가 자신에게 연민과 동정을 불러일으키는 사태는, 그가 더 이상 자신과 탁월성을 나누는 동등한 상태에 있을 수 없다는 긴급한 신호이다. 친구가 고통 속에서 정념에 이끌려 나쁜 일을 행하게 될 때, 그와 우정을 나누며 탁월성을 가꿀 수 있는 기회는 사라질 것이다. 그러므로 친구의 고통 앞에서 연민은 결코 타인의 고통을 즐기는 은밀한 쾌락으로 이어질 수 없다. 우정은 친구의 고통을 자신의 고통처럼 생생히 느끼게 하는 동시에, 그 고통을 회복하기 위해 최선의 노력을 기울이게 한다. 우정은 자기편애를 자기애의 확장으로 전환시켜 친구의 고통을 자신의 고통으로 여기도록 만드는 것이다. "확산하는 영혼의 힘이 나를 나의 동류들과 동일시하게 해서, 말하자면 내가 그 사람 안에서 나를 느낄 때 내가 그 사람이 고통받지 않기를 원하는 것은 나 자신이 고통받지 않기 위해서다. 나는 자기애를 위해서 그에게 관심을 갖는 것이다."[46]

진실한 우정 속에서 에밀은 친구와 탁월성을 나누며 끊임없이 자신의 내면에 미덕을 쌓게 된다. 이러한 실천을 통해 얻는 기쁨은 너무나 감미로워서 다른 정념들이 주는 쾌락에 무심해지도록 만든다. 그 결과 에밀은 친구와 함께 서로의 내면을 미덕으로 채우고자 더욱 노력하게 된다. "어떠한 것도 미덕보다 더 사랑스럽지는 않다."[47] 만약 쾌락이나 유익을 주고받는 친구 관계를 맺을 경우, 연민과 동정은 고통받는 이를 연민하고 동정할 수 있는 지위를 만끽하게 할 수 있다. "연민은 달콤하다. 왜냐하면 고통받는 사람의 입장이 되면서도, 그래도 자기는 그 사람처럼 고통받지 않는다는 쾌락을

---

46   루소, 『에밀』 2, p. 62.

47   루소, 『에밀』 2, p. 170.

느끼기 때문이다."⁴⁸ 이 경우, 연민과 동정은 혐오감을 주는 것이 아니라 계속해서 즐길 만한 정념이 된다.

    연민과 동정이 느슨히 지속될 때, 에밀은 자신과 타인을 불평등하게 연결하는 한편, 이성을 통해 서로의 처지를 비교함으로써 우월한 감정을 갖게 된다. 에밀은 "그들을 불쌍히 여기며 경멸할 것이고, 스스로를 자랑스럽게 생각하면서 더욱 높게 평가하고, 자신이 그들보다 더욱 행복하다고 느끼면서 자신은 그들보다 더 행복할 자격이 있다고 생각할 것이다."⁴⁹ 따라서 어린 시절에 좋은 친구를 사귀는 일은 무엇보다 중요하다. 그렇지 못할 경우, 아이는 이성의 비교를 통해 더 큰 즐거움이나 유익을 위한 관계에 익숙해질 수 있다. 그리하여 성인이 되었을 때, 그는 희미한 연민과 동정 속에서 타인의 고통을 자신의 고통으로 여기지 못하고, 안전한 상태가 주는 쾌락을 음미하는 일에 만족하고 만다. 이와 달리, 장-자크와 교육적 관계를 맺은 에밀은 친구의 고통에서 생생한 연민과 동정을 느낀다. 에밀에게 친구에 대한 연민과 동정은 결코 지속되어서는 안 되는 치명적인 정념이다.

    좋은 품성을 지닌 친구와 우정을 나누며 성장한 에밀은 우정의 관계를 계속해서 확장하고자 노력한다. "지극히 복된 사람에게 존재는 본성상 좋고 즐거운 것이기 때문에 그 자체로 선택할 만한 것"⁵⁰이다. 타인의 보존이 자기보존과 다르지 않은 것일 수 있을 때, 그와 함께 자기보존을 더 잘 이룰 수 있기 때문이다. 에밀은 다른

---

48   루소, 『에밀』 2, p. 37.

49   루소, 『에밀』 2, p. 83.

50   아리스토텔레스, 『니코마코스 윤리학』, 1170b15.

이들을 평등하게 대하며 자유로운 관계를 맺는 한편, 그들과 함께 미덕을 갖추고자 노력하는 것을 인간으로서 마땅히 추구해야 할 실천으로 여기게 된다. "우리의 이익을 제외한 모든 것에 우리는 무관심하다고들 말한다. 그러나 반대로 우정이나 인간애의 감미로움은 비애 속에 있는 우리를 위로한다."[51] 이 과정에서 우정의 관계는 점차 인류애l'amour du genre humain를 향해 나아간다. 장-자크와의 교육적 관계 속에서 에밀은 풍부한 상상력을 통해 사물들을 자유롭고 평등하게 연결하는 시기와, 우정을 통해 자기편애를 자기애의 확장으로 전환하는 시기를 거치면서, 우정의 관계를 인류라는 추상적인 관념과 연결하게 된다. "인류애란 우리에게서 정의를 사랑하는 것 이외에 다른 것이 아니다."[52]

17. 인간의 종교

사회에서 시민의 역할을 충실히 수행하기 위해서는 이성적인 이해보다 종교적인 믿음이 더욱 중요할 수 있다. 일반의지의 구체적 표현으로서 법을 제정하고, 그것을 자신의 의지와 다르지 않은 것으로서 준수할 것을 신념으로 갖추게 된다면, 정념들의 유혹을 더 잘 이겨 낼 것이기 때문이다. 이 점에서 시민의 정치적 역할을 준수하며 실천할 것을 의무로 삼는 '정치종교'religion civile를 살펴볼 필요가 있다. "따라서 순수하게 정치적인 신앙고백이 있다. 이 신앙고백

---

51 루소, 『에밀』 2, p. 162.
52 루소, 『에밀』 2, p. 98.

의 조항들을 결정하는 것은 주권자의 일이며, 이때 이 조항들은 단순히 종교의 교의가 아니라 좋은 시민이나 충직한 신민이 되기 위해 불가결한 사회성의 신조다. 주권자는 누구에게도 그것을 믿도록 강제할 수 없으나, 그것을 믿지 않는 자라면 누구든지 국가에서 추방할 수 있다."[53]

루소는 정치종교의 교의를 다음과 같이 정리한다. "정치종교의 교의들은 단순해야 하고, 수가 적어야 하며, 설명이나 주석 없이 분명하게 진술되어야 한다. 막강하며, 현명하고, 자비로우며, 예견하고 예비하는 신성의 존재, 내세의 삶, 정의로운 자의 행복, 악인의 징벌, 사회계약과 법의 신성함, 이런 것들이 긍정적 교의들이다. 부정적 교의를 나는 단 하나로 한정하니, 그것은 불관용이다. 불관용은 우리가 배제한 신앙에 속한다."[54] 인간은 언제든 자기편애에 따라 타인에게 불평등한 관계를 강제할 수 있다. 실로 이성은 개별적인 이익을 추구하는 것이 공동의 이익을 추구하는 것보다 더 유익하다고 설득한다. "인간의 정신esprit은 아무것도 믿지 않는 것보다는 잘못 생각하는 것을 더 좋아하는 법이다."[55] 이때 정치종교는 관용을 통해 무분별한 이성의 위험을 방지할 수 있다. "신앙이 없는 사람들보다 관용을 모르는 사람들을 훨씬 더 싫어합니다."[56] 다만 정치종교는 사회계약이 적절히 이루어졌을 때 의미를 갖는다. 문제는 사회계약의 실현이 사실상 쉽지 않다는 점이다.

---

53 루소, 『사회계약론』, p. 170.

54 루소, 『사회계약론』, p. 171.

55 루소, 『에밀』 2, p. 125.

56 루소, 「보몽에게 보내는 편지」, p. 20.

불평등이 만연한 사회에서 장-자크와 에밀은 교육의 과정에서 정치종교가 아닌 다른 종교를 자연스럽게 갖게 된다. 이 종교는 오직 인간이 될 것을 요구하기에, 인간이 되기 위한 교육적 실천이 종교적 실천과 다르지 않은 것이 된다. 루소는 이러한 종교를 '인간의 종교'la religion de l'homme 혹은 '복음의 기독교'la religion de l'Évangile라고 부른다. "신전도 제단도 제례도 없으며, 최고신에 대한 순수하게 내적인 숭배와 도덕의 영원한 의무에 국한되어 있는 인간의 종교는 순수하고 단순한 복음의 종교이고 참된 유신론이다."[57] 인간의 종교의 신자들은 어떤 국가에 속해 있는가와 상관없이 자유롭고 평등한 관계의 회복을 인간의 의무로 삼으며 살아간다. 이들에게 연민과 동정은 불평등의 발생을 알려 주는 징후적 정념으로서, 평등한 관계의 즉각적인 회복을 요구하는 위급한 정념으로 여겨진다. "인간에게 중요한 것은 이 지상에서 자기 의무를 다하는 것이라네. 그리고 사람이 자기를 위해 일하는 것은 자기를 잊어버리고 있을 때에."[58]

인간의 종교의 신자들이 개인의 이익을 잊고 의무를 다하는 삶을 지속할 수 있는 이유는 강직한 이성 때문이 아니다. 오히려 이성은 성격상 과도한 것이기에, 정념들에 쉽게 휘둘리곤 한다. "아무리 이성만으로 미덕을 확립하려 해도, 그것이 미덕에 어떤 견고한 토대를 부여할 수 있겠는가?"[59] 사람들의 올바른 행위는 종교적 믿음이 양심적인 인간의 의무를 끊임없이 상기시키기에 실천되는 것이

---

[57] 루소, 『사회계약론』, p. 164.

[58] 루소, 『에밀』 2, p. 215.

[59] 루소, 『에밀』 2, p. 171.

다. "모든 종교의 망각은 인간의 의무의 망각을 초래한다."[60] 그러나 국가의 입장에서 보면, 인간의 종교를 따르는 신자들은 너무나 위협적이다. 이들은 국가의 법과 상관없이 양심의 목소리에 따라 살아가기 때문이다. "이 종교는 시민들의 마음을 국가에 부착시키기는커녕, 국가로부터 그리고 지상의 모든 것으로부터 떼어 낸다. 나는 이보다 더 사회정신과 반대되는 것을 알지 못한다."[61]

만약 인간의 종교의 신자들이 사회를 이룩하고자 한다면, 모든 시민이 예외 없이 복음의 기독교인이어야 할 것이다. 그러나 그것은 사실상 가능하지 않다. "참된 기독교인으로 이루어진 사회는 더 이상 인간의 사회가 아닐 것"[62]이다. 그러나 교육의 목적은 완벽한 사회를 이룩하는 것이 아니다. 교육자는 사람들이 어떤 사회에 속하건 자유롭고 평등한 삶을 살아가고자 노력하는 인간을 기르고자 노력한다. 불평등하고 부자유한 사회의 법을 그대로 따르는 것이 아니라, 양심의 목소리에 따라 자유롭게 살아가는 이들이 필요하다. 누군가는 이성의 비교를 통해 사회에서 추구해야 할 좋음과 버려야 할 나쁨이 무엇인지 파악하고자 애를 쓴다. 그런데 좋음과 나쁨의 인식이 반드시 좋음을 추구하고 나쁨을 멀리하도록 만드는 것은 아니다. 오히려 이성은 사회적 기준에 따라 이익과 손해를 계산할 수 있다.

한편, 인민의 절대적 믿음을 조장하는 신정정치가 이성의 체계 속에서 실행될 수 있다. 이것이 '시민의 종교'religion du citoyen를 통해

60　루소, 『에밀』 2, p. 116.
61　루소, 『사회계약론』, p. 166.
62　루소, 『사회계약론』, p. 166.

이루어지는 정치이다. "이 종교는 자신의 교리, 제례, 법으로 규정된 외적 예식을 갖는다. 그것을 따르는 단 하나의 국민을 벗어나면, 시민의 종교에서 볼 때 모든 것이 이교도, 외국인, 야만인의 것이다."[63] 더불어 루소는 사회에서 분란을 조장하는 '사제의 종교'religion du prêtre에 대해서도 언급한다. 사제의 종교는 "두 입법, 두 지도자, 두 조국을 부여함으로써 사람들을 모순적인 의무에 종속시켜, 그들이 독신자인 동시에 시민이 될 수 없도록 막는다."[64] 사제의 종교 속에서 종교의 법과 국가의 법은 사사건건 충돌하게 된다. 이때 이성은 각각의 법이 갖는 정당성을 합리적으로 주장함으로써, 감정적 대립에 논리적 분쟁을 추가한다.

루소는 이성을 적절히 이용하면서도 그에 대한 의심을 완전히 거두지 않은 채 양심이라는 감정을 강조한다. 사회적 관계 속에서 이성의 판단은 양심의 평가를 반드시 통과해야 한다. "우리가 갖는 관념 모두가 외부에서 우리에게 온다고 하더라도, 그 관념들을 평가하는 감정[양심]은 우리 내부에 있다. 그리고 우리가 존중하거나 기피해야 하는 사물들과 우리 사이에 존재하는 적합성과 부적합성을 아는 것은 오로지 이러한 감정을 통해서다."[65] 이성의 능력이 아무리 탁월할지라도 양심의 평가를 거치지 못한다면, 언제든 자기편애적 삶의 태도를 부추기는 정념에 협조할 수 있다.

이성의 인식과 판단은 분명 중요하지만, 이성은 좋음이란 무엇인지 알려 줄 뿐이다. 좋은 행위를 실천하기 위해서는 양심의 목소

---

63 루소, 『사회계약론』, p. 164.

64 루소, 『사회계약론』, p. 164.

65 루소, 『에밀』 2, p. 167.

리에 따라 좋음을 사랑해야 한다. "좋음을 아는 것이 좋음을 사랑하는 것은 아니다. 인간은 좋음에 대해 생득적인 지식을 갖고 있지 않다. 그러나 그의 이성이 좋음을 그에게 알려 주기만 하면 곧, 그의 양심은 좋음을 사랑하도록 그를 인도한다. 이것이야말로 생득적인 감정이다."[66] 우리는 사회에서 무엇이 좋은 행위인지 누구보다 잘 알고 있는 이들이 그렇지 않은 이들이라면 생각지도 못했을 범죄를 저지르는 사례를 어렵지 않게 발견할 수 있다. 신적인 본능인 양심의 평가를 거치지 않을 경우, 규칙 없는 판단력과 원칙 없는 이성 속에서 나쁜 것을 좋은 것으로 합리화하는 사태에 빠질 수 있는 것이다. 양심의 인도가 없다면 이성의 인식은 사회의 영향 속에서 언제든 무분별한 판단으로 귀결될 수 있다. 그렇기에 교육의 목적은 이성적인 학자가 아니라 양심적인 인간이 되는 것이다. "우리는 학자가 되지 않아도 인간일 수 있다."[67]

인간의 종교는 이성을 적절히 사용하면서도 언제나 양심의 평가에 의거해서 자유로운 인간들의 평등한 관계를 추구하도록 이끈다. 사회적 욕망의 실현을 위해 봉사하는 이성의 사용을 양심에 따라 이겨 낼 때, 그리하여 욕망이 약속하는 불평등한 이익과 쾌락을 자신도 모르게 잃어버릴 수 있을 때, 우리는 인간이 될 수 있다. 실로 인간의 종교는 불필요한 것들을 자연스럽게 잃어버리도록 한다. 이로부터 우리는 자기보존에 필수적인 것들은 남겨 놓되, 자기편애적인 태도로부터 벗어나 동류의 극심한 고통에서 생생한 동정을 느끼며, 평등한 관계의 회복에 필요한 것들을 조건 없이 증여하는 법

---

66   루소, 『에밀』 2, p. 168.

67   루소, 『에밀』 2, p. 169.

을 배우게 된다. "인간에게서는 모든 것이 달아나기에, 오직 어떻게 잃어버려야 하는지를 아는 것만을 향유한다."[68]

인간의 종교의 신자들은 사람들을 평등하게 연결하는 자유로운 상상력을 발휘한다. 또한 자기편애를 끊임없이 자기애의 확장으로 전환해서 더 많은 사람들과 우정을 나누기 위해 노력한다. 교육의 과정에서 에밀은 자연스럽게 인간의 종교의 신자가 되어야 한다. 이를 위해 장-자크는 에밀이 양심의 목소리에 집중할 수 있을 최선의 환경을 제공한다. 장-자크의 무한한 숲에서 에밀은 풍부한 상상력을 발휘하며 연민과 동정의 대상을 확장할 것이다. 동류의 범위는 확대될 것이고, 자유롭고 평등한 관계에 대한 기존의 관점 역시 재검토될 것이다. 에밀은 부자유와 불평등의 불가피함을 설득하는 사회적 이성의 논리를 잃어버리며, 양심의 목소리에 집중하는 실천을 반복할 것이다. "우리에게는 내면적인 증거와 스스로를 위해 증언하는 양심의 목소리가 있다."[69]

장-자크는 인간의 종교를 믿는 동등한 신자로서, 자유롭고 평등한 관계의 회복을 위해 언제나 에밀과 함께한다. 장-자크와의 교육적 관계 속에서 인간으로 자라난 에밀은 자신과 다르지 않은 친구의 고통으로부터 극심한 연민과 생생한 동정을 느끼며, 그의 회복을 위해 최선을 다하는 삶을 이어 간다. 이때 양심은 타인을 수단으로 삼아 이득을 취하는 일이야말로 자신에게 가장 큰 손해임을 매 순간 일깨운다. "유혹들에 넘어갈 경우 나는 외부 대상들의 충동에 따라 움직인다. 그러나 이러한 약점을 자책할 때 나는 오로지 내

68　루소, 『에밀』 2, p. 455.

69　루소, 『에밀』 2, p. 168.

의지의 소리만을 듣는다. 나는 내 악덕으로 인해 노예가 되고, 내 양심의 가책으로 인해 자유로워진다."[70] 신적인 본능인 양심에 따라 자유롭고 평등한 관계를 추구할 때, 인간의 종교의 신자가 되어 있는 자신을 자연스럽게 발견하게 된다. 인간의 종교에서 신적인 삶이란 정의를 사랑하는 삶으로서 가장 인간다운 삶이다. "나를 변모시키는 은총이 내 의식 안에 내재하며, 내 안에 그대로 머무르면 나는 마땅히 되어야 할 사람이 된다."[71]

18. 무한한 숲의 회복

진실한 친구는 서로를 통해 자신의 좋음을 확인하고 반성하며 미덕을 갖추고자 노력한다. "그들은 한마디로 본성의 일치가 더욱 분명히 나타나 서로 사랑하려는 성향을 그에게 더욱 많이 불러일으키는 사람들이다."[72] 장-자크는 좋은 품성을 갖춘 이들과 만날 수 있는 곳으로 에밀을 자연스럽게 이끈다. 그곳에서 에밀은 자연을 스승으로 삼아 훌륭히 교육받은 아이들과 친교를 맺으며 함께 미덕을 키울 것이다. "우리가 어떤 사람들에게서 그들의 내적 성향 disposition intérieure과 의지에 비추어 좋음 혹은 나쁨을 예상할 때, 그리고 그 사람들이 우리를 위해 또는 우리에 반해 자유롭게 행동하는 것을 볼

70　루소, 『에밀』 2, p. 148.

71　스타로뱅스키, 『장 자크 루소, 투명성과 장애물』, p. 129.

72　루소, 『에밀』 2, pp. 58-59.

때, 그들이 보이는 것과 비슷한 감정이 우리에게 일어나게 된다."[73] 이들 가운데 에밀이 우정을 나누는 첫 번째 친구는 물론 스승인 장-자크 자신이다. 장-자크는 사회적 요구들로부터 자유로운 무한한 숲으로서 에밀과 함께한다.

사람들은 무한한 숲이 보내는 무조건적인 의지 속에서 그가 원하는 모든 것을 얻을 수 있다. 기존의 평가와 설명이 자신의 역량을 재단할 수 없다는 것을 직접 경험하기 때문이다. 무한한 숲이 보내는 긍정 속에서 사람들은 무엇이건 자신과 연결하며 자기보존에 진정으로 유용한 것이 무엇인지 실험할 수 있다. 더불어 사람들은 무한한 숲에서 자신이 원하는 모든 곳으로 나아갈 수 있다. 무한한 숲에서 사람들은 어떤 곳이건 자신과 연결하며 사회가 규정하는 장소로부터 빠져나와 새로운 길을 만든다. 이 과정에서 사람들은 자신의 역량이 지니고 있는 다채로움을 발견하며 무엇이든 될 수 있다는 평등성을 배우게 된다. 그러나 사회는 무한한 숲이라는 공간에서 보내는 시간을 낭비이자 비효율로, 그리하여 경쟁에서 뒤처지는 실패의 과정으로 손쉽게 단정 짓는다.

가령, 교육자는 수학을 배우고자 하는 이들이 풍부한 상상력을 발휘하며 수학을 자유롭게 실험할 수 있을 환경을 마련해 주는 존재이다. 그러므로 교육자는 '수학이 이런 것일 수 있을까?'라고 되묻게 만들 수 있어야 한다. 흔히 사람들은 훌륭한 수학 수업이란 탁월한 수학 지식을 학생에게 적절히 설명해서 잘 이해하도록 지도하는 것이라고 생각한다. 이를 통해 세상이 존경하는 뛰어난 수학자를 길러 낼 수도 있을 것이다. 그런데 루소의 관점에서 교육자의 진

---

[73] 루소, 『에밀』 2, p. 21.

정한 목적은 학생이 '위대한 수학자'가 아니라, '수학을 사랑하는 자'가 될 수 있도록 돕는 것이다. 수학을 사랑하는 자는 풍부한 상상력을 통해 수학을 자유롭게 다루며 기쁨을 느낀다. 이 순간 수학은 그의 자기보존에 있어 가장 유용한 것이 되는데, 수학에 전념하는 것이 그를 가장 그답게 살도록 만들기 때문이다. 그는 수학을 다른 것들과 자유롭고 평등하게 연결할 것이며, 그렇기에 누군가는 화가로서 수학을 색칠할 수 있고, 안무가로서 수학을 움직일 수 있으며, 작가로서 수학을 기술할 수 있고, 기존의 수학이 상상하지 못한 수학을 실현할 수도 있다. 교육자가 만들어 낸 숲에서 수학은 무엇이든 연결될 수 있다.

수학을 전공한 교사의 역할이란 당연히 수학을 가르치는 것이라고 확신할 때, 교육은 너무나 건조하고 초라한 것이 되고 만다. 성실한 교사는 수학에 어려움을 겪는 학생을 동정하며, 그를 돕기 위해 최선을 다할 것이다. 학생은 오류를 깨달으며 더 뛰어난 수학 실력을 갖추게 된다. 그런데 이 과정에서 무지의 자각에 대한 기쁨과 더불어 자신의 부족함에 대한 슬픔이 공존할 수 있다. 이제 어떤 학생은 조금씩 말을 잃어 가기 시작한다. 모범적인 학생의 역할은 교사의 탁월한 설명에 집중하는 것이기 때문이다. 이 순간 교사는 물에 젖어 추위에 떠는 이들에게 영국의 역사를 무미건조하게 설명함으로써 물기를 말려 주고자 시도하는 생쥐와 다르지 않다. "여전히 축축해. 하나도 마르는 것 같지가 않아."[74] 건조한 이성의 말로는 젖은 양심에 심장의 열기를 더할 수 없다.

교육자의 무한한 노력은 언제든 무한한 숲을 만들어 낼 수 있

---

74 캐럴, 『이상한 나라의 앨리스』, p. 45.

다. 무한한 숲을 회복하기 위해 무한한 노력을 기울이는 이들은 모두 동등한 교육자이다. 설령 숲의 크기와 위력이 다른 것처럼 보일지라도, 끝없는 노력이 숲을 무한하게 만든다는 점에서 각각의 교육자가 가꾼 수많은 숲은 성격상 아무 차이가 없다. 무한한 숲에서 이루어지는 교육적 관계를 통해 교육자는 자신만의 숲을 생성하는 또 다른 교육자를 길러 낸다. 이를 위해 교육자는 자신의 숲에 들어선 이들에게 모종의 기호를 발산한다. 이 기호는 원한다고 해서 전달되는 것도 아니고, 원하지 않는다고 해서 전달되지 않는 것도 아니다. 교육적 관계를 맺고 있는 자를 향한 교육자의 무조건적인 믿음의 의지는 자연스럽게 이어지는 것이다. 만약 교육자가 자신의 무한한 믿음을 구체적으로 설명하거나 설득하고자 한다면, 그것은 이내 강제적인 힘으로 작용할 수 있다. 이러한 이유에서 교육자는 먼 훗날의 영광을 기약하며 무한한 숲을 더욱 울창하게 만들고자 최선을 다할 뿐이다.

교육자와의 교육적 관계 속에서 사람들은 양심의 지시에 따라 인간다운 삶을 살고자 애쓴다. 그때마다 사람들은 자신의 내면에 한 그루의 나무를 심게 된다. 그들이 이러한 일을 포기하지 않을 수 있는 이유는 우리가 반드시 회복해야 할 무한한 숲을 교육자와의 관계 속에서 끊임없이 경험하기 때문이다. 교육자는 한 그루의 나무에서 무한한 숲을 상상하게 만든다. 교육자는 이성적 논변 대신 무한한 숲 그 자체로서 양심적 실천을 유발하는 자이다. 무한한 숲을 회복하고자 노력하는 교육자와 함께할 때, 사람들은 교육적 관계를 지속하기 위해 양심에 따라 살아가는 일을 포기하지 않게 된다. 숲에 들어선 사람들이 인간으로 성장하는 그만큼 교육자의 숲 역시 무성해지며, 이 과정에서 교육적 관계를 맺은 이들은 우정의 감미로운 기쁨을 맛보게 된다. 우정으로 맺어진 교육적 관계에서 단 한 번이라도 기쁨을 겪게 되면, 사회적 성공이 약속하는 달콤한 쾌락을 아무것도 아닌 것으로 여길 수 있다. "그것이 한 번 기쁨을 만들어 내면, 그 즐거움의 기억이 떠올려지는 것만으로도 그런 마음을 끊임없이 불러일으키기에 충분하다."[75]

교육적 관계에서 느낄 수 있는 기쁨은 무엇과도 비교할 수 없는 소중한 것이다. 숲에서 비양심적인 행위를 할 경우, 그는 교육자와의 관계를 잃어버릴 수 있다는 두려움에 휩싸이게 된다. 그렇기에 교육자라는 숲에 들어선 이들은 더 좋은 인간이 되고자 노력할 수밖에 없다. 한편, 이들이 숲에서 보여주는 진지한 모습은 교육자로 하여금 숲을 가꾸는 일에 나태해지지 않게 만든다. 교육적 관계를 맺는 이들이 서로에 대한 무한한 신뢰를 보낼 때, 숲을 더욱 울창하고 다채롭게 가꾸는 일의 중요성을 함께 배우게 된다. 양심의 목소리에 따르는 두 존재가 우정 속에서 맺는 자유와 자유의 관계에서, 가르치는 자와 배우는 자의 위계는 더 이상 존재할 수 없다.

교육이란 교육적 삶을 살아가는 이들이 맺는 관계를 통해 실현된다. 교육적 삶이란 무한한 숲을 회복하기 위해 노력하는 동시에, 누구든 원한다면 자신이 회복한 숲을 조건 없이 제공하는 삶이다. 이러한 무한한 숲이 존재할 수 있는 이유는 교육자의 무한한 노력이 있기 때문이다. 이 노력을 포기하지 않도록 하는 존재는 누구든 교육자가 될 수 있다. 교육자의 무한한 숲에서 사람들은 서로를 교육한다. 교육은 경쟁이 아니기에 실패가 있을 수 없다. 그저 더 좋

---

75 루소, 『에밀』 2, p. 170.

은 인간이 되어 가는 과정이 있을 뿐이다. 무한한 숲은 우리가 양심에 따라 살아갈 수 있도록 제한 없이 기다려 준다. 교육적 삶을 살아가기 위해 최선을 다하는 이들이 맺는 교육적 관계 속에서 서로의 숲은 무한히 확장되어 간다. 반면, 사회적 시간의 사슬 속에서 사람들은 한정된 시간 안에 가장 효율적인 성과를 달성하고자 애쓴다. 사회에서 '교육'이라고 일컬어지는 많은 활동은 사실 성공과 실패가 명확히 구분되는 훈육, 훈련, 지시, 지도에 불과하다.

    물론 교육자는 필요하다면 표면상 훈육처럼 보이는 행위를 시도할 수 있다. 다만 이러한 행위는 훈육적 통제로서가 아니라, 교육적 기예로서 사용된 것이다. 가령, 자연의 목적에 따라 이루어지는 장-자크의 교육에 의해 에밀은 자신이 할 수 있는 일과 그렇지 않은 일을 필연의 법칙 속에서 직접 깨달아야 한다. 이를 통해 에밀은 불필요한 정념들에 사로잡히지 않으며 자신이 할 수 있는 일을 자유롭게 시도하게 된다. 만약 아이가 스스로 할 수 없는 일임에도 애원한다면, 스승은 그러한 시도를 단호히 거절해야 한다. "한 번 '안 돼'라고 말했으면 그것은 견고한 벽이 되어야 한다."[76] 우리 모두는 '사물들의 필연성'nécessité des choses 앞에서 서로 평등하다. 그리하여 장-자크와 에밀은 스스로를 진실히 대하도록 요구하는 양심의 목소리와 함께, 신체와 정신의 가능성 및 불가능성을 자유와 자유의 관계 속에서 실험한다. 반면, 자신의 힘을 정의로 내세우는 훈육자 앞에서 더 큰 힘과 더 작은 힘의 관계는 자유롭지도 평등하지도 않다. 이들은 힘과 힘의 관계 속에서 가능한 것과 불가능한 것을 힘의 위계에 따라 판정한다. 이때 필연성은 더 큰 힘에 의해 강제로 부과된다는

---

76   루소, 『에밀』 1, p. 158.

점에서 우연적인 것에 불과하다. 양심에 의거해 '안 돼'라고 말하는 교육자와, 권위에 의거해 '안 돼'라고 말하는 훈육자를 구분할 수 있어야 한다. "타인의 악의가 아니라면 사물들의 필연성을 인내심을 가지고 견뎌 내는 것은 인간의 본성에 속하는 일이기 때문이다."[77]

    사회에서 어떻게든 성공하는 삶이 행복이라고 여기는 이들은, 생생한 동정을 잃어버린 채 불평등을 적절히 이용하며 살아간다. 이 순간 교육의 성공 여부는 경쟁에서 승리하는 것으로 가늠되고 만다. 그리하여 입시에 실패한 학생을 적절히 동정하는 것은 그다지 어색하지 않은 일이 된다. 이것이 시장의 경제 원리를 모든 영역으로 확산시킨 사회의 한 모습이다. 반면, 실패처럼 보이는 일조차 인간이 되는 과정으로 여기는 교육은 언제나 성공할 수만 있다. 무한한 숲과 같은 교육자와의 교육적 관계 속에서 사람들은 동류의 역량을 긍정하며, 우리 모두가 자신의 내면을 무한한 숲과 같이 만들 수 있는 평등한 존재임을 깨닫기 때문이다. 교육자는 자신이 권위를 가진 존재로 상상될 수 없도록 최선을 다해 노력해야 한다. 교육자는 합리적 설명과 모범적 실증으로 이루어진 어떤 종류의 수업도 시도하지 않는 무한한 숲으로 존재할 뿐이다. 교육자는 무엇보다 시간을 잃어버리는 법을 아는 자로서, 효율성이라는 사슬로부터 자유로운 인간이다. "여기서 감히 제가 모든 교육의 가장 위대하고, 가장 중요하며, 가장 유용한 규칙을 제시해도 되겠습니까? 그것은 시간을 버는 것이 아니라, 시간을 잃어버리는 것입니다."[78]

    사회적 성취에 열중하는 교사들이 조급히 시간에 쫓길 때, 무

---

77 루소, 『에밀』 1, p. 158.

78 루소, 『에밀』 1, p. 161.

한한 숲을 회복하는 교육자는 태연히 기다리는 법을 안다. 교육자는 자신의 이성적 설명이 야기할 다양한 힘의 속박을 끊임없이 경계한다. 세론에 따르면 이러한 태도는 무용한 짓이다. 사회에 의해 검증된 모범적인 길을 안내하며 학생들의 오류를 교정하는 것이 훨씬 더 유용하다고 확신하기 때문이다. 이것이야말로 성공적인 교육이라고 말하는 이들이 있다. 세상에 퍼져 있는 교육에 대한 일반적인 견해를 의심 없이 따르는 것은 얼마나 손쉬운 일인가? 편견 속에 있을 때, 사람들은 안심할 수 있다. 안정적인 편견을 뒤흔들 때, 사람들은 혼란에 빠진다. 교육자는 진리로 믿어지는 교육에 대한 견해를 역설 속에 빠뜨린다. 역설 속에서야 비로소 세론에 의해 가려진 인간의 교육이 드러날 가능성이 있다. 그리하여 교육자는 흔히 사람들이 아무것도 아닌 것으로 일컫는 미련한 일에 집중한다. 즉, 교육자는 불필요한 것들을 양심에 따라 잃어버리며, 자신과 교육적 관계를 맺은 이들의 고유한 역량을 무한히 믿고 지지하는 무한한 숲을 가꾼다. "여러분이 무슨 말을 하든 저는 편견의 인간이기보다 역설의 인간이고자 합니다."[79]

19. 교육에서 정치로

교육자는 무한한 숲을 회복해서 제공할 뿐, 그 누구도 강제로 붙잡지 않는다. 사람들은 언제든 교육자의 숲을 떠날 수 있다. 교육자는 완벽한 결과를 달성하는 자가 아니라 최선의 환경을 마련하

---

[79] 루소, 『에밀』 1, p. 161.

는 자이다. 무한한 숲에서 사람들은 더 큰 힘을 권리로 제시하며 불평등한 관계를 정의로 강제하는 어떤 계약도 전부 무효라는 것을 깨닫는다. 교육자라는 무한한 숲에서 인간으로 자라난 이들은 불평등한 법 앞에서 양심에 따라 지금껏 가꿔 온 내면의 숲을 사람들에게 주저 없이 제공한다. 동류와의 자유롭고 평등한 관계를 무엇보다 중시하는 이들은 사회의 불평등한 힘에 자유로 맞설 것이다. 교육적 관계가 지속될 때 나무들은 숲을 이룰 것이며, 누군가는 교육자의 숲에서 지금껏 걸치고 있던 쇠사슬의 무게를 실감할 것이다.

신적인 입법자에 의한 완전한 양도 속에서 자유롭고 평등한 사회를 구축하고자 시도하는 정치는, 양심적인 교육자가 회복하고 제공하는 무한한 숲에서 인간으로 자라난 이들에 의해 실천된다. 인간으로 자라난 에밀은 기존의 사회에 적절히 포섭되는 모범적인 시민으로 살아가지 않는다. 심지어 에밀과 소피가 이루는 가정조차 국가질서에 안주하도록 만드는 장치일 수 있다. 소피에 대한 사랑은 사회 안에서 성공의 법칙을 좇도록 만드는 정념으로 작용하여 양심적인 인간의 삶으로부터 멀어지게 만들 수 있는 것이다. 그리하여 장-자크는 에밀이 언제라도 소피를 잃어버릴 수 있다는 것을 스스로 받아들이도록 세심히 도와준다. 가령, 에밀은 소피와의 사랑을 확인하자마자 장-자크와 함께 2년여의 여행을 떠나야 했다.

장-자크의 교육은 에밀을 사회질서 속에서 안정적인 장소를 점유하는 성실한 시민이 아니라 언제든 기존의 장소로부터 떠나갈 수 있는 자유로운 인간으로 기르는 것을 목적으로 한다. 그렇기에 직업에 있어 에밀은 농부와는 다른 모습을 보여줄 수 있어야 한다. 많은 경우 농부는 땅에 얽매이기 때문이다. "장인은 자신의 노동에만 의존한다. 따라서 그는 자유롭다. 농부가 예속될 수밖에 없는데 반하여 그는 자유롭다."[80] 이러한 이유에서 장-자크는 에밀에게 갑자기 다른 장소로 이동할지라도 먹고살 수 있는 기술을 갖춘 장인이 될 것을 추천한다. "장인은 어디서나 남이 그를 괴롭히려 들면 곧 짐을 꾸린다. 자기 생계수단인 팔을 가지고 떠나 버린다."[81]

분명 에밀은 사회로부터 완전히 떨어진 채 홀로 고립되어 살아가지 않는다. 사회 속에서 인간으로 살아가는 에밀은 국가가 요구하는 의무를 외면하지 않을 것이다. 그러나 국가가 에밀의 삶을 부당하게 침해한다면, 그는 끝내 그곳을 떠나갈 수 있다. 인간의 삶은 타인에 의해 부과된 이성적 사슬에 복종하는 것이 아니라 오직 양심에 따라 자연의 필연성을 실현하는 것이어야 한다. 그리하여 장-자크의 교육은 자연의 목적에 입각해서 이루어져 왔다. 자연의 목적에 따르는 인간의 삶이 사회의 목적에 의해 부적절하게 제한될 때, 에밀은 양심에 따라 기존의 삶을 잃어버리는 법을 알아야 한다. 양심이 명령하면 언제든 모범적인 삶의 방식을 잃어버리며, 어디든 자유롭게 떠나갈 준비가 되어 있는 사회 속의 에밀을 '낯선 동료 시민'concitoyen étranger으로 명명할 수 있다. "우리는 에밀이라는 시민의 모델을 … '낯선 동료 시민'이라고 부르고 싶다. 그는 우리와 서로 아끼며 함께 살지만 우리와 다른 존재이고 언제라도 외국인이 될 수 있는 시민이다."[82]

좋은 인간이 곧 좋은 시민이어야 한다는 생각, 그리하여 좋은

---

80 루소, 『에밀』 2, p. 347.

81 루소, 『에밀』 2, p. 347.

82 김영욱, 「에밀, 낯선 동료 시민」, p. 61.

인간을 기르는 교육은 마땅히 좋은 시민의 형성과 연결되어야 한다는 주장은 국가주의적 사고에 익숙해진 결과일지 모른다. 에밀은 사회 속에 있지만 결코 사회에 포섭되지 않는 인간으로 살아간다. 심지어 에밀은 소피와의 가정생활이 파탄에 이른 후, 세상을 여행하며 떠돌다 해적에게 납치되어 노예 신분이 된다. 그런데 에밀은 노예가 되어서도 여전히 자유인일 수 있었다. 에밀이 보기에 모든 인간은 '필연성의 노예'esclave de la nécessité이기 때문이다. "에밀에게 '노예 에밀'은 자유의 급격한 상실이라기보다 인간존재의 운명을 새삼 지시할 뿐이다. 에밀은 노예가 되어서도 조금도 자아의 자유를 잃지 않을 것이며, 자신의 처지에 대해 괴로워하지도 않을 것이다."[83] 장-자크와의 교육적 관계 속에서 양심에 의거해 잃어버리는 법을 배운 에밀은 자연의 필연성에 따라 행위하는 자유로운 존재이다. 그리하여 에밀은 인간으로 살아가기 위해서라면 사회가 보장한 것들을 얼마든지 담담히 놓아 버릴 수 있는 낯선 동료 시민으로 살아간다.

낯선 동료 시민은 그만의 고유한 존재방식을 통해 자신이 속해 있는 사회에 특별한 기여를 한다. 낯선 동료 시민은 기존의 사회가 완전한 것이 아니라는 점, 그러한 한에서 누구든 그 사회를 떠날 자유가 있는 평등한 존재라는 점을 알려 줄 수 있다. 그러므로 『에밀』의 교육이 사회와 관련하여 진정한 성공을 거두는 지점은, 에밀이 표면상의 모범적 시민이 아니라 낯선 동료 시민으로 성장했을 때이다. 낯선 동료 시민의 삶으로부터 또 다른 사회와 시민의

---

[83] 김영욱, 「"노예 에밀이라! 아니, 어떤 의미에서?"—루소의 노예 형상이 가진 내적 긴장과 증후적 표현」, pp. 7-8.

가능성을 고민해 볼 수 있기 때문이다. 다만, 낯선 동료 시민의 삶을 기존의 사회를 손쉽게 포기하는 것으로 단정해서는 안 된다. 낯선 동료 시민은 인간의 삶이 문제가 될 때, 사람들이 일반적으로 따르고 있는 사회의 법칙, 현재 가지고 있는 권력, 지위, 장소 등등의 가치를 돌아보게 만드는 삶을 살아가는 자이다. 그것은 무엇이건 사회의 부분으로 만들려는 시도를 한가롭게 잃어버릴 줄 아는 인간의 삶이다. 이 점에서 낯선 동료 시민은 어떤 것도 얻지 못하고 아무 곳으로도 떠나지 않으면서도, 가장 중요한 것을 얻고 가장 멀리 떠나가는 역설적 존재일 수 있다. 이들은 인간의 종교의 신자로서 어떤 외적 압력에도 불구하고 사회의 공백으로 남기를 자처함으로서 끝까지 인간의 삶을 지키고자 한다. 그렇기에 인간으로서 낯선 동료 시민은 기존의 사회에 속해 있는 이들에게 또 다른 사회의 가능성 및 불가능성을 환기시킬 수 있다.

사람들이 쉽게 포기하지 못하는 것을 낯선 동료 시민은 자연스레 잃어버린다. 그리하여 사회적 이성이 성공적인 삶으로 우리를 유혹할 때, 낯선 동료 시민인 에밀은 인간으로서 양심의 판결에 따라 행동한다. 이러한 에밀의 태도는 기존의 사회적 관계를 해체시키는 새로운 관계의 가능성을 불러올 수 있다. 이들은 인간의 종교의 신자로서 자신의 자리를 유지하며, 사회의 불평등을 드러내는 일을 망설이지 않고 실행한다. 이와 같은 삶은 주위의 사람들로 하여금 그들이 쓰고 있는 불평등한 삶의 베일을 조금이라도 벗어 볼 용기를 줄 수 있다. 인간의 종교를 따르는 삶은 그 자체로 교육적이면서 정치적이다.

인간의 종교를 믿는 이들의 상상력은 모든 것을 평등하게 연결하기에 그 무엇보다 자유롭다. 그렇게 우정은 인류애로 확장된다. 인류를 자신의 친구로 여길 수 있는 인간의 종교의 신자들은 언제 어디서건 자신과 타인을 자유롭고 평등하게 대할 것이다. 만약 누군가 연민과 동정을 불러일으킨다면, 그들과 자유롭고 평등한 관계를 회복할 수 있도록 최선을 다해 도울 것이다. 이것을 인간의 종교의 신자들은 국가의 법과 상관없이 실천한다. 인간의 종교의 신자들은 특정한 일반의지를 따르는 한 국가의 시민이 아니라, 모든 국가적 경계선을 가로지르는 존재로서 세계시민으로 살아가는 것이다. 인간의 종교 혹은 복음의 기독교는 양심의 의무 이외에 다른 어떤 의무도 요구받지 않는 종교이다.[84] 그러나 국가 제도의 일부로 포섭될 때, 종교의 성격은 급격히 변질된다. 가령, 인간의 종교와 달리 특정한 법과 규범, 의식과 의례 등을 제시하며 연민과 동정을 긍정적인 정념으로 옹호하는 기독교는, 모든 인류를 측은히 여기며 연민하고 동정하는 초월적인 신의 이름 아래, 동정하는 자와 동정받는 자의 불평등을 사랑으로 고착시킨다는 점에서 문제적이다.

　모든 인류를 형제로 여기며 우정에서 인류애로 나아가는 순간, 기존의 쇠사슬은 전부 불필요한 것이 된다. 이때 인간의 종교는 쇠사슬을 끊는 일로부터 비롯될 수많은 고통을 고민하지 않도록 만든다. 인간의 종교를 실천함으로써 얻는 기쁨, 즉 양심의 목소리에 따라 인간으로 살아감으로써 얻는 감미로움이 국가의 탄압에 의한 고통과는 비교 불가능한 크기와 위력을 갖기 때문이다. 자기파괴의 위험 없이 진실한 자기보존을 시도할 수 있는 사회는

84　루소, 「산에서 쓴 편지」, p. 225.

더 이상 존재하지 않는다. 그럼에도 인간의 종교를 믿는 이들은 누구도 연민하고 동정할 필요가 없는 자유롭고 평등한 관계를 유지하고자 노력할 것이다. 이들의 노력은 인간을 기르기 위한 교육적 실천이면서 기존의 불평등한 법을 문제 삼는 정치적 실천이기도 하다. 실로 종교는 교육과 정치의 실현을 이끄는 무한한 의지의 원천으로 기능한다. 인간의 종교의 신자로서 자유로운 인간으로 살아가는 것은 모든 존재의 의무로서, 우리가 마땅히 실현해야 할 정의로운 삶이다. "여보게, 개인적인 이익은 우리를 속인다네. 우리를 조금도 기만하지 않는 것이라고는 오직 정의에 대한 희망밖에 없다네."[85]

누군가는 이상적이고 완벽한 사회라는 메시아주의를 가질 수 있다. 그러나 루소는 메시아주의를 잃어버릴 수 있을 때 자유로운 인간의 삶이 가능하다는 것을 보여준다. 인간으로 자라난 에밀은 진리로 제시된 토대로부터 언제든 떠나갈 수 있다는 점에서 뒤틀림, 간극을 생성하는 자유의 역량을 지니고 있다. 이 간극의 공간이 바로 입법자의 역할을 수행하는 교육자가 회복하며 제공하는 무한한 숲이다. 인간을 기르는 교육이 이어지는 한, 새롭게 도래할 사회에는 또 다른 낯선 동료 시민이 여전히 존재할 것이다. 낯선 동료 시민은 인류의 불변적인 기원에 대한 긍정이나, 더 이상 다른 사회는 가능할 수 없을 것이라는 부정을 비틀어, 지금껏 의식하지 못한 채 두르고 있던 사슬의 무게를 실감하게 만든다. 물론 우리는 낯선 동료 시민이 최선의 인간인지 알지 못한다. 다만 낯선 동료 시민은 몰락의 위험을 무릅쓰고 고정적인 질서에 틈새를 만들어, 차이 속의 차

---

85 루소, 『에밀』 2, p. 215.

이를 끊임없이 생산하는 진실한 인간이다.

오랜 시간이 걸릴지라도 장-자크의 교육을 받은 인간, 즉 낯선 동료 시민이 계속해서 등장할 때, 사람들은 최초의 자연상태나 현재의 시민적 삶과 같은 특정 시기의 삶의 방식을 인류의 본질로 여기는 사태를 의문시할 수 있게 된다. "루소를 상실된 (혹은 등한시된) 투명성의 수호자로 만들어 주는 운동은 그를 방랑자로 만들어 주는 운동이기도 하다. 그는 추방된 자이자 방랑자이지만, 그것은 소외의 세상과 관련해 봤을 때, 그 세상에 수치심을 느끼게끔 하기 위한 것이다."[86] 교육을 통해 인간이 되는 일은 긴 시간을 필요로 한다. 그러나 무엇보다 시급한 일은 지금 즉시 인간으로 살아가는 것이다. 그 결과 낯선 동료 시민의 삶은 또 다른 사회의 도래를 사유하도록 만들 수 있다.

낯선 동료 시민의 삶은 루소 자신의 삶과도 긴밀히 연관된다. "루소가 사회악을 공격하던 때 그의 곁에는 아무도 없었고 그는 친구를 두려고 하지도 않았다. 비판의 목소리를 높일수록 그만큼 더 고독해졌다(다른 사람들은 루소는 고독하게 살고자 했고, 이 때문에 비판의 목소리를 더없이 보편적으로 높이지 않을 수 없다고 주장할 것이다)."[87] 분명, 어느 순간 루소는 고독한 산책자로서 살아간다. 그러나 루소는 홀로 자신을 심판하면서도 누군가 읽게 될 고백의 글쓰기를 멈추지 않았다. 루소의 삶은 열정적인 흥분만큼 고요하고 침착했다. 그것은 루소가 끝까지 자유로운 인간의 삶을 지켰기에 가능한 일이었다. "격렬하게 절대적으로 비판할 때 루소는 고독해진다(다른

---

86 스타로뱅스키, 『장 자크 루소, 투명성과 장애물』, p. 91.

87 스타로뱅스키, 『장 자크 루소, 투명성과 장애물』, p. 78.

사람들은 그가 혼자 있고 싶어 하기 때문에 근본악이 공동의 삶을 타락시킨다는 점을 내세워 변명한다고 말할 것이다)."[88] 루소의 삶의 결과물들은 오늘날 여전히 살아 숨 쉬며 새로운 사회의 가능성을 일깨워 주고 있다. 이러한 측면에서 장-자크가 에밀에게 수행한 교육은 다음과 같다. "나는 그를 인간의 상태에 묶어 둔 것이다."[89] 어린 시절 에밀은 인간이 되는 일에 악영향을 미치는 것들로부터 보호받았다. 성인이 되어가며 에밀은 인간이 되는 일을 방해하는 장애물들을 자유롭게 지나치는 법을 배웠다.

　교육적 관계 속에서 인간으로 성장한 이들은 불평등이 만연한 곳에서 양심의 목소리에 따라 더 좋은 계약을 제시할 것이다. 양심의 판결에 따라 살아가는 존재는 언제 어디서든 불평등을 문제 삼는 정치를 실천할 수 있다. 정치가 이루어지는 특별한 시간과 장소가 존재하며, 정치를 수행하기 위해서는 많은 재산이나 뛰어난 지식이 필요하다고 주장한다면, 그는 사회의 권력자이거나 그들의 논리에 설득당한 노예일 뿐이다. 이상적인 사회를 수립하는 정치에 앞서, 한 존재가 교육을 통해 인간으로 성장해야 한다. 이때 종교는 교육을 포기하지 않을 수 있도록 우리를 북돋는다. 이로부터 교육은 필연적으로 양심적인 인간의 정치를 실현한다.

88　스타로뱅스키, 『장 자크 루소, 투명성과 장애물』, p. 80.

89　루소, 『에밀』 2, p. 431.

20. 내가 나무들 사이에 있을 때면

교육자는 자신과 교육적 관계를 맺는 이들이 풍부한 상상력을 발휘하며 동류의 범위를 확장하고, 그들 모두와 평등한 존재라는 것을 자유롭게 경험할 수 있도록 노력한다. 이를 위해서는 무엇보다도 자연상태의 인류가 누렸던 무한한 숲을 회복할 필요가 있다. 교육자는 무한한 숲을 회복해서 조건 없이 선물하는 자이다. 교육자는 그 자신이 무한한 숲으로서 존재하며, 이러한 교육자와의 관계 속에서 사람들은 자신만의 숲을 가꾸며 인간으로 성장할 수 있다. 무한한 숲을 회복하고 제공하기 위해 교육자는 신적인 본능인 양심의 목소리에 따라 살아갈 수 있도록 항상 스스로를 돌아보아야 한다. "신의 속성들 중 나에게 신의 존재를 알려 주는 것들을 발견한 후 나는 다시 나 자신에게로 돌아와, 신이 다스리는 그리고 내가 검토할 수 있는 사물들의 질서 속에서 내가 어떤 자리를 차지하고 있는지를 탐색한다."[90]

교육자의 무한한 노력이 무한한 숲을 만든다. 그리하여 장-자크는 어린 시절부터 에밀과 자유롭고 평등한 우정을 나누기 위해 최선을 다한다. 에밀은 장-자크와의 교육적 관계 속에서 지식의 획득이 아니라, 양심의 소리에 따라 내면의 미덕을 쌓는 일에 집중하게 된다. "오, 미덕이여! 순박한 영혼들의 숭고한 지식이여, 도대체 너를 알기 위해 그토록 많은 노고와 준비가 필요한 것인가. 너의 원칙은 만인의 마음속 깊이 새겨져 있지 않은가. 너의 계율을 배우기 위해서는 자신을 반성하고 정념을 침잠하게 한 뒤 양심의 소리를

---

90 루소, 『에밀』 2, p. 143.

듣는 것으로 충분하지 않은가."[91] 교육적 관계를 맺은 이들이 가장 두려워하는 것은 무한한 숲을 훼손해서 상대방을 실망시키는 것이다. 가령, 교육자로서 한 어머니는 아무리 커다란 이익을 얻을 수 있는 상황일지라도 그 일을 수행했을 경우 아이 앞에 당당히 설 수 없으리라 판단되면, 아이와의 교육적 관계가 주는 감미로움을 유지하기 위해 자신을 유혹하는 악덕의 이익을 단호히 거부한다. 무엇보다 중요한 일은 부모가 아이에게 무한한 숲으로서 존재하는 것이기 때문이다. 아이에게 무한한 지지를 보내는 부모는 서로의 숲을 더욱 아름답게 만들고자 최선을 다한다.

교육적 관계 속에서 인간으로 자라난 이들은 동류를 불평등하게 대하는 법들을 문제 삼으며 자유롭고 평등한 사회의 가능성을 끊임없이 모색한다. 그들은 무한한 숲을 회복하고 제공하는 교육자의 역할을 이어 감으로써, 사람들이 각자의 삶을 새롭게 혹은 낯설게 보도록 만든다. 무한한 숲에서 사람들은 세론에 따라 자신의 역량을 비하하던 태도를 진실하게 돌아볼 수 있다. 이처럼 무한한 숲 자체인 교육자의 모습을 메리 올리버는 자신의 시 〈내가 나무들 사이에 있을 때면When I am Among the Trees〉에서 다음과 같이 노래한다.

> 내가 나무들 사이에 있을 때면,
> 특히 버드나무와 주엽나무,
> 더불어 너도밤나무, 참나무 그리고 소나무 사이에 있을 때면,
> 그들은 반가움의 기미를 풍깁니다.
> 매일같이, 그들이 저를 구원했다고 말할 수 있습니다.

---

91 루소, 『학문과 예술에 대하여』, p. 66.

저는 자신에 대한 희망으로부터 몹시 멀어져 있지만,
그 희망에는 좋음과 분별력이 있기에,
그러므로 세상에서 결코 서두르지 말고
오히려 천천히 걸으며, 자주 고개 숙여야 합니다.

제 주위의 나무들은 자신의 잎사귀를 떨며
제게 소리칩니다, "잠시만 함께해요."
빛이 가지들 사이로 흐릅니다.

그리고 다시 외치길, "간단해요," 나무들이 말합니다,
"당신도 그래서 온 거예요
세상에서 이걸 하려고, 편안히, 자신을
빛으로 가득 채우고, 발산하기 위해서."

    사람들은 타인과 자신을 비교하며 스스로의 역량을 의심하곤 한다. 그러나 어째서 다른 이의 기준을 통해 자신을 판단하는 것인가. 이것이야말로 자신을 속이는 오만한 태도가 아닌가. 이들은 자신에 대한 희망으로부터 너무 멀리 떨어져 있다. 이때 그는 어떤 숲에 우연히 들어설 수 있다. 숲은 누가 찾아오건 차별 없이 반겨 준다. 숲의 나무들은 어떤 설명도 시도하지 않은 채, 바람과 잎사귀를 이용해서 매 순간 빛의 굴곡을 새롭게 그려 내는 일을 쉼 없이 반복한다. 이러한 숲을 거닐던 누군가는 나무들로부터 문득 무엇인가를 배울 수 있다. 그것은 우리 모두는 평등한 동류로서, 내면에 존재하는 고유한 빛을 자신만의 운율로 얼마든지 표현할 수 있다는 사실

이다. 시시각각 변화하는 빛의 선율이 끊임없이 울려 퍼진다. 무한한 숲에서 누군가는 차가운 법의 이성적 지시가 아닌 따뜻한 의지의 감성적 지지를 통해 나무들과 평등하게 연결된다.

인간이라면 누구나 양심에 따라 자신을 믿으며 미덕을 쌓는 삶을 살아갈 수 있다. 무한한 숲은 자신의 역량을 비하하는 오만한 감정을 깨뜨리도록 만든다는 점에서, 그리하여 자신을 속박하고 있던 사슬을 끊어 내고 자유롭게 스스로를 표현하도록 이끈다는 점에서, 모든 존재는 각자 고유한 가치를 지니고 있는 비교 불가능한 존재임을 깨닫게 한다. 무한한 숲은 과거 혹은 현재의 영광과 좌절 등을 잃어버리도록 함으로써 각자의 독특한 역량을 지금 여기서 실감하게 만든다. 이로부터 사람들은 멀어진 희망을 다시 붙잡을 수 있다. 그 희망은 우리 모두에게 좋음과 분별력이 담겨 있다는 절대적인 믿음이다. 교육자는 무한한 숲 그 자체로서 자신과 교육적 관계를 맺는 이들이 스스로를 믿고 의지를 발휘하여 양심에 따라 살아갈 수 있도록 끝까지 기다려 줄 수 있어야 한다. 직접 시범을 보여주며 신속히 성공의 길로 인도해 주고 싶은 욕망의 시간을 잃어버리고, 무한한 숲을 조건 없이 제공하기 위해 묵묵히 최선을 다하는 존재야말로 진실한 교육자일 수 있다. 사람들은 무한한 숲에서 자신만의 방식으로 나무의 목소리를 듣게 된다. 물론 나무는 아무 말이 없다. 그저 빛이 가지들 사이로 흐르고 있을 뿐이다. 숲속의 사람들은 나무의 목소리와 자유롭게 조우하며, 내면의 목소리를 들을 수 있을 감각을 조금씩 일깨우게 된다. 이 과정에서 사람들은 저마다의 고유한 빛의 선율을 무한히 상상할 수 있다. 한편, 스스로를 긍정하며 더 좋은 인간이 되고자 노력하는 이들에 의해 교육자는 자신을 돌아보며 숲을 더욱 풍성하게 가꿔야 한다는 것을 배운다. 교육적 관계를 맺는 이들은 언제나 서로의 교육자이다.

무한한 숲에서 인간으로 자라난 이들이 사회로 나갔을 때, 그들은 동류 사이에 불평등을 조장하는 법의 유혹 및 위협에 무심한 상태로, 언제 어디서든 자유롭고 평등한 삶을 위한 법을 제시하고자 노력할 것이다. 이로부터 사람들은 양심에 따라 기존의 불평등한 법을 재고하며 동류와 함께 더 나은 사회를 만들고자 협력하는 우정의 관계를 맺는다. 이 관계가 확장될 때, 서로를 격려하며 무한한 숲을 회복하는 우정의 공동체를 형성하게 된다. 우정의 공동체 속에서 사람들은 자신이 누렸던 힘에 집착하지 않을 것이고, 타인이 가지고 있는 힘을 욕망하지 않을 것이다. 공정한 계약을 체결하기 위해서라면, 모든 힘과 권리를 공동체 전체에 완전히 양도한 채 논의를 시작할 것이다. 기존의 법은 항상 검토의 대상이 될 것이고, 일반의지는 계속해서 재도출될 것이다. 이를 위해 교육자는 쉼 없이 무한한 숲을 회복해서 제공한다. 이제 사회에서 자연은 주어진 그대로 보호되는 것을 넘어 교육적 관계 속에서 새롭게 창조된다. 그리하여 무한한 숲에 들어선 사람들은 누구든 자신의 내면에서 어떤 목소리를 발견할 수 있다. "이전의 것들을 잊어버리십시오. 과거에 거주하지 마십시오."[92]

---

92 Isaiah, 43:18

나아가는 길
- 가정교육의 통합성

『에밀』의 전체적인 내용을 개관하는 다른 하나의 방법은 가정교육의 통합성 속에서 루소의 주장을 살펴보는 것이다. 장-자크와 에밀의 가정교육은 발달단계에 호응하여 자연성 교육, 사회성 교육, 시민성 교육으로 나뉘어 시행된다. 첫째로, 유아기, 아동기, 소년기 교육은 에밀의 자연적인 것을 보호하고 발달단계를 뛰어넘지 않는다는 의미에서 '자연성 교육'으로 묶일 수 있다. 에밀이 사회적 편견, 이기적 과대평가, 주형적 훈육으로부터 보호되어야 하는 이유는 그를 독립적이고 자율적이며 상상력이 풍부한 자유인으로 키우기 위함이다. 둘째로, 청년기의 도덕교육, 종교교육, 취향교육은 '사회성 교육'으로 묶일 수 있다. 이 교육은 에밀이 가진 타인에 대한 흥미에 기초하여 시행된다. 사회성 교육은 사회상태의 부정적 영향력을 긍정적 역량으로 변모시켜 에밀을 자유인으로 교육하고자 한다. 셋째로, 성인기의 부부 혹은 부모교육과 정치교육은 에밀이 가진 연애 감정에 기초하여 행해지는 교육으로서 '시민성 교육'으로 묶일 수 있다. 정념을 통제하고 시민의 의무를 아는 자유인이 이 시기 가정교육의 목적이다.

유아기 가정교육은 변덕으로부터의 자유를 목적으로 한다. 유아는 아직 정신세계를 가지고 있지는 않지만, 선천적으로 주어진 감각기관을 통하여 사물을 학습할 능력을 가지고 있다. 교육은 이 학습 능력을 자유롭게 발휘할 수 있도록 관여한다. 루소가 자연, 사물, 인간을 세 종류의 스승이라고 말하면서 자연을 으뜸의 스승으로 보는 것은 인간의 교육이 자연의 필연성에 부합해야 한다는 의미이다. 루소가 유아기 교육의 핵심으로 생각하는 것은 음성 언어와 몸짓 언어에서 자연적인 것을 보존하는 것이다. 유모가 중요한 것은 그가 이 언어에 관한 한 우리의 스승이기 때문이다. 억양과 음색을 가지는 유아의 음성과 주로 얼굴에 나타나는 유아의 몸짓을 통해 유모는 아이의 심신 상태를 알아차린다. 가령, 유아의 울음은 간청인데, 유모는 이것이 권력과 지배의 명령으로 변질되지 않도록 해야 한다. 이 점에서 유모를 선정하고 관리하는 장-자크의 역할이 중요하다. 유아는 자유롭고 독립적으로 자라나야 하지만, 지배적이거나 의존적으로 자라나서는 안 된다. 전자는 자기보존의 자연적인 발현이어서 긍정적 감정으로 분화되지만, 후자는 자기보존의 비자연적 발현이어서 부정적 정념, 즉 자만심, 지배 성향, 악의 등을 낳을 것이다. 요컨대, 장-자크는 사회에 대한 대처와 자연에 대한 대처로서 교육을 시행하는데, 전자는 편견의 난입을 막고, 후자는 발달 단계를 뛰어넘지 않는 것이다.

아동기 가정교육은 자기애와 능력의 균형으로서의 자유를 목적으로 한다. 에밀은 3-12세의 다소 긴 아동기를 거친다. 에밀은 장-자크와 약속을 할 수 있으며 계약을 맺을 수는 있지만, 의무의 관념을 가지고 있지 않으므로 계약이 법적 효력을 갖지는 않는다. 아동은 아직 계약의 파기라는 것을 모른다. 자신이 맺은 계약의 위반 행위를 어른이 문제 삼을 때, 아이는 단지 거짓말을 늘어놓는다. 아동기에도 유지되는 교육의 소극성은 악덕으로부터 마음을, 오류로부터 정신을 보호하는 것이다. 장-자크는 에밀과 이치를 따지지 않고, 제자의 영혼을 되도록 오랫동안 아무것도 하지 않는 상태로 둔다. 그는 성급히 선으로 악을 막으려 들지 않는다. 에밀에게는 '선과 악'의 구분이 없고, '좋음과 나쁨'의 구분만이 있기 때문이다. 그러므로 감각적 오류를 범하지 않도록 아동을 보호하는 것이 중요하다.

루소는 고통의 감정과 기쁨의 관념이 욕망과 분리될 수 없다고 하면서 욕망과 능력 또는 의지와 역량의 동등성을 자유의 특성으로 본다. 그런데 이 균형은 욕망을 증폭시키는 무분별한 상상력에 의해 쉽사리 깨진다. 따라서 장-자크는 욕망을 능력의 한계 안에서 발휘하는 교육, 즉 잘 규제된 자유라는 방법적 원리를 준수할 필요가 있다. 이때 무분별한 상상력은 스승의 권위적 명령이 아니라 자연의 필연성에 따라 제어되어야 한다. 에밀을 노예로 만들지 않으려면 스승의 명령에 복종하게 해서는 안 되고, 자신의 나약함으로부터 자연의 법칙에 따르도록 해야 하는 것이다.

스승이 안 된다고 말했으면, 그것은 제자에게 견고한 벽이 되어야 한다. 이유를 설명하지 않고 안 된다고 말하는 것은 명령적 금지가 아닐까? 그것은 장-자크가 주도하는 명령적 금지가 아니라 에밀의 요구에 대한 자연적 필연성의 거절이다. 습관 형성에서 용인하는 명령적 금지의 치명적 문제점은 그것이 예속과 노예근성을 가져온다는 것이다. 그리하여 루소가 도달한 교육적 방도의 중핵에는 힘, 필연, 무능력, 제한이 자리한다. 자신의 힘을 무분별하게 과대평가하는 변덕스러운 폭군, 즉 오만한 아이나 어른의 명령이나 금지에 복종하며 눈치만 보는 노예, 즉 겁에 질린 아이가 되지 않게 하려면, 아동은 자신의 힘이 자연의 필연성에 부딪혀 제한되는 경험을 통해 자신의 무능력을 직접 깨달아야 한다.

소년기 가정교육은 유용한 배움으로서의 자유를 목적으로 삼는다. 소년기 교육의 중요성은 그것이 청년기 교육과 연계성을 갖는다는 점에 있다. 자연성 교육에서 사회성 교육으로 넘어가는 연계성은 '유용성'에 있다. 에밀은 유용한 것이라면 무엇이든 배운다. 에밀의 입장에서 이것은 남아도는 힘에서 유래하는 호기심에 이끌린 것이지만, 그 배움의 의미는 잠재적으로 사회적 유용성을 가진다. 소년 에밀은 정념으로부터 자유롭다. 그리고 사회의 악영향도 아직은 방어될 수 있다. 일생 중 가장 행복한 소년 에밀은 욕망보다 커진 신체적 힘으로 인하여 무엇이든 할 수 있으리라는 전능감에 휩싸인다. 이 역량으로 무엇을 할 것인가? 배우려고 애쓰는 정신의 활동이 필요하다. 하지만 본격적인 학문 또는 교과, 즉 이론적 연구나 도덕, 즉 인간관계에 대한 지식을 부과해서는 안 된다. 우주학, 물리학, 지리로의 입문은 교사의 수다스러운 설명으로 이루어지는 것이 아니라, 사물, 사태, 상황, 체험 속에서 발생한 에밀의 의문과 스스로의 발견을 통해 이루어진다.

에밀에게 활발한 배움의 원동력은 '이것이 무엇에 소용되는가'라는 유용성의 원칙 아래에서의 '호기심'뿐이다. 기호보다는 사물로부터 출발한다는 교육적 원칙과 유용성의 원칙만 준수될 수 있다면, 장-자크는 에밀의 호기심을 기화로 모든 기술, 학문, 도덕을 잡화점처럼 벌려 제공할 수 있다. 지금 에밀은 호기심에 이끌려 온갖 기술에 몰두한다. 이 시기의 에밀에게는 로빈슨 크루소처럼 기술과

학문이 철저히 생존과 자기보존의 유용성의 원칙에 따라 연결되도록 해야 한다. 학문은 권위로부터 주어져서는 안 되고 작업장에서의 기술 실습으로부터 주어져야 한다. 교육의 비결은 신체 훈련과 정신 훈련이 서로에게 휴식이 될 수 있게 하는 것이다. 다만, 에밀에게 반성과 명상의 취미가 정착될 때까지는 기술이 학문보다, 신체가 정신보다, 노동자가 철학자보다 중시되어야 한다. 에밀은 사회 속에서의 인간이 되어야 하기에, 자신뿐만이 아니라 타인에게 도움을 주는 노동에 숙련될 필요가 있다. 에밀은 노예적 노동자가 아니라 주인적 노동자가 되어야 하므로, 그가 배울 사회관계의 관념은 사회적 평판에 입각해 형성되어서는 안 되고 실질적 가치와 실제적 관계에 입각해야 한다.

청년기에 들어서면서 에밀은 도덕교육, 종교교육, 취향교육의 과정을 거치게 된다. 청년기 도덕교육은 우정의 인간관계로서의 자유를 목적으로 한다. 소년기까지 에밀은 타인에 대하여 무관심한 자립적 마음을 갖지만, 타인을 의식하게 되면서 도덕의 영역으로 들어서게 된다. 청년 에밀은 타인에게 연민과 동정을 느끼는 동시에, 도덕적 우월감이나 교만 또는 허영심에 사로잡힐 가능성이 있다. 우선 선망으로부터는 연민이 나오지 않는다. 그 대상이 누구이건 상관없이 선망하는 순간 자기 자신을 잃어버리고 교만과 허영심을 갖게 된다. 이어서, 에밀이 겸허한 연민을 갖기 위해서는 실패, 즉 고통과 비참의 경험이 중요하다. 에밀은 사람들이 겪을 고통을 부끄러움 속에서 체험함으로써, 자신의 미덕과 탁월성을 천부적인 것으로 생각하지 않고, 자신도 그들과 다르지 않음을 알게 된다. 그리하여 마지막으로, 에밀은 고통의 양이 아니라 고통받는 이에게 부여하는 진실함에 의해 연민과 동정을 느낀다.

제자 에밀은 스승 장-자크에게 애정을 느낀다. 애정은 자연적 감정이다. 하지만 에밀이 장-자크에게 느끼는 애정은 보답으로서 복종을 불러내는 애착이 아니라, 일종의 교환이요 계약이어서 복종을 불러내지 않는 우정이다. 청년으로 성장한 에밀은 장-자크와의 우정을 인류라고 하는 추상적 관념으로 일반화해야 한다. 그렇기에 청년기의 애정은 교육에 장애가 되는 것이 아니며, 오히려 그것을 통해 교육이 이루어지고 완성된다. 인류애에 비해 개인에 한정된 애정은 나약하다. 애정이 우정으로서 인류애로 일반화되기 위해서는 모종의 종교가 필요하다.

청년기 종교교육은 양심의 자각으로서의 자유를 목적으로 한다. 루소의 종교에 관한 논의는 도덕교육의 문제, 즉 우정의 인류애로의 일반화 문제와 이어져 있다. 우정에 내포되어 있는 계약적 관계는 교환적 의무감에 기초하고 있다. 에밀의 청년기 가정교육에 있어서 종교가 요청되는 이유는 이 의무감의 기반으로서의 양심을 구하는 것이다. 양심은 의무감을 반석 위에 놓는다. 육체적 정념 또는 기질에 휩싸이기 쉬운 청년기의 에밀에게 양심에 기반한 의무감이라는 정신적 감정을 불러일으켜야 한다. 연민은 상황이나 상대에 따라 가변적인 것이어서는 안 되고, 항상 관철될 의무감으로 고양되어야 한다. 종교를 잊게 되면 의무 또한 잊게 된다. 이러한 의무감은 양심에 토대를 두어야 한다. 종교교육 속에서 자기애는 우정을 거쳐 양심을 토대로 삼게 되며, 이로부터 우정의 의무감은 인류에 대한 의무감으로 발전한다.

「사부아 보좌신부의 신앙고백」에는 세 가지 형태의 종교가 언급된다. 우선, 시민의 종교는 국가 및 부모로부터 사회화된 종교이다. 이 경우 어디에서 어느 부모 밑에서 태어나고 자라는가에 따라 최초의 종교가 결정된다. 기원으로 역행할 때, 종교는 특정 공동체를 최초로 설립하기 위해 필요한 배타성을 갖는다. 이어서, 사제의 종교가 있다. 사제의 종교는 교회 밖에서는 구원이 없다고 주장하는데, 국가와 교회가 갈등을 일으키는 경우, 인민에게 분열된 의무를 부여하게 된다. 보좌신부는 사제의 종교를 반이성적 종교로 비판한다. 이성을 넘어서는 신앙은 용납될 수 있으나, 이성에 반하는 신앙은 용납될 수 없기 때문이다. 한편, 인간의 종교 또는 '자연종교'religion naturelle가 있다. 인간의 종교에서 우리에게 허락된 능동적 지성은 영혼으로서, 그 핵심에는 정의와 미덕의 생득적 원리인 양심이 있다. 여기서 이성은 양심에 덧붙여지는 부수적인 것으로 취급된다. 인간의 종교는 양심을 일깨우고자 노력하는 인류 전체의 공통적이고 보편적인 종교이다.

청년기 취향교육은 미덕의 내면화로서의 자유를 목적으로 한다. 아직 에밀은 공익에 기여하는 정의에 입각한 인류애를 내면화하지 못했다. 루소가 도덕교육에 이어 종교교육을 요청한 것은 일반적 의무가 선천적으로 주어진 종교적 양심에 의해 궁극적으로 정당화된다고 보았기 때문이지만, 그것은 아직 두 번째 본성이 되지는 못했다. 양심이 본성이 되는 일은 단기간에 성취될 수 없다. 이때 청년기 에밀에게 필수적인 교육적 과업은 그 고차원적 감정의 토대로서 취향을 연마하는 일이다. 그런데 취향은 습관이기도 하지만 쾌락이기도 하다. 그리하여 에밀의 신체적 기질, 즉 관능의 맹목적 본능에 대처할 필요가 있다. 이를 위한 한 가지 방법은 소극적 우회이다. 에밀의 무분별한 상상력을 자제시키고 노동과 사냥으로 신체의 힘을 소진시킴으로써 관능을 순수한 상태로 유지하는 것, 즉 동정을 보전하는 것이다. 다른 방법은 적극적 대처이다. 관능은 자연적인 정념이기에 억압될 수 있는 것이 아니다. 정념에 대해 이성은 무력하기에, 정념은 다른 정념으로만 대적할 수 있다. 결혼은 관능의 거센 물줄기를 터 주는 물꼬이기에, 장-자크는 에밀이 미래의 배필을 찾을 수 있도록 돕는다. 마지막 방법은 보조적 수단이다. 에밀을 어른처럼 대우하며 상상력에 호소하는 언어를 사용함으로써 스스로 책임감을 갖도록 하는 것이다. 이때 장-자크가 사용하는 언어는 상상력에 호소하는 기호들로서, 정확히는 말조차 아닌 것인데, 신성함을 보이는 표현물들이다. 굳이 스승이 말을 한다면, 그 언어는 저급한 언어가 아니라 『성서』에 나오는 말과 같은 정숙한 언어로서, 성스러운 어조가 담긴 것이어야 한다.

장-자크와의 교육적 관계 속에서 에밀은 사교계에서 돋보이는 개성적 취향을 가진 인물로 드러난다. 그는 사교계의 예의범절은 몰라도 인간애적 취향을 가지고 있다. 사교계에서 에밀은 '사랑스러운 이방인'aimable étranger이다. 그는 고대인의 취향의 소박함을 체득하고 있다. 에밀의 취향은 자연을 모방한 것이다. 자신만의 확고한 자연의 취향을 가진 에밀이 사교계에서 '소피'를 발견하지 못하리라는 것은 이미 예정되어 있다. 에밀은 사교계의 관습을 관찰할 뿐 문화화되지는 않는다. 에밀이 이미 가지고 있던 자연에의 취향을 고수하는 것처럼 보여도, 사교계의 인위적이고 가식적인 취향과 자신이 가진 자연적이고 소박한 취향을 비교한 후에 가지게 된 후자의 우월성에 대한 확신은, 두 취향의 비교 이전에 가지고 있던 편협성을 넘어선 것이다.

성년기에 이루어지는 시민성 교육은 부부 및 부모교육과 정치교육으로 구성된다. 먼저 성년기의 부부 및 부모교육은 가정의 미덕으로서의 자유를 목적으로 한다. 에밀의 배필인 소피는 자신이 미덕밖에 좋아할 수 없다면 그 책임은 어머니에게 있다고 말한다. 소피는 미덕 그 자체를 상징하는 인물인 장-자크를 에밀만큼 친애하게 될 것인데, 그 동기의 저변에는 자신의 정념에 대한 두려움과 자신보다 더 정념에 휩싸일 가능성이 높은 에밀의 정념에 대한 두려움이 있다. 소피는 에밀이 홀로 설 때까지 장-자크가 이를 막아 주기를 바란다.

가난을 부끄러워하지 않는 믿음직한 아버지와 신실하며 이해심이 많은 어머니는 소피에게 미덕의 취향을 갖추도록 했다. 미덕에는 진정한 덕행들에 대한 존중, 검소, 소박함, 관대한 무사무욕, 사치와 부에 대한 경멸 등이 포함된다. 에밀은 소피보다 미덕, 즉 인간의 도리가 중요하다고 선언하면서 결혼을 청하고, 소피는 그런 에밀과 결혼하는 것을 기쁨으로 받아들인다. 결혼은 미덕을 취향으로 삼는 두 남녀가 결합하여, 미덕의 공동체로서의 가정을 설립하고, 부모로서 자녀에게 미덕의 가정교육을 행하기 위한 것이다. 이들은 가정을 이룬 뒤 미덕에 기초하여 상호교육을 한다. 그리고 부모가 되면 미덕에 기초하여 자녀를 교육한다.

정치교육은 시민적 의무와 정념의 통제로서의 자유를 목적으로 한다. 에밀과 소피를 만나게 할 모든 준비가 갖추어졌을 때, 이들의 결합이 정치상태에서 자연스러운 것인지를 다시 검토할 필요가 있다. 에밀과 소피는 모두 자연에 따른 교육을 받아서 사교계의 예의범절과는 이질적인 존재들이다. 그들은 자신과 맞는 애인을 판단할 취향의 기준을 갖추고 있다. 하지만 '사회'가 문제이다. 가령, 신분이나 지위 및 재산의 차이가 가져올 문제점 등이 있다. 소피는 가문이나 재능에서는 에밀과 동등하고, 재산에서는 에밀보다 못하기에 좋은 배필로 선택된다. 두 남녀는 스승의 섭리에 따라 우연인 듯 상봉하고 서로 매력을 느끼며 혼인을 약속한다.

혼인이 결정되어 모두가 기쁨을 느끼지만, 장-자크는 어떤 심려를 가지고 있다. 에밀에게는 아직 미덕의 정념과 시민의 의무가 부족하다. 미덕의 정념은 일체의 정념이 자연과 양심의 미덕에 복종하는 상태이다. 시민의 의무는 국가의 구성원으로서 가장이 가져야 할 정부, 법, 조국에 대한 이성적 관념이다. 에밀과 소피가 가장 달콤한 결합을 꿈꾸고 있는 바로 그 시점에, 장-자크는 이 두 가지 남은 과제를 에밀이 성취하도록 한다. 이를 위한 장-자크의 요청은 에밀이 소피를 떠나 여행에 나서도록 하는 것이다. 이것은 루소가 항상 강조하는 '시의적절한 교육'의 한 가지 사례이다.

사제 동행의 국외 여행의 목적은 에밀이 양심에 따르는 이성을 통해 정념을 다스리고, 다양한 국가의 정치적 사태를 직접 관찰하여 시민적 자질을 함양하는 것이다. 전자는 숨겨진 목적이고 후자는 드러난 목적이다. 후자에 따라 22세의 에밀에게 장-자크는 자신의 가족이 행복하게 살 수 있는 안식처를 유럽에서 찾아보는 구체적인 과제를 제시한다. 에밀의 입장에서 정념의 통제라는 목적은 시민의 의무라는 목적에 가려져 있다. 에밀은 정념의 통제가 정치 교육에 있어서 얼마나 중요한 것인지 짐작도 하지 못한다. 정념의 통제는 자유로운 시민에게 필수적인 것이다. 여행을 다녀와서 스승

장-자크는 '관찰의 결과는 무엇인가'라는 질문을 하고, 제자 에밀은 '정념이나 권력의 노예가 되지 않고 오로지 필연의 사슬만을 따라야 한다'라고 답한다. 정념이 우연적 상황에 휘둘리는 감정이고, 권력이 권력자의 변덕에 따라 지배되는 힘이라면, 이로부터 자유를 얻는 것은 양심에 따라 자연의 필연성을 회복하는 일이 된다. 자유인 또는 주인이 된다는 것은 시민성의 필수 요소이다. 비로소 준비를 마친 24세의 에밀은 20세의 소피와 혼인한다.

    이제 인간은 부부, 부모, 시민이 되어야 한다. 여기서도 정념을 미덕으로 승화하는 교육은 계속된다. 가정교육의 주체로서 부부와 부모는 가정생활을 주도하며 교육을 실천한다. 마찬가지로 정치 공동체가 시행하는 교육의 주체로서 시민은 정치 공동체의 생활을 주도하며 교육을 실천한다. 이것은 이제까지 에밀과 소피가 받아 온 교육이 온축된 양심적 실천이다.

이 식물은 오래 물위를 달려왔어
가는 뿌리와 새처럼 활동적인 부레를 달고
간혹 노래도 불렀어

- 장수양, 〈사랑의 조예〉

Ⅲ. 교육자의 삶과 죽음

21. 성차의 문제

장-자크가 스승으로 불릴 수 있는 이유는 그의 직업이 교사이기 때문이 아니라 에밀이 인간으로 살아가도록 이끌기 때문이다. "부모의 요청에 앞서, 자연은 인간의 삶을 촉구한다. 삶을 사는 것이 내가 그에게 가르치고 싶은 일이다. 내 손을 떠날 때 그는, 나도 인정하건대, 법률가도 군인도 성직자도 아닐 것이다. 그렇지만 그는 무엇보다도 먼저 인간이 되어 있을 것이다. 그는 필요할 경우 누구 못지않게, 한 인간이 되어야 할 바가 무엇이든 그렇게 될 수 있을 것이다."[1] 스승 장-자크의 교육을 통해 인간으로 자라난 에밀은 양심의 판단에 따라 이성을 사용하며, 사람들과 우정의 관계를 맺고자 노력한다. 에밀은 사회의 욕망들로부터 자유로운 존재로서, 양심에 따라 불필요한 것들을 언제든 잃어버릴 줄 아는 존재이다.

분명 세론에 이끌리는 삶은 사회적 성공을 보장한다는 점에서 유혹적이다. 그럼에도 인간으로 자라난 에밀은 "미덕이 버리라고 명할 때는 모든 것을 버리는 법을, 사건들보다 자신을 우선하며 그 사건들에 상처받지 않고 마음을 떨어뜨리는 법을, 결코 비참해지지 않도록 역경 속에서도 용기를 내는 법을"[2] 배운 자로서, 자신의 의무를 굳건히 지킬 줄 아는 자유로운 인간이다. 이 점에서 스승의 역할이란 제자와 평등한 우정의 관계 속에서 사회로부터 유발되는 부적절한 정념들을 양심에 따라 잃어버릴 수 있을 환경을 제공하는 것

---

[1] 루소, 『에밀』 1, p. 67.

[2] 루소, 『에밀』 2, p. 455.

이다. 실로 장-자크는 무한한 숲으로서 존재할 수 있어야 했다.

양심에 따라 미덕을 갖추는 자기교육적 삶을 살아갈 때, 그리하여 자신의 내면을 무한한 숲으로 가꿀 때, 사회적 삶 속에서 지금껏 잊고 있던 양심의 목소리를 보다 분명히 들을 수 있다. 그러나 사회적 성공을 이로운 삶으로 합리화하는 이성의 설득은 경쟁에서 승리하는 삶을 정의로운 것으로 끊임없이 선전한다. "악덕은 결코 드러내 놓고 사람을 공격하는 것이 아니라 항상 어떤 궤변의 가면을 쓰거나 종종 어떤 미덕의 가면을 쓰고 기습하는 방법을 찾는다는 것은 정직한 영혼에게는 커다란 교훈이다."[3] 사회적 이성의 목소리가 양심의 목소리를 잠재우지 않도록 하기 위해서는 어린 시절부터 스승과 제자가 함께 생활하며, 신적인 본능인 양심의 목소리에 따르고자 노력하는 교육의 과정을 거칠 필요가 있다. 좋음과 나쁨을 비교하고 판단하는 이성의 역할은 분명 중요하지만, 그것은 언제나 양심의 판결에 의거한 것이어야 한다.

스승과 제자는 양심에 따라 인간적인 삶을 살도록 서로를 고무하는 과정에서 기쁨을 느끼며 미덕의 추구를 포기하지 않게 된다. 문제는 『에밀』에서 이러한 교육자의 역할이 아버지에게 한정되는 것처럼 보인다는 점이다. 가정에서 어머니의 역할은 양육자로 제한되며, 교육은 오직 아버지의 의무로 제시된다. 이 점에서 루소가 『에밀』의 후반부에 논의한 여성교육은 양육하는 어머니를 위한 것으로 이해될 가능성이 있다. 그렇기에 에밀과 소피는 반드시 아들을 낳아야 하는데, 이때 비로소 에밀은 아버지로서 교육자 장-자크의 역할을 이어 갈 수 있기 때문이다. 그러나 루소가 주장하는 교육의 목

---

[3] 루소, 『에밀』 2, p. 273.

적이 인간을 길러 내는 것인 한, 이를 실천할 수 있을 역량의 소유자라면 성별과 상관없이 누구나 스승이 될 수 있다.

인간의 근원적 스승은 우리에게 사물들의 필연성을 알려 주는 자연이다. "자연을 관찰하고 자연이 여러분에게 제시해 주는 길을 따르도록 하라."[4] 가령, 자연 앞에 적나라하게 놓인 존재로서 갓난아이는 어머니의 양육 속에서 자연의 필연성에 따라 자기보존의 삶을 살아가는 법을 배워야 한다. "이런 시련을 겪고 난 아이들은 강한 체력을 얻게 되어, 그가 생명을 이용할 수 있게 되는 즉시 그 생명의 근원은 더욱 확고해진다."[5] 어머니는 아이의 자연적 삶에 방해가 되는 요소들, 즉 건강하지 못한 모유, 아이를 너무 강하게 속박하는 배내옷 등이 주어지지 않도록 주의를 기울인다. 어머니의 양육과 함께 아이는 신체를 활용하는 법을 스스로 터득하며 자신이 무엇을 할 수 있는지 깨닫게 된다. 그리고 일정 시기가 되면 이제 아이는 어머니의 손을 떠나 아버지에게 교육을 받아야 한다. "어머니와 아버지는 그들의 역할의 순서와 그들의 방식 모두에서 일치를 보아야 한다. 어린아이는 한 손에서 다른 손으로 넘겨져야 한다."[6]

어린아이는 어머니의 양육과 아버지의 교육을 받으며 성장한다. 그런데 어떤 어머니는 자식의 양육을 꺼리며 유모를 고용할 수 있다. "여성들은 어머니이기를 멈췄다. 여성들은 더 이상 어머니가 되지 않을 것이다. 여성들은 더 이상 어머니가 되기를 원하지 않는

---

4   루소, 『에밀』 1, p. 77.

5   루소, 『에밀』 1, p. 77.

6   루소, 『에밀』 1, p. 80.

다."[7] 이와 마찬가지로, 어떤 아버지는 자식의 교육이라는 가장 중요한 의무를 회피할 수 있다. "사업, 직무, 의무 등등……. 아! 이 의무들, 의심의 여지 없이 제일 마지막 의무는 아버지로서의 의무일 것이다!"[8] 다만, 수유 등을 하기에는 어머니의 몸이 너무 약하거나 가족의 생계를 책임지느라 아버지가 너무 바쁘다면, 부모를 대신해서 양육이나 교육을 수행할 사람을 찾을 수밖에 없다. 분명 부모라면 일차적으로 자식의 양육과 교육에 마땅히 최선을 다해야 한다. "아버지로서의 의무를 완수할 수 없는 사람은 아버지가 될 권리가 없다. 가난도, 일도, 체면도 자식을 먹이고 직접 가르치는 일에서 그를 면제시켜 줄 수 없다."[9] 따라서 부모는 아이와 함께 충분한 시간을 보낼 수 있어야 한다. 이것은 부모가 되기 위해 전제되는 가장 기본적인 조건이다.

물론 건강하거나 부유하다고 해서 반드시 좋은 부모라고 말할 수는 없다. 오히려 부유한 이들은 돈을 주고 부모의 역할을 대신할 사람을 찾음으로써 자신의 의무를 외면할 수 있다. 그러나 모종의 이유로 어쩔 수 없이 가정교사를 고용해야 한다면, 핵심적인 조건을 충족시키는 인물을 찾아야 한다. 루소에 따르면, 부모를 대신해서 교육의 전권을 부여받는 스승은 무엇보다 돈으로부터 자유로운 존재여야 한다. 돈에 팔리는 자는 돈이라는 목적을 달성하기 위한 수단으로 교육을 이용할 것이기 때문이다. 그는 돈에 얽매여 있다는 점에서 일종의 하인에 불과하고, 이러한 하인이 할 수 있는 일은

---

7 루소, 『에밀』 1, p. 75.

8 루소, 『에밀』 1, p. 80.

9 루소, 『에밀』 1, p. 81.

또 다른 하인을 키워 내는 것뿐이다. 부모는 원칙상 돈을 주고 가정교사를 고용할 수 없으며, 오직 자식의 교육을 부탁할 수만 있다. 이를 위해서는 자식을 기꺼이 맡길 수 있을 인물과 우정의 관계를 맺고 있어야 한다. "그 일을 대신할 친구를 하나 두라. 그밖에 다른 방도를 나는 알지 못한다."[10]

아버지의 역할을 조건 없이 대신할 친구는 어떤 인물이겠는가? 그는 돈에 구애받지 않고, 친구의 아이를 위해 자신의 모든 시간을 쏟아부을 수 있을 자유로운 존재로서, 아이를 사회의 악영향들로부터 지켜 주며 미덕을 갖춘 인간으로 길러 내고자 최선을 다하는 스승이다. 그러나 이러한 인물을 친구로 두고 있는 아버지가 과연 자신의 의무를 포기하려 하겠는가? 갑자기 큰 불행이 닥쳐 어쩔 수 없는 상황에 처한 것이 아니라면, 그가 아버지의 의무를 저버리는 것은 상상하기 힘든 일이다.

아이를 낳는다고 해서 무조건 부모가 되는 것이 아니라 자식을 교육할 수 있는 자만이 부모가 될 자격이 있다. 어느 부부가 자식의 교육을 위한 시간과 공간을 제공할 능력을 지니고 있지 못하다면, 그들은 아이를 낳아서는 안 된다. 사랑만으로 자식을 교육할 수는 없다. 가령, 적절한 시간과 공간을 마련하지 못하는 경우, 부모의 눈길이 닿지 않는 곳에서 아이는 사회의 수많은 정념들에 무방비하게 노출될 위험이 있다. 이러한 상황에서 아이가 알아서 올바로 자라나기를 기대하는 것은 무책임한 일이다. "아버지가 그의 아들을 인간으로 기르도록 하라."[11] 그럼에도 현실적으로 많은 아버지들은

---

10 루소, 『에밀』 1, p. 82.

11 루소, 『에밀』 1, pp. 82-83.

경제적 문제 등의 이유로 자식의 교육을 제대로 수행하지 못하고 있다. 그렇다면 어떻게든 좋은 스승을 찾아 그에게 아버지의 의무를 위임해야 한다. 그러나 대체 누가 아버지를 대신할 수 있겠는가? "교사여! 오, 너무도 숭고한 영혼이여! 진실로 한 인간을 만들어 내기 위해서는, 아버지가 되든지 스스로 인간 이상이 되어야 한다."[12]

타락한 시대에 미덕을 갖춘 참된 스승을 찾는 일은 결코 쉽지 않다. 그럼에도 불구하고 그러한 인물이 존재하고, 또 그가 어느 아버지의 절친한 친구라고 가정해 보자. 그는 친구의 자식을 위한 교육에 헌신할 준비가 되어 있다. 그 스승은 부모로부터 모든 의무를 인계받은 자로서, 이제 제자는 부모를 존경할지라도 어디까지나 스승의 말에 따라야 한다. 더불어 제자는 스승과 함께 생활하며, 서로가 동의하는 경우에만 떨어질 수 있다. 사실 이것은 부모와 자식의 관계에서는 너무나 당연한 것이기에, 부모의 의무를 스승이 인계받는 순간 아이는 마땅히 이를 준수해야 한다. 한편, 제자는 건강하고 튼튼해야 한다. 만약 신체가 너무 허약하다면, 그는 건강의 회복에 집중할 수밖에 없기 때문이다. "나는 죽지 않을 생각만 하는 사람에게 사는 법을 가르치는 방법은 전혀 모른다."[13] 이상이 『에밀』에서 루소가 언급하는 스승과 제자의 조건들이다. 그런데 스승과 제자가 교육적 관계를 맺기 위한 추가적인 조건이 요구되는 것처럼 보인다. 앞서 언급했듯, 그것은 바로 아들의 교육이란 아버지의 의무로서 남성의 역할이며, 그렇기에 스승은 '젊은 남성'이고, 제자는 '어린 남자아이'여야 한다는 점이다.

---

12 루소, 『에밀』 1, p. 82.

13 루소, 『에밀』 1, p. 89.

『에밀』의 후반부에서 루소는 소피를 중심으로 여성교육에 대해 논의한다. 여기서 여성교육은 남편을 보조하는 성실한 아내 혹은 아이를 양육하는 헌신적인 어머니를 위한 것으로 논의된다. 이러한 루소의 여성교육은 실로 차별적인 주장이다. "루소는 여자는 한순간도 자신이 독립적인 존재라는 생각에 빠지면 안 되고, 자신이 타고난 교활함을 발휘하게 될지도 모른다는 두려움 속에 살아야 하며, 남자들이 쉬고 싶을 때 더 매력적인 욕망의 대상, 더 귀여운 동반자가 되고자 스스로 요염한 노예로 변해야 한다고 주장한 바 있다. 그는 이 모든 게 자연의 섭리인 척하면서, 여자는 아주 철저히 순종하는 습관을 들여야 하므로 모든 미덕의 주춧돌인 진실과 인내심도 어느 정도 한계를 두고 가르쳐야 한다고 암시했다."[14] 이러한 관점에서 울스턴크래프트는 말한다. "여성은 하나의 기이한 반쪽 인간, 루소가 말하는 기이한 환상들 중의 하나로 교육받는 대신, 도덕적일 뿐 아니라 이성적인 존재로서 남자들과 똑같은 수단으로 인간이 지녀야 할 미덕들(또는 기예들)을 갖추도록 노력해야 한다."[15] 분명 루소의 여성교육이 보이는 성차별적 관점은 비판받아 마땅하다. 그럼에도 불구하고 루소의 여성교육에서 차별적인 관점이 아니라 다른 교육적 의미와 가치를 발견할 수는 없을까? 『에밀』의 교육은 오직 인간을 길러 내는 것을 목적으로 삼기 때문이다.

장-자크와 에밀이 맺는 교육적 관계가 남성을 위한 것에 국한되지 않는다면, 소피가 자신의 어머니와 맺은 교육적 관계 역시 여성을 위한 것에 그치지 않을 것이다. 이러한 측면에 주목할 때, 『에밀』

---

14 울스턴크래프트, 『여권의 옹호』, p. 65.

15 울스턴크래프트, 『여권의 옹호』, pp. 88-89.

에서 발견되는 성차별적 관점은 루소 자신의 주장을 기초로 재해석될 가능성이 있다. 남성이건 여성이건 상관없이 그들 모두는 교육을 통해 인간다운 삶을 사는 존재로 성장해야 한다. 인간을 기르기 위해 노력하는 자는 누구든 교육자로 불려야 마땅하다. 루소의 교육이 진정으로 추구하는 바는, 가정의 교육자로서 부모의 역할이 성차에 따라 주어져야 한다는 것이 아니라, 부모라면 누구나 무한한 숲을 회복하고 제공하는 교육자가 될 수 있어야 한다는 것이다.

22. 여성교육

루소는 교육을 통해 인간이 되어야 한다고 말한다. 남성과 여성은 동등하며, 단지 성별의 차이로 인해 각자의 역할이 구분될 뿐이다. "성과 관계되지 않는 모든 점에서, 여성은 남성이다."[16] 그럼에도 루소는 『에밀』에서 남성과 여성이 가정을 이뤄 조화로운 삶을 살아가기 위해서는 남성이 남성다워야 하고 여성이 여성다워야 한다는 성차별적 관점을 제시한다. "한쪽은 능동적이며 강해야 하고 다른 한쪽은 수동적이고 약해야 한다. 한쪽은 반드시 관계를 원하고 또 할 수 있어야 한다. 그에 비해 다른 한쪽은 별로 저항하지 않기만 하면 된다."[17]

인간을 기르는 교육에 비추어 볼 때, 동등한 인간인 여성에게 일방적으로 수동성을 부과하는 루소의 태도는 자의적이고 편향적

---

16 루소, 『에밀』 2, p. 297.

17 루소, 『에밀』 2, p. 299.

이다. 루소는 차별적 주장을 이어 간다. "이러한 원칙이 세워졌을 때, 여성은 특히 남성의 마음에 들도록 만들어졌다는 결론이 나온다. 남성의 가치는 그의 힘에 있다. … 이처럼 여성이 남성의 마음을 즐겁게 하고 그에게 복종하도록 만들어졌다면, 남성에게 도전하기보다는 남성 뜻에 맞는 존재가 되어야 한다."[18] 에밀이 가정을 이루었을 때, 그는 남성으로서 남편의 역할에 충실해야 하며, 여성인 소피는 아내의 역할에 전념해야 한다. 그리하여 에밀은 남성으로서 주도적이고 능동적인 역할을 담당하게 되고, 소피는 남성을 지원하는 여성으로서 보조적이고 수동적인 역할을 수행하게 된다. 이로부터 도출되는 다음과 같은 관점, 즉 남성은 대담해야 하고 여성은 소심해야 하며, 이때 여성의 소심함은 겸손함 및 수치심과 연결되는 것으로서, 이것이 바로 여성이 가질 수 있는 자연스러운 힘이라는 주장은 명백히 성차별적이다.

    루소가 보기에 다소곳함과 수줍음은 수동적인 소심함으로부터 나오는 태도이다. 그런데 수동적인 소심함이 보이는 소극적인 태도에도 불구하고 여성이 능동적인 힘을 발휘하는 경우가 있다. 그것은 남성다움이 보이는 힘이 과도할 때, 여성의 수동성이 과도함을 막고 그 힘을 다시금 미덕에 따라 적절히 사용되도록 만드는 사태이다. 남성은 힘에 도취되기 쉬운 만큼 미덕을 저버릴 위험도 높다. 욕망의 대상에 우선 다가가는 존재가 남성이라면, 욕망의 대상을 일단 멀리하는 존재는 여성이다. 남성의 과도함을 적절히 제어하는 것, 양심에 따라 미덕을 가꾸도록 남편을 은근히 설득하는 것, 이것이 바로 여성의 수동성을 능동적 힘으로 전환할 수 있는 유일한 길

---

18   루소, 『에밀』 2, p. 299.

이다. "더욱 강한 남성이 겉보기에는 지배자이지만 사실은 더욱 약한 여성에게 의존하고 있다는 것이다."[19] 아내의 능동적 힘은 언제나 남편과 관련해서만 발휘된다.

루소의 여성교육에 따르면, 여성은 남성의 욕망을 적절히 이용해서 남성이 자신의 힘을 올바르게 사용하도록 이끌어야 한다. 미덕을 갖춘 여성의 지원 속에서, 남성은 자신의 욕망을 제어하며 양심에 따라 살아가게 된다. 물론 어떤 여성은 자신의 약함을 교묘히 이용해서 남성을 통해 사적인 목적을 추구할 수 있다. 이 점에서 미덕을 갖춘 여성이 자신의 소극성을 힘으로 발휘하는 것은 긍정되지만, 악덕에 따르는 여성의 경우에는 부정된다. 동일한 힘을 누가 사용하느냐에 따라 미덕이 될 수도 있고 악덕이 될 수도 있는 것이다. "진실한 남자들을 사랑하고 그들의 마음에 들려는 여자는 그에 걸맞은 방법들을 택한다. 여성은 본래 교태를 부리지만 교태 또한 목적에 따라 형태와 대상을 달리한다. 그 목적을 자연의 목적에 맞추면 여성은 자기에게 알맞은 교육을 받게 될 것이다."[20]

성인이 된 에밀은 미덕을 갖춘 여성을 볼 수 있는 눈을 갖춰야 한다. 그런데 에밀은 외적 욕망에 이끌려 잘못된 판단을 내릴 가능성이 있다. 그렇기에 아내를 찾는 여정에 스승이 동행해야 한다. 이제 에밀과 시간 및 장소를 가장 많이 공유하는 존재는 그의 아내인 소피이다. 훌륭한 아내와 이룬 가정에서 에밀은 인간다운 삶을 유지할 수 있다. 장-자크는 자신의 역할을 소피가 이어받을 것이라고 말하며, 지금부터는 소피를 스승으로 대할 것을 에밀에게 당부한다.

---

19 루소, 『에밀』 2, p. 301.

20 루소, 『에밀』 2, p. 312.

"나의 오랜 임무는 여기서 끝나고, 이제 다른 사람이 그 임무를 맡아 시작하네. 오늘로 나는 자네가 내게 위임했던 권리를 양도하니, 이제부터 당신의 교사는 바로 이 사람일세."[21] 사회에서 필연적으로 접하게 되는 수많은 욕망들을 미덕을 갖춘 아내와의 관계 속에서 이겨 낼 수 있다. 소피의 미덕은 그녀가 받은 교육을 통해 자연스러운 취향으로 자리 잡은 것으로서, 이러한 취향이 잘 유지되기 위해서라도 여성은 사회적 활동으로부터 떨어진 채 가정에서 자신의 역할에 집중해야 한다.

    미덕을 갖춘 아내가 꾸리는 가정은 남편이 가정의 교육자이자 사회의 시민으로서 훌륭히 살아가도록 만드는 터전이 된다. "그녀만이 아버지로 하여금 아이들을 사랑하게 만들고 또 그들을 자기 자식으로 부를 수 있는 신뢰감을 그에게 불어넣어 줄 수 있다. 온 집안을 하나로 결속하여 유지하기 위해서 얼마나 많은 애정과 배려가 그녀에게 요구되는가!"[22] 다만 남편이 과중한 사회적 의무에 의해 교육자의 역할을 제대로 수행할 수 없을 때, 그런데 그들의 자식이 사내아이일 경우 아내는 양육만을 담당할 수 있으므로, 아버지와 어머니는 교육을 담당할 젊은 남성 교사를 구할 수밖에 없다. 루소의 교육은 인간을 기르는 것을 목적으로 삼지만, 그럼에도 불구하고 『에밀』은 분명 남성 중심적인 저작이다. 루소는 이러한 비대칭을 조금이나마 완화하고자 여성교육을 다룬다. "성격에서나 기질에서 남성과 여성이 동일하게 구성되어 있지 않으며, 구성되어서도 안 된다는 사실이 일단 증명되고 나면, 곧이어 그들이 동일한 교

---

21 루소, 『에밀』 2, p. 515.

22 루소, 『에밀』 2, p. 304.

육을 받아서는 안 된다는 결론이 도출된다. … 우리는 지금까지 자연인을 만들려고 애썼는데, 우리의 작업을 미완으로 남겨 두어서는 안 되니, 이제 이 남자에 적합한 여자가 또 어떻게 만들어져야 하는지 살펴보자."[23]

교육을 다루는 루소의 저서 제목이 남자아이의 이름인 것은 우연이 아니다. 이와 관련하여 루소는 다음과 같이 고백한다. "얼마 전부터 일종의 교육체계를 성찰하고 있었는데, 일찍이 슈농소 부인이 아들에 대한 남편의 교육 때문에 불안해하면서 내게 생각해 보라고 부탁한 것이었다."[24] 분명 루소는 남성과 여성의 능력 및 역할에 있어 차별적 주장을 제시한다. "루소가 소피에게 할당한 것은 가부장적 사회에서의 아내이자 어머니의 역할이다. 루소가 에밀에게 할당한 것은 이상적인 국가에서 시민의 역할이다."[25] 에밀은 사회에서 자유로운 시민의 의무를 실행한다. 반면, 소피는 가정에서 남편을 지지하고 시민을 양육하는 책무를 이행한다. 그런데 이러한 성차별적 관점에도 불구하고, 루소의 교육이 추구하는 목적은 성별과 상관없이 인간을 기르는 것임을 잊어서는 안 된다. "인간이 되어야 한다는 명령은 소피의 경우에도 철회되지 않는다."[26] 루소가 구분한 남성교육과 여성교육은 양심에 따라 살아가는 인간을 기르기 위한 하나의 교육으로 재해석되어야 한다. 루소가 성차별적으로 개진하고 있는 여성교육을 비판적으로 고쳐 읽으면서, 가정의 교육자로서

---

23 루소, 『에밀』 2, p. 307.

24 루소, 『고백』 2, p. 224.

25 마틴, 「Sophie and Emile: A case study of sex bias in the history of educational thought」, p. 366.

26 마틴, 「Sophie and Emile: A case study of sex bias in the history of educational thought」, p. 369.

부모의 역할을 보다 세밀하게 검토할 필요가 있다.

　미덕을 갖춘 어머니와 함께할 때, 딸은 미덕이 주는 감미로움을 더 잘 느낄 수 있다. 만약 어머니와 함께 있는 것을 싫어한다면, 그것은 미덕의 필연성이 주는 과업을 회피하고 있다는 증거와 다르지 않다. "세상의 그 누구보다 자기 어머니와 함께 있기를 좋아하지 않는 여자들이 나중에 잘 되기는 매우 어렵다."[27] 따라서 딸들은 어머니에게 의존하며 순종해야 한다. 루소는 이것이 여성에게 자연스러운 것이라고 말한다. "의존은 여성에게 자연스러운 것이기 때문에, 딸들은 스스로 순종하도록 태어났다고 느낀다."[28] 의존과 순종을 여성에게 일방적으로 요구하는 관점은 분명 차별적이다. 그런데 이 문장의 '여성'을 '인간'으로, '딸들'을 '아이들'로 수정해서 읽을 경우, 루소의 교육이 추구하는 바를 보다 일관된 관점에서 드러낼 수 있다. 인간이라면 누구나 얼마간 의존적이다. 남성들이라고 해서 의존성이 덜하며 항상 독립적인 것은 아니다. 이러한 의존성이 보이는 소극적 태도를 미덕을 향한 적극적 태도로 자연스럽게 전환하도록 돕는 것이 교육자의 역할이다. 이를 위해서는 먼저 부모가 양심의 판단에 의존하는 삶을 살아가야 한다. 이것은 아버지와 어머니 모두에게 요구되는 것이며, 이러한 부모와 함께 할 때 아들과 딸은 양심적인 인간으로 성장할 것이다.

　루소는 여성교육을 남성을 위한 것 혹은 남성을 향한 것으로 제시한다. "남성을 아랑곳하지 않는 척하면서도 남성의 마음을 움

27　루소, 『에밀』 2, p. 319.

28　루소, 『에밀』 2, p. 320.

직이는 방법을 배우는 것이 그녀에게 얼마나 중요한가!"[29] 이와 같은 루소의 주장은 여성의 역할이란 외모와 재치로 남성들의 마음을 사로잡아 그들을 조종하는 것으로 오해하도록 만든다. 그러므로 위의 주장에서 '남성'과 '그녀'를 모두 '인간'으로 수정함으로써, 특정한 정념에 무사심하게 대응하며 서로의 마음을 미덕의 방향으로 움직이고자 함께 노력한다는 의미로 읽어 낼 때, 루소의 주장을 인간의 교육이라는 관점에서 이해할 수 있다. 루소가 여성교육에서 여성을 위한 덕목으로 제시한 것들을 인간을 위한 것으로 바라보는 순간, 루소의 성차별적 관점을 넘어서 참된 스승의 모습을 보다 풍부하게 그려 볼 수 있다. 가령, 루소는 다음과 같이 말한다. "고양된 영혼을 지닌 아름다운 여인에게 순결은 감미로운 미덕임에 틀림없다."[30] 여기서 순결을 강조하는 루소의 남성 중심적 사유를 비판하면서도, 고양된 영혼이 행하는 순결한 행위가 갖는 능동적 측면에 주목하면서, 아름다운 여인을 아름다운 인간으로 해석할 필요가 있다. 장-자크 역시 고양된 영혼의 소유자로서 순결한 행위를 지속하는 아름다운 인간이다. 루소의 논의로부터 언제나 인간을 기르는 스승의 모습을 발견할 수 있어야 한다. 교육의 목적은 성별과 상관없이 미덕을 갖춘 인간을 기르는 것이다.

29　루소, 『에밀』 2, pp. 347-348.

30　루소, 『에밀』 2, p. 359.

23. 에밀과 소피

루소의 여성교육은 아내의 역할을 남편과 가정에 예속시킨다는 점에서 차별적이다. "여성은 조신하면 조신할수록, 남편에 대해서조차 더 재간을 부려야 한다. 그렇다, 교태도 한도만 지키면 겸손하고 진실한 것이 되어 정숙함의 법칙이 된다고까지 나는 주장한다."[31] 아내는 남편을 좋은 인간으로 이끌기 위해서라면 교태를 이용할 줄도 알아야 한다. "여성은 스스로는 할 수 없으면서도, 자신에게 필요하거나 기분 좋은 일을 전부 남성이 하고 싶도록 만드는 재주를 지니고 있어야 한다."[32] 아내의 핵심적인 책무 가운데 하나는 남편이 자신의 힘을 무분별하게 사용할 때 교태를 통해 그의 과도한 힘을 적절히 가라앉히는 것이다. 이러한 루소의 성차별적 주장은 아내가 교태를 제대로 부리지 못했기에 남편이 잘못을 저지른 것이라는 억측을 초래할 수 있다.

루소는 부모로서의 여건이 준비되지 않은 상태에서 다섯이나 되는 아이를 낳았고, 그 결과 자식들을 모두 보육원에 보냈다. 이것은 루소 자신이 아버지로서의 책임감이 부족해서 벌어진 일인가, 아니면 테레즈가 아내로서 지녀야 할 덕목인 꾀와 재치 혹은 교태가 부족해 남편의 힘을 제대로 관리하지 못해서 벌어진 일인가? 루소는 다음과 같이 변명한다. "나는 단지 다음과 같이 말하는 것으로 만족할 것이다. '내 아이들을 손수 키울 수 없어서 그들을 공공교육에 위탁하여, 건달이나 재산을 노리는 사람보다는 차라리 노동자나

---

31   루소, 『에밀』 2, p. 348.

32   루소, 『에밀』 2, pp. 350-351.

농민이 되도록 하면, 시민이자 아버지의 행위를 한 것으로 생각된다.' … 그 뒤에 우정이나 관대 혹은 또 다른 동기에서 데피네 부인이나 뤽상부르 부인이 아이들을 맡았으면 했지만, 설령 그녀들에게 맡겨 보았자 그 아이들이 더 행복해지고 적어도 정직한 사람으로 길러졌을까? 나는 모르겠다. 그러나 나로서 확실한 것은 그들이 자신의 부모를 증오하고 어쩌면 배신하도록 키워졌으리라는 것이다. 그렇다면 차라리 그들의 부모를 전혀 몰랐던 편이 백배 낫다."[33]

결국 루소는 자식을 포기한 자신의 선택을 자책하며 후회한다. "독자들이여, 그 점에 대해서는 나를 믿어도 좋다. 누구든 정을 가지고 있으면서 그토록 신성한 의무를 저버리는 자에게 예언하건대, 그는 오랫동안 자신의 잘못에 대해 통한의 눈물을 쏟게 될 것이며 결코 그 무엇으로도 위로받지 못하리라."[34] 그러나 루소의 반성에도 불구하고 아내의 기예로서 교태를 주장하는 것은 남편의 잘못을 호도하는 근거로 이용될 여지가 있다. 그러므로 중요한 것은 남편과 아내가 동등한 존재로서 정념에 휘둘리지 않고 양심에 따라 서로의 잘못을 바로잡을 수 있도록 함께 애써야 한다는 점이다. 남성과 여성의 교육을 철저히 구분하며 이상적인 결합을 추구할 경우, 결혼의 목적이 조화로운 합일로 완결된다는 환상에 빠질 수 있다. 이와 관련하여 에밀과 소피의 가정이 맞닥뜨린 운명을 살펴볼 필요가 있다.

사랑이라는 정념은 너무도 강렬해서 자주 사람들의 눈을 멀게 만든다. 그 결과 누군가는 양심의 목소리를 소홀히 여기게 된다. 가령, 에밀은 소피와 만난 뒤 그녀와 함께하는 시간 이외의 것들을 전

---

33 루소, 『고백』 2, pp. 139-140.
34 루소, 『에밀』 1, p. 81.

부 무의미한 것처럼 대한다. "이번에는 출발하면서부터 그는 곧 도착하고 싶어 한다. 마음이 정념에 눈을 뜰 때, 삶의 권태에 대해서도 눈을 뜨게 된다."[35] 사랑은 연인을 위해서라면 무엇이든 시도하도록 이끄는 원천으로 작용할 수 있다. "자기 아내라 하더라도 그 사랑을 위해 모든 것을 희생시키는 정도가 되면 그것은 죄가 되는 것일세."[36] 그렇기에 결혼은 스승의 도움 속에서 서로의 내면을 알아 가는 충분한 시간을 보내며 신중히 결정해야 한다. 다행히 에밀과 소피는 스승 장-자크의 노력 속에서 미덕을 통한 사랑을 이어 갈 수 있었다. "에밀은 소피를 사랑한다. 하지만 그를 사로잡았던 최초의 매력들은 무엇인가? 감수성, 미덕, 정직한 것들에 대한 사랑이다."[37]

『에밀』의 대단원은 아들을 낳은 에밀과 소피가 장-자크를 찾아가 부부의 곁에 남아 주기를 청하며 막을 내린다. 이제 에밀과 소피는 자식의 스승으로서 장-자크가 실천했던 삶, 다시 말해 인간을 기르는 삶을 이어받아야 한다. "인간으로서의 임무가 시작되는 지금, 제게는 그 어느 때보다도 더 선생님이 필요합니다. 선생님은 당신의 임무를 완수하셨습니다. 선생님을 본받을 수 있도록 저를 인도해 주십시오. 그리고 쉬십시오. 이제는 그럴 때입니다."[38] 그런데 이후 에밀과 소피는 어떤 삶을 살아가는가? 『에밀』의 미완성 후속작인 『에밀과 소피, 혹은 고독한 자들』에서 장-자크는 스승으로 계속 함께하는 대신 그들을 떠나간다. 그런데 더 이상 장-자크가 머물지

---

35 루소, 『에밀』 2, p. 408.

36 루소, 『에밀』 2, p. 454.

37 루소, 『에밀』 2, p. 431.

38 루소, 『에밀』 2, p. 516.

않는 에밀과 소피의 가정에 예상하지 못한 일들이 벌어지기 시작한다. "하늘은 곧 당신이 더 이상 살고 있지 않은 집에 축복하기를 멈췄습니다. 불행들, 고통들이 각각 쉼 없이 뒤따랐어요. 몇 달 사이에 우리는 소피의 아버지, 어머니를 잃었고, 마지막으로 소피의 딸, 그녀가 그토록 열망했던, 끔찍이 아꼈고, 따라다니기를 원했던, 매력적인 딸을 잃었습니다."[39]

소피는 딸의 어머니가 되지 못했다. 이 상실의 아픔은 에밀이 결코 채워 줄 수 없는 것이었다. "무엇도 그녀의 눈물을 마르게 할 수 없었습니다."[40] 에밀은 소피의 슬픔을 전환하기 위해 도시로 옮겨 간다. 소피는 도시가 자아내는 화려한 분위기 속에서 아픔을 잊어 가는 것처럼 보인다. 그러나 이 과정에서 소피가 놓아 버린 것은 다름 아닌 미덕들이었다. 에밀은 가장의 권위를 세워 보려 하지만, 소피는 마음의 문을 닫아 걸은 채 결혼 전의 맹세를 상기시킬 뿐이다. "그는 그녀의 발치에 몸을 던지고 그녀가 내미는 손에 열정적으로 입을 맞추며, 약속된 정절 이외에는 그녀에 대한 일체의 권리를 포기하겠다고 맹세한다."[41] 에밀은 무력감을 호소한다. "우리는 더 이상 하나가 아니었습니다, 우리는 둘이었습니다. 사교계의 분위기가 우리를 갈라놓았으며, 우리의 마음은 더는 서로 가까워지지 않았습니다."[42]

사회에서 사람들은 자기편애적인 삶을 위해 쉽게 결합하고 결별

---

39 루소, 『에밀과 소피, 혹은 고독한 자들』, p. 884.

40 루소, 『에밀과 소피, 혹은 고독한 자들』, pp. 884-885.

41 루소, 『에밀』 2, pp. 510-511.

42 루소, 『에밀과 소피, 혹은 고독한 자들』, p. 887.

하며, 이로부터 발생하는 불평등을 이성의 합리화 속에서 수용한다. 도시의 영향 속에서 소피는 미덕을 갖춘 아내이자 어머니의 모습을 지켜 내지 못한다. 가정은 소피의 치유되지 않은 슬픔과 그로 인한 미덕의 상실 속에서 흔들린다. 그런데 어째서 루소는 에밀과 소피의 가정이 처한 위기를 소피를 중심으로 전개하는 것일까? 『에밀』에서 루소는 여성의 특성에 대해 다음과 같이 언급한다. "주의산만, 경박함, 변덕은 여성들의 타락한 그리고 좀체 고쳐지지 않는, 최초의 취향에서 쉽게 생겨나는 결함들이다."[43] 그렇기에 "여성들의 경박함이 남성들 탓이라기보다는, 남성들의 경박함이 여성들 탓인 경우가 더 많다."[44]

루소는 자식의 죽음 앞에서 중심을 잃고 나약하게 무너지는 존재는 여성인 아내라는 입장을 보인다. 그러나 주의산만, 경박함, 변덕이란 성별과 상관없이 누구나 겪을 수 있는 문제이다. 실로 방종한 인간은 부모 없는 아이들을 낳을 수 있다. 이 같은 사태는 루소 자신이 보여주었듯, 자식을 버리는 남편에게서 발견되는 것이기도 하다. 그럼에도 불구하고 에밀과 소피의 가정이 겪는 위기는 오직 소피의 탓인 것처럼 서술된다. 결국 소피는 결혼 전 에밀이 했던 맹세에서 유일하게 요구했던 조건마저 깨뜨린다. "다른 사람이 당신의 침대를 더럽혔습니다. 저는 임신했어요. 제 인생에서 당신은 저와 다시는 닿지 않을 거예요."[45] 이 순간 에밀은 소피와의 관계가 돌이킬 수 없는 사태에 직면했음을 절감한다. "저는 부서진 채 남겨졌

---

43   루소, 『에밀』 2, p. 319.

44   루소, 『에밀』 2, p. 312.

45   루소, 『에밀과 소피, 혹은 고독한 자들』, p. 890.

습니다……."[46]

　에밀은 자신의 아들을 아내에게 남겨 두고 떠나간다. 더 이상 가정생활이 지속될 수 없으며, 그렇기에 아버지로서의 역할을 수행할 수 없다는 것을 깨달은 것이다. 에밀은 슬퍼하고 미워함으로써 스스로를 약화시키는 대신 아내와 아들로부터 멀어진다. 만약 아버지로서 아들에 대한 권리를 주장한다면, 이로 인해 발생할 수 있는 수많은 분쟁들이 가족을 더 큰 슬픔의 격류에 휩쓸리게 할 위험이 있다. 에밀은 소피에게 아들을 남겨 두는 것으로 만족한다. 한편으로 에밀의 아들은 소피로 하여금 그녀의 부정한 삶을 계속해서 돌아보게 만들 것이다. 이것은 소피의 양심을 회복시키기 위한 한 가지 배려인 것일까? "나의 복수를 위해 아이는 홀로 남겨질 것이다."[47]

　에밀과 소피는 사회의 힘과 그것에 영합하는 이성의 위험을 간과했다. "사람들은 알지 못한다고 저는 말합니다. 마음이 더 이상 결합되지 않을 때 사람들 사이의 결합을 유지하는 모든 것이 최고의 자연적 경향들에 얼마나 호소력이 있는지, 그리고 지혜의 가면 속에서 매혹적이게 되는지. 만약 양심이 그것을 도와주지 않았다면, 이성 그 자체로는 스스로를 지키기가 힘들다는 것을 깨달았을 것입니다."[48] 더불어 에밀과 소피는 양심에 귀를 기울이는 삶을 지속하도록 돕는 스승의 중요성을 제대로 파악하지 못했다. 어쩌면 에밀과 소피의 가정이 처한 위기의 결정적 원인은 스승의 부재일지 모른다. 장-자크가 떠나지 않았다면, 이러한 사태는 벌어지지 않았을

46　루소, 『에밀과 소피, 혹은 고독한 자들』, p. 890.

47　루소, 『에밀과 소피, 혹은 고독한 자들』, p. 909.

48　루소, 『에밀과 소피, 혹은 고독한 자들』, p. 888.

것이기 때문이다. "저희를 버림으로써 당신은 저의 전 생애에 당신이 행했던 좋은 것들보다 더 나쁜 것을 제게 행했던 것입니다."[49]

최초에는 미덕으로 결합한 부부일지라도, 사회적 삶 속에서 끊임없이 닥쳐오는 정념의 유혹과 이성의 합리화는 언제든 가정을 파국으로 몰고 갈 수 있다. 그러므로 남편과 아내는 사회 속에서 자유로운 인간으로 살기 위해, 양심에 따른 인간다운 삶을 지속하기 위해, 서로의 스승으로서 각자의 내면을 돌아볼 수 있도록 최선을 다해 노력해야 한다. 소피가 부족했던 만큼, 에밀 역시 부족했음을 인정해야 마땅하다. 이러한 상황에서 남성과 여성의 역할을 철저히 구분할 경우, 다음과 같은 차별적인 주장이 등장하게 된다. "여인이여, 당신의 주인을 존경하라. 당신을 위해 일하고 당신에게 빵을 벌어다 주고 당신을 먹여살리는 사람이 바로 그다. 이것이 남자인 것이다."[50] 그러나 도시에서 돈을 벌기 위해 애쓰던 에밀은 슬픔 속에서 흔들리던 소피와 충분한 시간을 갖지 못했다.

물론 부부의 연을 맺었을지라도, 필요하다면 자유롭게 떠날 수 있어야 한다. 결혼에는 항상 이혼이 함께한다. 자유로운 인간은 한편으로 단호히 이혼할 줄 아는 존재이다. 노력하지 않는 모든 관계는 언제든 깨질 수 있다. 문제는 에밀과 소피의 가정이 소피의 여성적 연약함으로 인한 타락 속에서 파탄에 이르는 것으로 묘사된다는 점이다. 그러나 에밀 역시 나약하기는 마찬가지였다. 에밀은 소피를 자신의 분신으로 여기며 양심적인 인간의 삶을 살아가기 위해 모든 역량을 쏟아야 했다. 그러나 장-자크는 변명을 반복할 뿐이다. 남편

---

49 루소, 『에밀과 소피, 혹은 고독한 자들』, p. 884.

50 루소, 『에밀』 2, p. 440.

과 아내가 가정에서 교육적 관계를 지속하는 한, 그 어떤 슬픔과 고통 앞에서도 끝까지 미덕의 향기를 잃지 않을 수 있다. 실로 부부는 양심에 따라 살아가는 서로의 교육자이다. 이 점에서 결혼은 남성과 여성이라는 성차 속에서 각각의 역할을 준수하며 조화를 이루기 위해 결합하는 관계가 아니라, 양심적인 인간으로 자라난 두 성인이 함께 미덕을 가꾸며 더 좋은 인간이 되기 위해 협력하는 관계이다. 그리고 양심적인 부모의 미덕은 자연스럽게 아이에게 전해진다. 이와 같은 가정을 루소는 『신 엘로이즈』의 쥘리와 볼마르를 통해 제시한다.

24. 쥘리와 볼마르

쥘리는 사랑하는 생-프뢰가 아니라, 아버지가 선택한 낯선 인물인 볼마르와 결혼한다. 쥘리의 아버지는 군대에서 생명을 구해 준 친우인 쉰 살 정도의 볼마르에게 자신의 딸과 만나 볼 것을 권유했고, 볼마르가 쥘리를 마음에 들어 하자 그대로 결혼을 성사시킨다. 쥘리의 아버지는 약속한 결혼을 일방적으로 취소할 경우, 세상으로부터 쏟아질 불명예스러운 말들, 즉 은혜를 배신으로 갚았다는 평가를 그 무엇보다 두려워했다. 더불어 결혼에 있어 아버지의 판단이 아닌 딸의 감정이 우선시될 수는 없었다. 그리하여 쥘리의 아버지는 자신의 결정을 딸에게 강요한다. 물론 아버지는 딸의 불행을 원하지 않았다. 비록 나이가 많긴 했지만, 쥘리의 아버지가 보기에 어쨌든 볼마르는 좋은 신랑감이었다. 게다가 쥘리는 부모님을 너무도 사랑한 나머지 그들에게 상처를 줄 수 있을 어떠한 결정도 내릴 수 없었다. 그렇다면 『신 엘로이즈』 역시 여성의 자율적인 결정을 존중하지 않은 채, 가부장적인 아버지의 평판을 위해 억지로 결혼한 딸의 희생을 미화하는 불평등한 소설에 불과한 것은 아닌가?

에밀과 소피의 경우, 결정적인 파국은 소피의 외도에 의해 초래된 것으로 묘사된다. 그러나 쥘리를 사랑하는 생-프뢰가 모종의 기획에 속아 술에 취해 의식을 잃고 의문의 여인과 잠들었던 것처럼, 치명적인 실수는 소피가 아니라 에밀이 저지를 수도 있었다. 그런데 볼마르는 쥘리가 꾀나 재치를 발휘해서 힘겹게 남성의 힘을 조정할 필요 없이, 온전히 자신의 힘을 교육에 발휘할 수 있도록 도와주는 존재였다. 행복은 양심의 판단에 따라 미덕을 가꿔 나갈 때 느낄 수 있는 것이다. 이때 미덕이란 스스로에 대한 존경을 불러일으키는 것으로서, 내면의 양심이 주는 칭찬을 통해 지각된다. "흔히 개인의 미덕은, 그것이 타인의 칭찬이 아니라 오직 자기 자신의 인정만을 열망하는 만큼 더 숭고해요. 그리하여 정의로운 사람의 양심은 세상 모든 사람의 칭찬을 대신해요. 따라서 당신은 신분을 막론하고 모든 인간은 위대하며, 자기 자신에 대한 존경을 갖지 못하는 한 아무도 행복할 수 없다는 것을 느낄 거예요."[51] 양심은 인간이라면 누구나 지니고 있는 신적인 본능이므로, 세론이 어떠하건 누구든 양심에 따라 판단하며 행위할 수 있다. "저는 은밀히 제 양심의 소리에 귀 기울입니다. 제 양심은 제게 아무것도 책망하지 않고, 그 소리에 정직하게 귀 기울이는 마음을 절대로 배신하지 않아요. 비

---

51 루소, 『신 엘로이즈』 1, pp. 311-312.

록 그런 행동이 세상에서 저를 변호하는 데는 충분하지 못하겠지만 저 자신의 평화를 위해서는 충분해요."[52]

볼마르는 쥘리를 진심으로 사랑했다. 그는 미덕을 갖춘 쥘리가 옛 연인인 생-프뢰를 향한 감정에 흔들리는 일이 벌어지지 않으리라 판단한다. 그리하여 볼마르는 생-프뢰에게 자신의 가정에서 함께 생활할 것을 권유하며, 쥘리와 생-프뢰가 우정으로 서로의 미덕을 더욱 아름답게 가꿀 수 있도록 지원한다. 이것이 가능했던 이유는 가정생활 속에서 볼마르가 양심적인 이성의 사용이 주는 기쁨을 쥘리의 미덕을 통해 직접 체험했기 때문이다. 이때 볼마르의 이성은 사회적 정념들에 휘둘리지 않고 오직 양심의 판결에 따르는 것으로서, 자연의 필연성에 어긋나지 않는 진실한 결정을 내린다.

『에밀』과 『신 엘로이즈』 등 다양한 작품을 기획하고 집필하던 시기에, 한편으로 루소는 『감각적 도덕, 혹은 현자의 유물론』이라는 제목의 저서를 계획했다. 루소는 욕망에 따라 살아가는 일에 익숙해진 이후 그것을 다시 바로잡는 것이 얼마나 어려운가를 지적한다. 이어서 루소는 욕망의 근원에서 그것을 예방할 필요성을 강조하면서 이를 위해서는 "물질적 원칙을 통하여 영혼을 미덕에 가장 유리한 상태로 놓아 유지시킬 수 있는 외적인 규율"[53]이 필요하다고 말한다. 만약 각각의 상황에 따라 자신의 영혼을 미덕에 가장 유리한 상태로 놓을 수 있다면, 다시 말해 정념들에 휘둘리지 않고 사물과 가장 적합한 관계를 맺을 수 있다면, 기쁨은 증대시키고 슬픔은 감소시키는 삶을 살아갈 수 있을 것이다.

---

52 루소, 『신 엘로이즈』 1, p. 500.

53 루소, 『고백』 2, p. 223.

『감각적 도덕, 혹은 현자의 유물론』의 집필은 끝내 이루어지지 못했지만, 여기서 추구했던 관점은 『신 엘로이즈』의 볼마르를 통해 형상화되었다. "도덕적 질서를 너무나 자주 어지럽히는 동물의 경제학이 오히려 도덕적 질서를 선호하도록 강제하는 법을 안다면, 이성이 얼마나 많은 과오를 모면할 수 있으며 얼마나 많은 악덕이 방지될 수 있을 것인가!"[54] 이러한 측면에서 종종 정념에 이끌린 채 결정을 내리는 감정적인 생-프뢰와 언제나 양심의 판결에 부합하는 판단을 내리는 이성적인 볼마르의 관계는 에밀과 장-자크의 관계를 연상시킨다. "『사회계약론』에 대담한 것이 들어 있다면 그것은 모두 이미 『인간 불평등 기원론』에서 나온 것이다. 그리고 『에밀』에 대담한 것이 들어 있다면 그것은 이미 『신 엘로이즈』에서 나온 것이다."[55]

쥘리는 볼마르에 대해 다음과 같이 말한다. "그분은 누구에게나 똑같이 대하며, 누구에게도 혹해서 달려들지 않고 그렇다고 해서 누구를 회피하지도 않아요. 그분은 오로지 이성만을 따라요."[56] 오직 이성만을 따르는 볼마르는 항상 평온한 삶을 살아갈 수 있는데, 그의 이성이 내리는 결정이 양심의 판결에 위배되지 않기 때문이다. "저는 그분이 즐거워하는 모습도 우울해하는 모습도 본 적이 없어요. 하지만 그분은 항상 만족스러워해요."[57] 이러한 볼마르가 특별히 중요시하는 것이 있다면, 자신과 한 몸이나 다름없는 쥘리의 기쁨이다. 그러나 볼마르는 아내의 행복을 위해서라면 무엇이든 시

---

54 루소, 『고백』 1, p. 223.

55 루소, 『고백』 1, p. 219.

56 루소, 『신 엘로이즈』 1, p. 507.

57 루소, 『신 엘로이즈』 1, pp. 507-508.

도하는 정념적인 존재가 아니라, 양심의 지도에 따라 자신과 아내의 기쁨을 증대시킬 수 있는 일을 신중히 판단하고 수행하는 이성적인 존재이다. "그분은 전혀 웃지 않아요. 진지하지만, 상대방까지 진지하게 만들지는 않아요. 반대로, 차분하게 사람을 대하는 그분의 태도는 저를 명랑하게 만드는 것 같아요. 제가 기쁨을 느끼는 것이 그분이 유일하게 민감하게 반응하는 것이어서, 그분에 대한 저의 의무 가운데 하나는 저 자신이 즐겁도록 노력하는 거예요. 한마디로, 그분은 제가 행복하기를 원해요."[58]

볼마르는 쥘리의 행복을 위해 자신의 이성을 사용하는데, 그의 이성은 언제나 쥘리의 미덕에 대한 감동적인 찬동 속에서 발휘된다. 볼마르는 스스로를 감각들의 배치와 관계 및 상호작용을 유물론적으로 통제하는 엄격한 이성주의자로 여긴다. 그러나 쥘리와의 가정생활을 통해 볼마르는 이성적 삶이란 오직 양심의 판단 속에서만 기쁨을 생산할 수 있으며, 이러한 기쁨은 남편과 아내의 삶을 더욱 행복하게 만든다는 것을 마음 깊이 실감한다. 볼마르가 기계적인 이성주의자가 되지 않을 수 있었던 것은, 쥘리와의 가정생활을 통해 양심에 따라 미덕을 가꾸는 일의 감미로움을 매일같이 경험했기 때문이다.

쥘리와 이룬 가정에서 볼마르는 정념을 이겨 내는 것은 이성이 아니라 양심임을 확인한다. 이성은 양심의 판결 속에서 사물들과 적절히 관계 맺도록 함으로써, 부정적인 정념들을 이겨 내는 긍정적인 정념들을 생성하도록 돕는다. "차가운 이성은 어떤 눈부신 일도 이룰 수 없습니다. 한 정념은 다른 정념에 의해서만 극복될 수 있

---

58 루소, 『신 엘로이즈』 1, p. 508.

습니다. 미덕이 고양될 때, 오로지 그것만이 모든 것을 억제하고 균형을 유지해 줍니다. 참된 지혜는 그렇게 해서 만들어지는데, 그것은 다른 지혜보다 더 정념으로부터 안전하게 해 주는 것이 아니라, 항해사가 거친 바람을 뚫고 항해하듯, 그 자체로 정념을 억제할 수 있는 것입니다."[59] 쥘리는 양심을 준수하는 미덕 속에서만 이성적 삶 역시 기쁨을 누릴 수 있다는 것을 볼마르에게 일깨워 준다. "그리하여 감히 미덕을 믿고 당신과 결혼했습니다."[60]

남편 볼마르는 아내 쥘리와 함께 미덕이 주는 감미로운 기쁨을 더 크게 만드는 일에 전념한다. 이러한 이유에서 볼마르는 생-프뢰를 자신의 가정으로 초대한다. "여인들 중 가장 현명하고 사랑스러운 여인이 자신의 행복한 남편에게 얼마 전 속마음을 털어놓았습니다. 나는 당신이 그녀의 사랑을 받기에 족했던 사람이라고 생각합니다. 당신에게 내 집을 제공하겠습니다. 그 집에는 순결과 평화가 가득합니다. 당신은 그 집에서 우정과 환대와 존중과 신뢰를 접할 것입니다."[61] 볼마르는 쥘리의 미덕이 생-프뢰의 정념을 우정으로 전환할 수 있음을 확신한다. 격정적인 사랑을 앞세우며 자신의 불행을 한탄하는 과거의 애인 생-프뢰에게, 진실한 우정으로 보답하며 서로의 미덕을 소중히 할 것을 현재의 교육자 쥘리는 요청한다. "당신의 양심을 돌아보세요. 그리하여 당신의 모든 행동을 더 올바르게 명령하고 그 행동들을 공동의 목적 아래 서로 더 견고하게 결합하는 데 이용될 어떤 망각된 원칙을 찾을 수 없을지 알아보세요.

59　루소, 『신 엘로이즈』 1, p. 138.

60　루소, 『신 엘로이즈』 1, p. 139.

61　루소, 『신 엘로이즈』 2, p. 39.

정말이지, 미덕이 당신 행동의 기초가 되는 것으로는 충분하지 않아요. 그 기초를 흔들리지 않는 토대 위에 세우는 것이 필요해요."[62]

교육적 관계를 맺은 이들은 서로의 이성을 올바로 사용할 수 있도록 양심의 목소리를 일깨워 주는 존재이다. 가령, 생-프뢰의 이성은 쥘리의 미덕 앞에서 다음과 같이 간청한다. "저의 이성을 밝혀 주세요. 저의 마음에 대고 말해 주세요. 당신의 말을 들을 준비가 되어 있습니다."[63] 물론 생-프뢰는 쥘리의 남편이 아니며, 여전히 쥘리를 사랑하는 한 남성일 뿐이다. 이러한 생-프뢰의 사랑을 쥘리는 우정 속에서 미덕으로 가꾸고자 노력한다. 그런데 쥘리가 자주 대화를 나누는 대상이 생-프뢰라는 점에서, 한편으로 쥘리와 생-프뢰가 서로의 미덕을 가꾸기 위해 노력하는 부부처럼 보이기도 한다. 부부는 서로를 교육하는 존재이기 때문이다.

『신 엘로이즈』의 남성들은 세계를 여행하며 떠돌아다닌다. 전장을 누볐던 볼마르와 세계일주를 떠났던 생-프뢰를 멈추게 만든 것은 쥘리의 미덕이다. 그런데 쥘리의 미덕은 한편으로 육체적 욕망으로부터 시작되는 것처럼 보이기도 한다. 생-프뢰가 쥘리로부터 미덕을 느끼는 순간은 쥘리의 얼굴, 손짓, 몸동작 등과 접촉할 때가 아니었는가? 이것을 울스턴크래프트는 비판한다. 루소는 여성을 사랑의 노예로 만들어 하찮은 존재로 전락시켰다.[64] 이로부터 아내의 역할은 남편을 교묘히 미덕으로 이끄는 것에 불과하다는 주장이 제기될 수 있다. 이때 아내는 남편이 사회에서 시민의 역할을 올바로

---

62 루소, 『신 엘로이즈』 1, p. 516.

63 루소, 『신 엘로이즈』 1, p. 518.

64 울스턴크래프트, 『여권의 옹호』, p. 178.

실행하도록 지원하는 존재에 그치고 만다. 그런데 사적 영역에서 이루어지는 남성과 여성의 관계 및 역할이 정치적 영역에서도 동일하게 적용된다는 해석은 문제적일 수 있다.[65] 쥘리는 사회에서 시민이 빈번히 외면하는 일, 즉 양심의 목소리에 따라 미덕을 쌓으며 살아가는 일을 가정에서 실현함으로써, 가족들과 친구들이 사회적 불평등에 대항하도록 이끌기 때문이다.

『신 엘로이즈』의 쥘리와 볼마르의 관계를 통해 우리는 다음과 같은 『에밀』의 단언, 즉 "그녀들 스스로 판단할 수 없기 때문에 아버지와 남편의 결정을 교회의 결정처럼 따라야 한다"[66]는 성차별적 발언과는 다른 주장을 제시해 볼 수 있다. 부부는 배우자가 풍기는 미덕을 통해 스스로를 돌아보며 불필요한 정념을 잃어버리고, 양심에 따라 미덕을 가꾸는 삶을 살아가고자 함께 노력하는 관계를 맺는다. "행복하고 현명하게 살기를 원한다면, 자네는 자네의 마음을 소멸되지 않는 아름다운 것에만 묶어 두게."[67] 남편과 아내는 끝없는 자기교육을 유발하는 존재로서, 서로의 마음을 아름다운 것에 묶어 둘 수 있도록 도와주는 존재가 되어야 한다. 이때 비로소 아이와도 적절한 교육적 관계를 맺을 수 있게 된다. 부모는 서로의 미덕을 통해 가정의 중심을 잡는다.

---

65 라레르, 「Jean-Jacques Rousseau on women and citizenship」, p. 222.

66 루소, 『에밀』 2, p. 333.

67 루소, 『에밀』 2, pp. 454-455.

25. 교육자 쥘리

쥘리는 가정의 구성원들이 과도한 정념에 이끌려 사회적 이성의 합리화에 따라 편애적으로 살아가지 않도록 최선의 노력을 기울인다. 그리하여 쥘리는 아무리 유용해 보일지라도 양심이 한번 버리라고 명하면 지체 없이 그것을 가정에서 배제한다. "그녀가 아주 사소한 일에 가치를 부여하는 데 사용하는 유일한 기술은 그것을 한 번 향유하기에 앞서 먼저 스무 번 멀리하는 것입니다."[68] 쥘리는 볼마르와 함께 미덕을 향한 영혼의 감각을 계속해서 키워 나간다. 다른 이들에게 소박한 것으로 보이는 것일지라도, 미덕에 부합하는 것이라면 쥘리와 볼마르는 누구보다 큰 기쁨을 느낀다. "이 순수한 영혼은 이렇게 자신의 최초의 기력을 보존합니다. 이 영혼의 미각은 전혀 약화되지 않아서, 결코 과도한 것으로 그 미각을 되살릴 필요가 없습니다. 그리하여 저는 그녀가 다른 영혼에게는 무미건조한 유치한 쾌락을 기쁘게 만끽하는 것을 자주 봅니다."[69]

쥘리가 가장 자연스럽게 자신을 꾸미는 것처럼, 가정 역시 화려함을 경멸하는 우아함으로 정돈된다. 가정은 쥘리의 미덕을 반영한다. 그리하여 생-프뢰는 말한다. "그래요, 여기에는 실제로 장엄함이 있습니다. 특정 사물들의 풍부함이 각 부분 간의 일치나 정돈하는 자의 의도의 통일성을 드러내는 전체의 훌륭한 질서에 있는 것이 사실이라면 말입니다."[70] 이러한 장엄함은 쥘리를 통해 확산되어

---

68 루소, 『신 엘로이즈』 2, p. 203.

69 루소, 『신 엘로이즈』 2, p. 203.

70 루소, 『신 엘로이즈』 2, p. 208.

사람들에게 기쁨을 준다. "장식품을 통해 빛날 수는 있어도, 흡족함을 주는 것은 오직 인격을 통해서만 가능하다."[71] 교육자의 양심적인 인격이 자아내는 흡족함은 자연의 필연성이 선사하는 감미로움과 다르지 않다. "참된 장엄함이란 위대한 것 안에서 감지되는 질서일 뿐이다. 그것은 상상할 수 있는 모든 광경 중에서 가장 장엄한 광경이란 자연의 광경임을 의미한다."[72] 자연의 질서를 표현하는 부부의 가정 속에서 아이들은 미덕에 자연스럽게 익숙해진다. 누군가에게는 너무도 심심해 보이는 삶이 쥘리와 볼마르의 가정에서는 무엇보다 즐거운 것으로 여겨진다. "이곳에서 시간을 보내는 방식은 너무도 단순하고 단조로워서 많은 사람들의 마음을 끌 수 없습니다. 그 방식을 받아들인 사람들에게 그것이 흥미를 끄는 것은 그들 마음의 성향 때문입니다. 건전한 영혼의 소유자가 인간에게 가장 소중하고 가장 매력적인 의무들을 이행하고 서로의 삶을 행복하게 만들어 주는 데 싫증을 낼 수 있겠습니까?"[73]

쥘리와 볼마르가 보기에 자연에는 오류가 없다. 악덕은 자연 바깥으로부터 온다. 그러므로 가정을 자연의 질서를 따르는 공간으로 만든다면, 그리고 부모가 양심에 따라 그 질서를 지키며 살아간다면, 아이들은 부모와 교육적 관계를 맺으며 미덕을 갖춘 인간으로 자라날 것이다. "사람들이 본성 탓으로 돌리는 모든 악덕은 그 본성이 받아들인 그릇된 행위 양식의 결과예요. 어떤 경향성의 흉악범일지라도 더 좋은 지도를 받았더라면 위대한 미덕을 빚어냈을 거

---

71 루소, 『에밀』 2, pp. 323-324.
72 루소, 『신 엘로이즈』 2, p. 208.
73 루소, 『신 엘로이즈』 2, p. 217.

예요."⁷⁴ 그러나 사회가 제시하는 모범적인 인간을 기준으로 삼고, 그 목표에 아이를 조금씩 맞춰 가는 것이 더 효과적인 방법이 아닐까? 만약 사회적 기준에 따라 아이들을 훈육하지 않는다면, 제멋대로 성장해서 사회에 해악을 끼칠 수 있지 않은가? 그리하여 생-프뢰는 질문한다. "쥘리는 어떻게 해서 아이들을 온순하게 만든 건가요? 어떻게 행동한 거지요? 훈육의 속박 대신 무엇을 이용했지요?"⁷⁵ 이에 대해 볼마르는 쥘리를 대신해서 답한다. "훨씬 더 엄격한 속박이지요. 필연성이라는 속박 말입니다."⁷⁶

아이는 스스로에게 진실해야 한다. 자신의 정신과 신체가 무엇을 할 수 있는지 직접 깨달아야 한다. 이를 위해 부모는 아이가 자유롭게 자신을 알아볼 수 있도록 적절한 환경을 제공해 주어야 한다. 아이는 결코 외부의 기준에 강제로 속박되어서는 안 된다. 물론 아이는 어떤 한계에 직면하게 된다. 이때 사람들은 아이를 동정하며 도와주어서는 안 된다. 아이는 자신을 동정하며 관대함을 보이는 이들을 자기편애적인 목적을 위해 이용할 수 있다. 그것은 불평등에 익숙해지는 첫걸음이다. "제가 아이의 변덕을 다 받아 준다면 이 변덕은 저의 친절과 더불어 커 갈 것이며, 멈춰야 할 지점, 아이가 거절에 익숙지 않을수록 그만큼 더 거절을 고통스럽게 느낄 그런 지점이 항상 있을 것임을 깨달았어요."⁷⁷

필연성의 속박을 부과하는 쥘리의 교육 속에서 아이들은 이기

---

74 루소, 『신 엘로이즈』 2, p. 230.

75 루소, 『신 엘로이즈』 2, p. 235.

76 루소, 『신 엘로이즈』 2, p. 235.

77 루소, 『신 엘로이즈』 2, p. 240.

적인 욕망을 잃어버리는 법을 배우게 된다. "저는 먼저 아이가 거절을 덜 가혹하게 느끼도록 아이가 거절에 익숙해지게 했어요. 그리고 아이가 불만과 한탄과 반항을 오래 끌지 않도록, 일단 거절하면 번복하지 않았어요."[78] 이러한 교육은 미덕의 지도 아래 부적절한 정념들을 잃어버리는 법을 배우는 과정으로서, 이로부터 아이는 점차 자신이 할 수 있는 것과 그렇지 않은 것을 필연적인 것으로서 수용하게 된다. 즉, 부모가 자신을 미워해서 거절하는 것이 아니라, 불가능한 것이기에 승낙할 수 없는 것임을 깨닫게 되는 것이다.

부모의 거절에 아이들이 화를 내지는 않을까? 그러나 부모가 미덕에 따르는 삶을 살아가는 한, 아이들은 부모의 거절에 어떤 악의도 없다는 것을 반드시 알아차린다. 양심에 의거해 부적절한 애원을 단호히 거절하는 부모의 태도에서 아이들은 오히려 사랑을 느낄 수 있다. 그러므로 어떤 부모인가에 따라 거절은 분노의 이유가 되기도 하고, 사랑의 원천이 되기도 한다. "아이들은 우리가 자기들을 사랑한다고 확신하면 우리에게 자기들을 괴롭히려는 마음이 없다는 것을 잘 알아요. 게다가 아이들은 우리가 자기들을 사랑하는지 아닌지를 거의 틀리지 않고 알아요. 그러므로 저는 제 아이들에게 어떤 것을 거절할 때 이런저런 말을 늘어놓지 않아요."[79] 볼마르는 아내와 함께 미덕을 쌓는 삶을 더욱 성실히 살아가고자 노력한다. 쥘리와 볼마르의 가정은 미덕의 향기가 흐르는 무한한 숲과 다르지 않다.

쥘리는 아이들의 질문에 대해서도 일관된 교육을 시행된다. 아

78　루소, 『신 엘로이즈』 2, p. 241.

79　루소, 『신 엘로이즈』 2, p. 243.

이들은 질문하는 법을 배우기 이전에 무분별한 질문을 하지 않는 법을 배워야 한다. 끊임없이 질문하는 모습을 만족스럽게 바라보는 부모의 미소에서 아이는 허영심을 배울 수 있다. 무조건 아이의 질문을 막아서는 안 되지만, 아무렇게나 질문하는 것을 그대로 허용하는 것도 문제이다. 설령 질문을 통해 지식을 얻게 될지라도, 아이는 언제든 질문할 수 있는 힘이 자신에게 있으며, 그 질문을 받은 이는 누구든 대답해야 한다는 불평등한 관점을 습득할 수 있기 때문이다. "제가 생각하기에는, 아이들은 그 방법을 통해 이득을 보기보다는 해를 입을 뿐입니다. 무지가 조금씩 줄어들지언정 허영은 어느 때보다 더 커지니까요."[80] 쉼 없이 질문하는 아이의 시간에 순종하며 대답하는 부모의 시간을 종속시키는 관계가 아니라, 시의적절한 거절 속에서 때를 기다리며 서로의 시간을 평등하게 중시하는 법을 배울 수 있어야 한다.

쥘리는 자신과 가장 가까운 존재인 남편과 양심에 따라 미덕을 쌓는 교육적 관계를 맺는다. 이를 바탕으로 쥘리는 아이들과도 교육적 관계를 맺는다. 쥘리는 아이들을 인간으로 기르고자 한다. 쥘리의 교육을 통해 아이들은 이성의 목소리에 따라 이기적인 욕망을 합리화하는 대신, 자연의 필연성에 따라 양심의 목소리가 울려 퍼질 수 있도록 내면을 가꿔 나간다. 만약 아이들이 자기편애적인 행동을 반복한다면, 이에 대한 벌로 부모와 한동안 떨어져 지내야만 한다. "우리가 아이들로 하여금 우리에게 신경 쓰지 않게 하는 것처럼, 저는 그 아이들이 자기들에게 신경 써 주기를 우리에게 바라는 것도 원치 않아요. 그들이 너무도 공정한 그 규칙을 어길 경우에 받

---

[80] 루소, 『신 엘로이즈』 2, pp. 246-247.

는 벌은 당장 이곳에서 내보내지는 것인데, 이것이 벌이 되게 하기 위한 저의 기술이라고는 어디에도 여기만큼 편한 곳이 없게 해 주는 것뿐이에요."[81] 가정에서 떨어지는 것이 벌이 될 수 있으려면, 그만큼 가정이 아이들에게 소중한 곳이어야 한다. 가정에서 아이들은 부모의 미덕이 조성하는 환경 속에서 자신에 대해 배워 가며 인간으로 성장하는 기쁨을 누린다. "우리는 아이들을 나무라지 않아요. 그들이 받는 유일한 수업은 자연의 단순함에서 얻는 실천적인 수업입니다."[82]

쥘리는 장-자크와 동일한 교육자이다. 『에밀』의 장-자크를 여성으로 읽거나 혹은 『신 엘로이즈』의 쥘리를 남성으로 읽어도 아무 문제가 없다. 그럼에도 불구하고 『에밀』과 마찬가지로 『신 엘로이즈』 또한 성차별적인 측면을 지니고 있다. 쥘리는 자신의 교육에 대해 열렬히 이야기한 직후, 그럼에도 자신의 역할은 단지 인간을 기르는 교육의 예비적 단계에 국한된 것이라고 말한다. 어머니의 교육은 사회의 과도한 정념들로부터 아이의 내면을 보호하며 미덕의 토양이 될 수 있도록 준비하는 양육에 해당하며, 양심에 따라 이성을 자유롭게 사용하도록 길러 내는 본격적인 인간의 교육은 아버지가 담당해야 한다는 것이다. "여섯 살에서 스무 살까지는 아주 긴 시간이에요. 제 아들은 언제까지나 아이로 머물러 있지는 않을 거예요. 아이의 이성이 싹트기 시작하면 아버지는 당연히 그 이성이 단련되도록 하고자 할 거예요. 저의 임무는 거기까지 미치지는 않아요. 저는 아이들을 양육하는 것이지, 그들을 인간으로 만들어 내겠다는

---

81 루소, 『신 엘로이즈』 2, p. 249.

82 루소, 『신 엘로이즈』 2, p. 249.

자만은 갖지 않아요."[83]

　쥘리가 자신의 임무를 양육이라고 말한 것과 상관없이, 그녀가 실천한 교육은 장-자크와 에밀이 수행한 교육과 조금도 다르지 않은 것이다. 쥘리는 아이들이 풍부한 상상력을 발휘하며 수많은 것들과 자신을 자유롭게 연결하는 환경을 제공하고자 온 힘을 다한다. 이 과정에서 아이들은 자연의 필연성에 따라 신체를 실험하며 동류들과의 평등성을 체험한다. 동류의 고통은 아이들에게 생생한 연민과 동정을 불러일으킬 것이고, 그리하여 아이들은 동류와 다시금 자유롭고 평등한 관계를 맺기 위해 노력할 것이다. 쥘리가 자신의 역할을 예비적인 것으로 여길지라도, 그녀가 두 아들의 실질적 교육자였다는 사실은 변하지 않는다. 한편, 쥘리는 사촌 클레르의 딸인 앙리에트의 교육 역시 맡게 된다. 클레르는 앙리에트를 또 다른 쥘리로 키워 달라고 부탁한다. 그리하여 쥘리는 교육자로서 자신이 낳지 않은 딸을 얻는다. 『신 엘로이즈』에서 아들과 딸의 스승은 쥘리이다. 미덕을 갖춘 존재로 성장한 쥘리는 볼마르와의 가정에서 인간을 기르는 교육을 실천했으며, 이어지는 교육 역시 누구보다 훌륭히 완수할 수 있을 역량을 보여주었다. 이로부터 루소가 말하고자 했던 바는, 성별과 상관없이 부모라면 가정의 교육자가 되기 위해 양심에 따라 미덕을 갖추고자 최선의 노력을 기울여야 한다는 것이다.

83　루소, 『신 엘로이즈』 2, p. 248.

26. 교육적 삶의 영원성

루소는 양심에 따라 이성을 사용하며 내면의 미덕을 가꾸는 인간의 교육을 주장한다. 이를 위해 스승 장-자크는 제자 에밀이 부적절한 정념들을 잃어버리는 법을 배울 수 있도록 최선의 환경을 제공한다. 에밀은 스승과 우정을 나누며 미덕을 추구하는 일이 주는 감미로운 기쁨을 느끼게 된다. 이러한 기쁨은 양심의 목소리에 계속해서 귀를 기울이게 만든다. 그런데 한편으로 루소는 장-자크의 교육이 아버지의 역할을 위임받은 것임을 강조한다. "내가 할 일은 자연이 한 선택을 찾아내는 것이다. 내가 아버지의 일이 아니라 내 일이라고 말하는 것은, 그가 자기 아들을 내게 맡김으로써 자신의 지위를 내게 넘겨주고, 자신의 권리를 내 권리로 대체하기 때문이다. 에밀의 진짜 아버지는 나이며, 그를 인간으로 만든 것도 나다."[84] 이어서 루소는 에밀이 받은 것과는 구분되는 교육, 즉 소피를 위한 여성교육에 대해 검토한다.

루소는 남성의 지배와 여성의 복종이 마치 자연의 질서인 것처럼 언급한다. "여자가 남자에게 복종하는 것은 자연의 질서에 속한다. 그러므로 남자가 자기보다 신분이 낮은 여자를 택할 때는, 자연의 질서와 사회의 질서가 일치하면서 만사가 순조롭다."[85] 이러한 관점에서 루소는 다음과 같은 차별적 주장을 한다. "여성들은 정밀한 학문에서 성공할 만한 정확성과 주의력을 갖고 있지 않다."[86] 여

---

84 루소, 『에밀』 2, pp. 358-359.

85 루소, 『에밀』 2, p. 387.

86 루소, 『에밀』 2, p. 350.

성들은 가정에서 자신의 다양한 역량을 살펴볼 시간이 없다. "여성들의 생활은 비록 힘이 덜 들지만, 남성들의 뒷바라지에 더 열성을 들이고 또 그래야 하며, 잡다한 일들로 지속적인 시간을 내지 못하고 또 그래야 하므로, 여성들이 할 일들을 제쳐 두고 어떤 재능에 즐겨 몰두하는 것은 허락되지 않기 때문이다."[87] 이러한 루소의 발언을 충분히 비판하면서도, 다음과 같은 문장은 비록 주어가 여성이지만, 여성과 남성 모두를 포함하는 인간으로 재해석할 필요가 있다. "교활하고 악한 여자들이 재치를 악용한다는 사실은 나도 잘 알고 있다. 그렇지만 악덕으로 악용되지 않는 것이 무엇이 있는가? 악한들이 때때로 해롭게 쓴다고 해서 행복의 도구들을 부수어 버리지는 말자."[88] 여기서 주목해야 하는 것은 여성이 재치를 부려 남성을 이용하기도 하지만, 이러한 여성의 재치가 남성에게 큰 도움이 될 수도 있다는 점이 아니다. 교육자에게 중요한 것은 여성이건 남성이건 모종의 방법을 통해, 설령 그것이 누군가에게는 좋지 않은 방식으로 사용될 수 있는 것일지라도, 부적절한 정념들을 잃어버리는 법을 배우도록 할 수 있는지 검토해야 한다는 점이다. 그러므로 문제는 특정한 방법이 아니라, 그것을 누가 사용하는가에 있다. 그는 물론 양심에 따라 미덕을 추구하는 인간이어야 한다. 그 인간은 장-자크일 수도 있고 쥘리일 수도 있다. 이때 성별은 아무 문제가 되지 않는다. 루소는 악이 무엇인지 규정하고 비난하는 대신, 악으로 무엇을 할 수 있을지 고민하며 실험한다.

『에밀』에서는 여성이 남성을 뒷받침하는 것이 자연적 본성인 것

---

87 루소, 『에밀』 2, p. 317.
88 루소, 『에밀』 2, p. 323.

처럼 언급된다. 이와 같은 불평등한 관계 속에서 여성은 재치를 발휘하여 남성이 미덕을 추구하도록 이끄는 역할을 맡는다. 이로부터 루소는 가정의 진정한 지배자는 여성이라는 역설적인 결론을 도출한다. 게다가 『에밀과 소피, 혹은 고독한 자들』에서 루소는 에밀과 소피가 이룬 가정이 파탄에 이르는 결정적인 원인을 여성인 소피가 딸을 잃은 슬픔에 제대로 대처하지 못한 채, 도시의 유혹에 이끌려 범한 외도 때문인 것처럼 묘사한다. 이러한 루소의 글에서 차별적 논의를 끌어내어 비판하기는 쉽다. 이와 달리 우리는 루소의 여성교육에 대한 주장의 주어인 여성을 인간으로 고쳐 읽는 에움길을 택하였다.

　루소가 『에밀』에서 제시한 여성교육은 단지 여성만을 위한 교육이 아니라 남성이건 여성이건 인간이 되기 위해 누구나 받아야 하는 교육으로 이해될 수 있다. 성별과 상관없이 배우자의 미덕 속에서 함께 기쁨을 나눌 수 있어야 하며, 이를 위해 자신의 내면을 양심에 따라 가꾸는 교육적 노력을 지속해야 한다. 부부가 미덕을 추구하는 삶을 외면한다면, 그러한 가정에서 배울 수 있는 것은 이기적인 삶의 방식일 뿐이다. 이와 관련하여 『신 엘로이즈』의 쥘리는 여성 및 여성교육에 대한 루소의 차별적인 관점을 새롭게 바라볼 수 있도록 도와준다. 쥘리는 양심이 허락한 것만을 즐기며 내면의 미덕을 가꾼다. "그녀가 여전히 이 일에서 보다 더 고상한 목표로 삼는 것은 자기 자신을 억제하는 것, 자신의 정념을 고분고분하게 길들이는 것, 자신의 모든 욕망을 규율에 복종시키는 것입니다. 이것은 행복해지는 새로운 방법입니다. 잃어도 고통이 없는 것만을 걱정하지 않고 즐기기 때문입니다. 참된 행복이 현명한 사람에게 속하는 것이라면 그것은 그가 모든 인간 중에서 운에 의해 빼앗길 수 있는 것을 가장 적게 가지고 있는 사람이기 때문입니다."[89] 이러한 쥘리의 교육을 장-자크가 강조한 인간의 교육에서 동일하게 확인할 수 있다. "인간이 되어야 하네. 그리고 자네의 마음을 주어진 자네 조건의 한계 안에 있도록 제한시키게. 이 한계를 연구하고 알도록 하게. 그것이 아무리 좁더라도 그 안에 있는 동안은 불행하지 않네."[90]

부부는 양심의 목소리에 따라 사회적 이성의 목소리를 이겨 내고, 과도한 욕망을 절제하며 미덕을 가꾸는 삶을 살 수 있도록 함께 노력해야 한다. 이때 쥘리의 남편인 볼마르는 쥘리의 교육을 전적으로 지지하는 역할을 담당한다. 볼마르의 이성은 쥘리의 양심이 실현하는 미덕의 길에서 기쁨을 발견한다. 부부가 함께 미덕을 추구하고자 노력한다면, 둘 중 누가 교육을 담당하건 아무 문제가 되지 않는다. 이 점에서 쥘리에게 더 어울리는 남편은 정열적인 사랑에 수시로 휘둘리는 생-프뢰가 아니라, 공정한 이성을 통해 언제나 양심의 판단에 부합하는 결정을 내리는 볼마르이다. "저를 일깨우시고 제 마음속을 읽으시는 신을 제 마음의 진실한 증인으로 삼아 말하는데, 제가 아직 결혼을 하지 않았고 남편을 제 마음대로 선택할 수 있다면, 이전에 제가 당신에게 가졌던 감정과 지금의 제 인식을 바탕으로 선택할 사람은 당신이 아니라 볼마르 씨일 거예요."[91]

『에밀』이 아버지의 교육에 대한 저서가 아닌 것처럼, 『신 엘로이즈』는 어머니의 교육에 대한 저서가 아니다. 이 두 작품은 성별과

---

89 루소, 『신 엘로이즈』 2, p. 203.

90 루소, 『에밀』 2, p. 454.

91 루소, 『신 엘로이즈』 1, p. 513.

상관없이 부모가 교육자로서 어떤 노력을 기울여야 하는지를 보여주는 인간의 교육서이다. 사부아 보좌신부의 주장을 공유하는 쥘리와 장-자크는 성별만 다른 동일한 교육자인 것이다. 사부아 보좌신부는 신중히 부탁한다. "내가 말하는 동안 자네 마음의 소리에 귀를 기울이게. 그것이 내가 자네에게 요구하는 전부일세."[92] 교육자에게 있어 무엇보다 중요한 것은 아무것도 하지 않으며 양심의 목소리에 집중하는 것이다. "자네가 자네 양심의 소리를 듣고자 하면 그 소리에 수많은 쓸데없는 장애물들이 사라질 것이네."[93] 그리고 쥘리가 말한다. "양심은 우리에게 사물의 진리가 아니라 의무의 규칙을 말해 줘요. 그것은 또 우리에게 무엇을 생각해야 하는지가 아니라 무엇을 행해야 하는지를 명령하며, 잘 논증하는 것이 아니라 잘 행동하는 것을 가르쳐 줘요."[94] 쥘리는 각자 고요히 내면의 양심에 집중하기만을 바랄 뿐이다. "조용히 신의 뜻을 따르고 우리의 의무를 다하기로 해요. 그것이 다른 사람들에게 그들의 의무를 가르쳐 주는 가장 좋은 방법이에요."[95]

스승은 인간의 종교의 신자로 살아감으로써 제자가 양심의 목소리를 회복할 수 있도록 돕는다. "종교의 참된 의무는 인간의 제도로부터 독립적이네. 정의로운 마음이야말로 신의 참된 신전이네."[96] 그리고 이것은 쥘리 역시 마찬가지이다. 교육자 쥘리는 인간의 종

92　루소, 『에밀』 2, p. 122.

93　루소, 『에밀』 2, p. 210.

94　루소, 『신 엘로이즈』 2, p. 413.

95　루소, 『신 엘로이즈』 2, p. 414.

96　루소, 『에밀』 2, p. 210.

교의 신자로서 다음과 같이 말한다. "만일 신이 업적에 따라 신앙을 판단한다면, 좋은 인간이 되는 것은 신을 믿는 것이 돼요. 참된 기독교인은 정의로운 사람이고, 진짜 불신자는 악한이에요."[97] 양심에 따라 행위하고자 노력하는 자는 누구나 인간의 종교의 신자이다. 부모는 교육자로서 자식들이 인간의 종교의 신자가 될 수 있도록 최선을 다한다. "자네는 우리가 놓여 있는 불확실한 상태에서, 우리가 태어날 때 갖는 종교 이외의 종교를 갖는다는 것이 용서할 수 없는 오만이며 자기가 가진 종교를 진정으로 실천하지 않는 것이 잘못임을 느끼게 될 것이네. 우리가 길을 잃고 방황한다면 지고하신 심판자의 법정에 설 때 커다란 면책 사유를 상실하게 된다네."[98]

한편 쥘리는 여섯 살 이후의 교육은 아버지의 몫이라고 언급하며, 자신의 교육적 역할을 예비적인 것이라고 말한다. "그녀는 남편을 바라보며 이렇게 말했습니다. '저는 더 훌륭한 손길이 그 고상한 일을 맡기를 원해요. 저는 여성이자 어머니로서 저의 자리를 지킬 줄 알아요. 다시 한번 말씀드리지만 제 임무는 자식들을 가르치는 것이 아니라 가르칠 준비를 시키는 거예요.'"[99] 하지만 쥘리의 주장과 상관없이, 그녀는 양육과 함께 교육을 수행할 수 있을 충분한 역량을 지니고 있다. 스승에게 요구되는 가장 중요한 조건은 특정한 성별이나 탁월한 지식이 아니라 오직 양심에 따라 살아가며 미덕을 추구하는 인간의 영혼 그 자체이기 때문이다.

쥘리가 볼마르나 생-프뢰를 아이들의 스승으로 요청한다면,

---

97 루소, 『신 엘로이즈』 2, p. 413.

98 루소, 『에밀』 2, p. 210.

99 루소, 『신 엘로이즈』 2, p. 248.

그것은 남성이라서가 아니라 그와 함께할 때 더욱 무한한 숲을 조성할 수 있기 때문이다. 그런데 볼마르는 에밀이 장-자크에게 이제 쉴 때가 되었다고 말했던 나이에 이르렀다. 그리하여 생-프뢰는 쥘리와 결혼하지는 못했지만, 쥘리의 아이들의 교육을 담당할 것을 부탁받음으로써 아버지의 역할을 대신하게 된다. "이제는 이미 그를 충분히 신뢰한다고 생각되어, 우리 아이들의 교육을 그에게 맡기는 것이 바로 그 계획임을 당신에게 털어놓습니다. 나는 그 중요한 책임이 아버지의 첫 번째 의무라는 것을 모르지 않습니다. 그런데 그 책임을 져야 할 때 내가 너무 늙어서 책임을 다하지 못할 것 같습니다. 기질적으로 조용하고 관조적인 나는 늘 별로 활동적이지 못해서 청소년의 활기에 맞출 수가 없습니다."[100] 그 결과 쥘리와 볼마르 그리고 생-프뢰는 미덕을 중심으로 교육적 공동체를 형성한다. 그러나 쥘리, 볼마르, 생-프뢰가 이루고자 했던 교육적 공동체는 갑작스러운 쥘리의 죽음으로 위기에 처한다. 쥘리는 어머니를 향해 달려오다 발을 헛디뎌 물에 빠진 아들 마르슬랭을 구하기 위해 강물에 몸을 던진다. 다행히 아이는 살았지만 쥘리는 끝내 생을 마감하고 만다.

    쥘리는 생명을 잃어 가면서도 삶에 집착하지 않는다. 죽음이 끝내 삼킬 수 없는 것이 있다면, 그것은 바로 쥘리의 미덕이다. 쥘리의 미덕이 갖는 영향력은 볼마르와 이룬 가정의 한계에 머물지 않는다. "여성 인물이 이 긴밀한 공동체에 빛을 전하고, 그곳의 경제는 대단히 '모성적인' 구조를 갖게 되므로 확실히 이 사회는 『사회계약론』의 남성적이고 평등한 공화국과 전혀 닮은 데가 없다. 하지만 이 두 작품에서 사람들은 서로를 절대적으로 신뢰하고 있으니 서로

---

100   루소, 『신 엘로이즈』 2, pp. 155-156.

가 서로에게 마음을 터놓고, 그 결과 순진과 무구의 특권을 되찾는다."[101] 이것이 가능한 이유는 쥘리가 언제 어디서건 양심에 따라 미덕을 실천하기 위해 끝없이 노력했기 때문이다. "쥘리는 자기 주변의 친밀한 사회에서 어느 곳에나 모습을 드러내는 영혼이다."[102] 실로 루소에게 있어 여성인가 남성인가의 여부는 핵심적인 문제가 아니다. 중요한 것은 미덕을 갖춘 양심적인 인간의 존재 여부이다. 『에밀』에서 아들의 죽음보다 전쟁의 승리를 우선하는 스파르타 여인이 시민의 모습을 보여준다면, 『신 엘로이즈』에서 물에 빠진 아들을 구하기 위해 뛰어드는 쥘리는 인간의 모습을 보여준다.

쥘리는 볼마르와 생-프뢰로 하여금 그들의 양심을 계속해서 돌아보도록 만드는 영원한 존재가 된다. 이 영원한 존재는 장-자크가 에밀 앞에서 그들의 교육적 관계의 영원한 증인으로 삼았던 것이기도 하다. "영원한 존재는 보이지도, 들리지도 않아요. 그분은 느껴져요. 그분은 눈이나 귀가 아니라 마음에다 말해요."[103] 그런데 영원한 존재인 쥘리와 함께 교육적 관계를 지속하기 위해서는 볼마르와 생-프뢰가 아내 없는 가정을 이어 가야 한다. 이 동성애적 가정은 쥘리의 숭고한 영혼이 내리는 미덕의 명령 속에서 교육적 관계의 지속 가능성을 시험받는다. 쥘리는 마지막 당부의 말을 친구 생-프뢰에게 다음과 같이 남긴다. "그녀의 마음이 당신들 가운데 머물게 하세요. 그녀가 사랑하는 모든 사람이 한데 모여 그녀에게 새로운 존재를 부여하도록 하세요. 당신의 배려, 당신의 기쁨, 당신의 우정 등

---

101 스타로뱅스키, 『장 자크 루소, 투명성과 장애물』, p. 172.

102 스타로뱅스키, 『장 자크 루소, 투명성과 장애물』, p. 173.

103 루소, 『신 엘로이즈』 2, p. 453.

모든 것은 그녀의 작품일 거예요. 그녀에 의해 만들어진, 당신들을 결합하는 매듭이 그녀를 소생시킬 거예요. 그녀는 당신들 모두 중 가장 늦게 죽는 사람하고 함께 죽게 될 거예요."[104]

쥘리는 누구보다 훌륭하게 아이들을 교육할 수 있었다. 루소는 어째서 교육의 역할을 살아 있는 쥘리에게 부여할 수 없었는가? 쥘리는 목숨을 잃고 나서야 교육자의 역할을 지속할 수 있는 것처럼 보인다. 끝내 루소는 여성인 쥘리에게 남성의 교육적 역할을 허용할 수 없었던 것일까? 분명 쥘리는 가정에서 자신의 교육적 역할을 보조적인 것 혹은 예비적인 것으로 묘사한다. "저는 정원사의 하녀일 뿐이에요. 정원의 잡초를 뽑고, 몹쓸 풀을 제거하지요. 좋은 풀을 가꾸는 것은 정원사가 해요."[105] 그러나 진정한 교육자는 잡초 뽑는 일을 좋은 풀을 가꾸는 일과 동일하게 여기는 자이다. 이 점에서 쥘리의 죽음이 아니라, 그녀가 어떤 삶을 살았는가에 주목해야 한다.

루소의 관점에서 스승은 마지막까지 자신의 양심에 부끄럽지 않은 삶을 살아가며, 그렇기에 죽음 이후에도 사람들 사이에서 교육적 삶을 이어 갈 수 있는 존재이다. 쥘리는 양심에 따라 미덕을 쌓는 삶을 통해 현실에서 교육적 삶을 실천했다. 그리고 죽음이 찾아오자 쥘리는 영원한 인간의 교육자로서 말한다. "저는 제가 해야 할 일을 했어요. 미덕은 흠 없이 제게 남아 있어요. 그리고 사랑은 회한 없이 제게 남았어요."[106] 양심을 돌아보게 만드는 쥘리의 교육적 삶은 타락한 인간의 내면에 불꽃을 던진다. 그리하여 누군가에게 『신

---

104 루소, 『신 엘로이즈』 2, p. 470.

105 루소, 『신 엘로이즈』 2, p. 257.

106 루소, 『신 엘로이즈』 2, p. 469.

엘로이즈』는 '종이를 태우는'brûle le papier 작품이 된다.

27. 자기교육

교사와 학생이 교육적 관계를 맺을 때, 이들이 자연스럽게 터득하는 것이 있다. 루소의 관점에서 볼 때, 교육적 관계 속에서 우리는 모든 인간이 평등하다는 사실을 배워야 한다. 만약 그것을 스스로 배우지 못한다면, 그 관계를 결코 교육적이라고 말할 수 없다. "자연의 질서 속에서 인간은 모두 평등하기 때문에 모든 인간의 공통된 소명은 인간이라는 신분이다."[107] 가령, 설명하는 자와 이해하는 자가 구분되어 지식의 위계, 즉 불평등이 발생한다면, 그리고 이 불평등을 교사와 학생이 당연하게 받아들인다면, 그것은 '교육적 관계'가 아니라 지식을 매개로 하는 '훈육적 관계'에 불과하다. 훈육자는 제자를 언제나 유아의 상태로 만드는 자들이다. 교사의 탁월한 설명 속에서 제자는 끊임없이 자신의 무능을 증명받으며 불행한 의식에 사로잡히게 된다. 이 순간 제자는 '유아'enfant라는 말 뜻 그대로 말하지fari 못하는en 존재이다.[108]

루소의 관점에서 교사는 지적인 말을 독점하는 존재가 아니다. 그렇기에 교사 자신이 충분한 준비를 마쳤을지라도, 갑자기 제자에게 찾아가 가르치고자 하는 바를 설명해서는 안 된다. "젊은이들

---

107 루소, 『에밀』 1, p. 66.
108 데리다, 『글쓰기와 차이』, p. 55.

과는 결코 무미건조하게 이치를 따지려 들지 말라."[109] 교사는 제자가 자유롭게 말할 수 있도록 만드는 자연 그 자체가 될 수 있어야 하며, 적어도 자연 속에서 바위나 숲 혹은 산 등을 증인으로 삼아 대화를 나누어야 한다. 이때 교사의 이야기는 지나치게 길거나 장황하지 않을 것이고, 차가운 준칙들로 채워지지 않을 것이며, 넘쳐흐르는 감정들로 언제나 풍요로울 것이다. 그런데 교사와 제자의 훈육적 관계에서 불평등을 유발시키는 요소인 우월한 지식은 언제든 다른 무엇으로 대체될 수 있다. 따라서 교육에 참여하는 이들은 지식뿐만이 아니라, 나이나 성별 혹은 재산이나 지위 등 불평등한 위계를 발생시킬 수 있을 모든 것들을 전부 무효화한 상태에서 교육을 시작해야 한다. 불평등을 교육의 출발점으로 삼으면서 평등을 달성해야 하는 목적으로 삼는 교사는, 평등이 달성되자마자 새로운 설명을 시작함으로써 불평등의 관리를 반복할 뿐이다. 설명에 집중하는 교사는 자신의 특정한 가르침을 학생이 이해했다고 생각하는 순간, 다시 말해 교사와 학생의 지식이 평등해졌다고 판단하는 순간, 다음과 같은 친절한 안내의 말을 건넨다. "그러면 그 다음 것을 고찰해야만 할 것 같네."[110]

    탁월한 교사에 의해 수준 높은 사유의 대상이 끊임없이 학생에게 제시된다. 그것을 올바로 이해하기 위해서는 학생의 무지를 일깨워 줄 유식한 자의 설명이 필수적이다. 교사와 학생의 지적 위계는 계속해서 거리를 유지하며, 이 관계가 역전될지라도 교사와 학생의 자리가 뒤바뀔 뿐, 불평등을 기반으로 가르치고 배우는 일이

---

109   루소, 『에밀』 2, p. 232.

110   플라톤, 『메논』, 87c.

지속된다는 점은 변하지 않는다. 이로부터 교사와 학생은 불평등을 당연시하는 태도 또한 가르치고 배우게 된다. 평등에 대해 깊이 있는 지식을 갖춘 자가 불평등한 관계를 누구보다 고착시킨다. "우리는 결코 자신을 아이들의 위치에 둘 줄 모른다. 그들의 관념 속으로 들어가지 않고 우리의 관념을 그들에게 빌려준다. 언제나 우리 자신의 논리를 따르면서 진리의 사슬들을 가지고 아이들의 머릿속에 우매와 오류만을 쌓아 올린다."[111] 이 점에서 "소크라테스는 노예가 자기 안에 있는 것을 재발견할 수 있도록 만들려면 그를 계속 붙들고 있어야 한다. 노예의 앎을 증명하는 것은 그의 무능을 증명하는 것과 같다. 노예는 결코 혼자 걸을 수 없을 것이다."[112] 불평등에 익숙해지는 법을 배운 이들이 교사가 되었을 때, 그들은 학생을 위한 평등의 교육을 실천한다고 믿으며 불평등을 확산하는 훈육을 수행한다. 이때 교사가 학생에게 갖는 대표적인 감정이 동정이다.

훌륭한 교사의 가르침을 받았다면 잘못된 길에 들어서지 않았을 한 학생이, 불운하게도 적절한 도움을 얻지 못해 혼란 속에서 불필요한 고통을 겪고 있을 때, 교사는 동정을 느끼며 그가 다시금 올바른 길로 나아갈 수 있도록 도와주고자 한다. 교사가 학생에게 갖는 동정은 보통 바람직한 감정으로 여겨진다. 만약 교사가 학생에게 동정을 느끼지 못한다면, 그는 불친절하고 냉정한 자로서 비난의 대상이 된다. 그런데 학생을 교사가 동정할 수 있는 이유는 그가 동정할 수 있는 힘, 가령 지식을 지니고 있기 때문이다. 동정받는 학생은 결여된 힘, 가령 무지로 인해 도움을 필요로 하는 처지에 있으

---

111 루소, 『에밀』 1, pp. 300-301.

112 랑시에르, 『무지한 스승』, p. 65.

며, 그렇기에 불평등한 상태에 처해 있는 존재이다. 실로 동정의 지속은 불평등의 유지를 징후적으로 보여준다.

오늘날 동정은 불평등이라는 위험을 잊은 일상적인 감정이 되었다. 문명인은 더 이상 동정을 생생하게 느끼지 못한다. 사실 자연 상태에서 동정의 관계는 원리상 맺어질 수 없는 것으로서, 설령 그와 같은 불평등한 관계가 맺어졌을지라도 즉시 이전과 같은 평등한 관계의 회복을 요구하는 비-관계의 관계일 뿐이다. 이와 달리, 끝없이 문명의 진보를 추구하는 사회에서 동정은 별다른 고민 없이 옹호되고 권장된다. 그 결과 이성을 갖추고 있으나 양심에는 무관심한 지적인 교사들은 무지한 학생의 상태를 동정하며, 정확한 설명을 제시하고자 노력하는 것이 교육의 핵심이라고 믿는다. 모범적인 교사는 학생보다 한발 앞서 더 큰 힘을 획득한 뒤, 그것을 가장 효과적으로 발휘하기 위해 최선의 노력을 기울인다. "어떻게 해서든 우리를 더 뛰어나게 만들 사람을 찾아야만 하네."[113]

동정하고 동정받는 일이 가르치고 배우는 일에서 당연한 것으로 여겨질 때, 누군가는 동정하는 일에 취하게 되고, 다른 누군가는 동정받는 일에 만족하게 된다. 이 순간 어느 교사는 말을 독점하며, 학생들이 자신의 말에 온 힘을 다해 집중하기를 원한다. 학생을 향한 교사의 동정이 말의 독점이 주는 쾌감과 은밀히 결합되어 자신의 행위를 고귀하게 느끼도록 만드는 것이다. 학생 역시 동정받는 것을 마다할 이유가 없는데, 동정하는 교사는 동정의 대상을 위한 최선의 가르침을 주고자 최대의 노력을 기울일 것이기 때문이다. 이보다 더 안전하고 편리하게 진리로 다가가는 방법이 또 어디

---

[113] 플라톤, 『메논』, 96d-e.

있겠는가. 교사와의 불평등한 관계 속에서 학생은 자발적으로 복종하는 일이 선사하는 유익함을 체득한다. 이로부터 동정하거나 동정받을 필요가 없는 평등한 관계가 아니라, 동정하고 동정받는 불평등한 관계가 자애로운 교사와 예의 바른 학생의 아름다운 교육적 관계로 일컬어진다. 그러나 그것은 사실 훈육적 관계로서, 이때 총명한 제자는 위대한 스승의 질문에 대해 다음과 같이 대답한다. "제우스께 맹세코, 소크라테스, 그런 것 같습니다", "그렇습니다", "예", "물론이죠", "아주 훌륭한 말씀으로 보입니다, 소크라테스."

교육적 관계에 참여한 이들은 따뜻한 동정심 속에서 평등을 목적으로 삼는 훈육적 대화가 아니라 느긋한 동정심을 문제 삼으며 평등을 출발점으로 삼는 교육적 대화를 나눠야 한다. 이것은 곧 학생이 스스로 배울 수 있다는 의지를 갖도록 독려하는 대화이다. 교사는 학생이 자신의 역량을 무한히 발휘할 수 있는 환경이 되어 주어야 한다. 그리하여 교사는 학생을 위해 설명하는 대신 아무것도 하지 않는 일에 집중한다. 교사의 말은 자신의 내면을 미덕으로 채우는 자기교육과 관련될 뿐이다. 그것은 물론 자기교육적 삶이 주는 기쁨을 평등한 우정의 관계 속에서 자유롭게 나누기 위함이기도 하다.

평등은 다른 누군가가 아니라 오직 자기 자신에게 의존할 때, 그리하여 자신의 역량을 무한히 긍정하며 실현하고자 노력할 때 마침내 배울 수 있다. 그것이 가능한 이유는 인간이라면 누구나 신적인 역량을 지니고 있기 때문이다. 신적인 역량은 오직 자신을 통해 배울 수 있는 것이며, 그것을 표현함으로써 각자의 고유한 삶을 살아갈 수 있다. 학생의 부족한 상태를 동정하며 올바른 삶의 표준으로 등장하는 교사, 그리하여 교사 자신이 생각하는 신적인 것으로 학생을 인도하려는 교사는 불평등으로 정의를 치장하는 훈육자에 불과하다. 이와 달리 교육자는 학생들이 자신의 내면을 돌아보며 그들이 지니고 있는 신적인 것과 대화하도록 촉발하는 존재이다. 교육자의 일차적인 의무는 학생과 훈육적 관계를 맺고 있지는 않은지 끊임없이 스스로를 검토하는 것이다. 이와 같은 관점에서 사람들이 흔히 말하는 교사는 훈육자일 수도 있고, 교육자일 수도 있다.

교육자는 학생에게 모범적인 사례를 제시하며 훈육하지 않는다. 교육자는 우리 모두가 평등한 존재이며, 누구나 신적인 삶을 살 수 있다는 의지를 갖도록 추동한다. 이를 위해 교육자는 명료히 설명하는 대신 가만히 안아 준다. "나는 그를 내 가슴에 껴안고 감동의 눈물을 흘릴 것이다."[114] 불가피하게 말을 해야 한다면, 그것은 음악이 되어 상대방의 가슴을 뛰게 만들어야 한다. 이때 비로소 신적인 삶을 향한 몸짓이 열릴 수 있다. 루소에게는 "따로 배울 필요 없이 말없이 마음에서 마음으로 통하거나 보고 듣자마자 고통과 환희가 직접 느껴지는 기호"[115]가 있다. 그렇다면 신적인 삶의 기준은 무엇을 통해 확인할 수 있는가? 루소에 따르면 그것은 인간이라면 단 한 명의 예외 없이 모두가 지니고 있는 우리 안의 양심이다. "내 이성의 빛보다는 내 양심의 판결에 따르는 편이 언제나 더 좋았다. 도덕적 본능이 나를 속인 적은 없었다."[116] 분명 이성은 비교를 통해 좋음과 나쁨을 인식하도록 만든다는 점에서 중요하다. 그러나 이성이 양심의 판결에 인도되지 않을 경우, 사람들은 이성의 설득 속에서

---

114   루소, 『에밀』 2, p. 233.

115   이충훈, 「루소와 기호」, p. 237.

116   루소, 『고독한 산책자의 몽상』, p. 60.

자기편애적인 삶만을 추구할 수 있다. 결국 이들은 정념의 시녀 역할을 자처하는 이성의 목소리에 따라 양심의 목소리를 외면하고 만다. 자연상태에서 인간은 모두 평등하다. 반면, 사회에서 이성은 인간의 불평등을 자주 합리화한다.

교육적 관계를 맺은 이들은 교사이자 학생으로서, 각자의 내면에서 끊임없이 울려 퍼지는 희미한 양심의 목소리를 보다 선명히 듣고, 그에 따라 판단하며 행위할 수 있도록 서로를 비추는 존재가 되기 위해 최선을 다해야 한다. 실로 교육자는 자신과 교육적 관계를 맺은 이들이 양심에 따르는 삶을 살아갈 수 있도록 고무하고 격려하며 끝까지 믿고 기다리는 존재이다. 교육자는 인간이 모두 신적인 본능을 가지고 있는 평등한 존재이기에, 언젠가는 양심에 따라 행동할 것임을 의심하지 않는다. "나는 내 안에서 신을 느끼고 내 주위의 어디서나 신을 본다."[117] 그러므로 교육적 관계 속에서 이루어지는 대화는 좋은 삶에 대한 이론적 설명이 아니라, 교사 스스로가 양심의 목소리에 따라 좋은 삶을 살아감으로써 제자로 하여금 비양심적인 삶을 잃어버리게 만드는 대화, 다시 말해 자기교육적 삶 자체를 통해 이루어지는 대화가 되어야 한다. 교사와 학생은 양심의 목소리를 더 잘 들을 수 있도록 도와주는 평등한 관계를 맺을 필요가 있다. 이와 같은 우정의 관계 속에서 이들은 항상 서로의 교육자이다. 양심은 신적인 본능이기에, 양심에 따라 행위하는 것은 신적인 행위와 성격상 다르지 않은 일이다. 이성은 양심의 판결에 기초할 때 의미를 가질 수 있으며, 그렇지 않을 경우 언제든 자의적인 판단에 따라 수단화될 위험이 있다. "양심이여, 양심이여, 신적인

---

117 루소, 『에밀』 2, pp. 142-143.

본능이여, 불멸하는 천상의 목소리여, 무지하고 편협하지만 영리하고 자유로운 존재의 확실한 안내자여, 좋음과 나쁨에 대한 틀림없는 판관이여, 인간을 신과 닮게 해 주는, 영원한 실체의 숭고한 발출이여, 오직 그대만이 나의 본성을 탁월하게 만드는구나."[118]

    우리는 사회의 수많은 정념들에 따라 살아가는 타인의 영향으로부터 완전히 자유로울 수 없다. 이때 누군가는 양심의 목소리에 주의를 기울이지 않은 채, 사회적 이성의 비교를 통해 타인을 동정하며 올바르다고 말해지는 길을 제시할 수 있다. 흔히 지적인 교사는 양심과 이성이 맞닿아 있음을 간과하며 이성을 고집한다. 반면, 양심적인 교사는 이성이 언제든 양심을 무시할 수 있음을 경계하며 양심에 주목한다. 그러므로 교육자는 자기 자신을 검토하며 양심의 판결 속에서 이성의 판단을 내릴 수 있어야 한다. 이러한 교육자의 삶은 그와 교육적 관계를 맺은 이들에게 스스로의 삶을 돌아보도록 만들 수 있다. 루소의 관점에서, 이를 위한 대표적인 자기교육적 실천이 바로 '산책'과 '자기검토의 글쓰기'이다.

    사회를 가득 채우고 있는 이성의 목소리는 끊임없이 사람들의 내면에 침투해 양심의 목소리를 숨죽이게 만든다. 이에 맞서 루소는 그 누구보다 치열하게 산책과 자기검토의 글쓰기를 지속한 교육자이다. 루소는 『신 엘로이즈』의 성공을 통해 대중의 지지를 받는 사상가가 되었다. 그러나 연이어 출간된 『사회계약론』과 『에밀』은 그것이 담고 있는 사상적 급진성으로 인하여 불태워지며, 급기야 루소에게 체포령까지 내려진다. 이와 같은 상황에서 루소는 자신의 결백함을 이해받고자 『고백』을 작성했다. 루소는 애초에 출간을 목

---

118   루소, 「도덕에 관한 편지」, pp. 193-194.

적으로 『고백』을 쓰지는 않았지만, 누구든 이 책을 읽게 된다면 분명 자신의 삶을 선입견 없이 투명하게 바라볼 수 있으리라고 기대했다. 그러나 『고백』의 낭독마저 금지되자, 루소는 보다 적극적으로 자신의 진정성을 보이기 위해 『루소, 장-자크를 심판하다—대화』를 집필한다. 하지만 이 모든 시도가 사회로부터 거부될 것을 직감한 루소는 고요히 자신에게 돌아가 『고독한 산책자의 몽상』을 기록하기 시작한다.

루소는 자기검토의 글쓰기를 통해 마지막까지 교육자의 삶을 살아갔다. 그것은 그가 이전에 저술한 책들의 정치적 운명과 상관없이, 언제든 다른 이들과 교육적 관계를 맺기 위한 노력이었다. 평생 아무도 만나지 못하는 고독한 삶을 살아갈지라도, 양심에 따르는 삶을 살기 위한 루소의 노력은 특별한 교육적 영향을 사람들에게 전할 수 있다. 이러한 교육적 영향은 아무도 동정하지 않고 오직 양심에 따라 자신을 검토한 글쓰기를 접했을 때 느껴지는 것이다. 그런데 양심에 따라 자신을 검토하는 글을 쓰기 위해서는 먼저 양심을 가리는 사회적 욕망들과 그것들을 합리화하는 이성의 목소리를 비워내야 한다. 그렇지 않을 경우, 자기검토의 글쓰기는 일종의 자화자찬에 머물 가능성이 있다. "나는 늘 몽테뉴의 허위적인 순진성을 비웃어 왔다. 그는 자기의 결점을 고백하는 척하면서도 자신에게 사랑스러운 결점만을 부여하도록 대단히 신경을 쓴다."[119] 자기검토의 글쓰기는 내면의 가장 자연스러운 감각을 일깨워 양심을 자각할 수 있도록 만드는 노력으로서, 자연 속에서의 산책을 필수적으로 요청한다. 이러한 산책과 자기검토의 글쓰기를 통해 생성되는

---

119 루소, 『고백』 2, p. 380.

교육자의 작품은 자연의 표현으로서 독자들에게 자기검토의 의지를 불러일으킬 수 있다. 달리 말하여 그 작품은 독자로 하여금 무한한 숲을 거닐게 함으로써 세속의 욕망에 따라 살아가는 자신의 삶을 정의로운 것으로 합리화하고 있는 것은 아닌지 자문하도록 이끌 수 있다. 그 결과 누군가는 양심의 목소리에 따라 기존의 법이 합리화하고 있던 불평등을 문제 삼게 된다. 이 순간 루소는 사람들과 우정의 관계에 기반하여 교육적 관계를 맺는다.

『사회계약론』의 정치적 기획과 『에밀』의 교육적 실천은 당대에 전부 과격하거나 비현실적인 이상으로 치부되고 말았다. 그럼에도 무한한 숲을 회복하고자 노력했던 루소는 산책과 자기검토의 글쓰기를 통해 세 편의 자전적 초상화를 남김으로써 독자들이 양심에 따라 스스로를 검토하도록 도울 수 있었다. 그 독자 중 누군가는 루소와 마찬가지로 산책과 자기검토의 글쓰기를 시작할 수 있다. 물론 우리는 산책과 자기검토의 글쓰기가 갖는 자기교육적 효과를 다른 활동 또한 동등하게 혹은 그 이상으로 제공할 수 있다는 가능성을 배제하지 않는다. 다만 루소는 자신의 삶을 통해 산책과 자기검토의 글쓰기야말로 교육자가 반드시 수행해야 하는 자기교육적 실천임을 증명한다. 루소는 누구와 언제 어디서 만나든, 심지어 죽음 이후일지라도, 사람들이 아무것도 아닌 것으로 치부하는 실천 속에서 잃어버린 양심의 소리를 되찾을 수 있도록 노력했다. 교육자라면 마땅히 이와 같은 삶의 태도를 보여주어야 한다.

28. 산책과 자기검토의 글쓰기

　자신을 철저히 살피는 노력 없이 타인과 모종의 지적 관계를 맺는 것은, 자신이 어떤 존재이건 상관없이 정확한 지식을 전수하면 충분하다고 생각하는 훈육자의 태도에 불과하다. 그러므로 교육자는 자신이 지금껏 어떤 삶을 살아왔으며, 앞으로 어떤 삶을 살아야 할 것인지를 검토하는 자기교육을 끊임없이 실천해야 한다. 그런데 자기검토의 글쓰기를 처음 시작할 때, 사회적 정념과 이성의 영향 속에서 자신에게 유리한 내용은 부풀려지고 불리한 내용은 제외될 가능성이 있다. 이러한 경향이 언제든 우리를 사로잡을 수 있기에, 자기검토의 글쓰기는 종종 그럴듯하게 치장된 자기 합리화의 글쓰기로 전락하고 만다. 이것은 자기검토의 글쓰기를 실천하는 과정에서 누구나 겪는 일이며, 루소 역시 예외는 아니다.

　『고백』에서 루소는 자신을 어떤 거짓도 없이 드러내겠다고 언급한다. "나와 같은 동류들에게 한 인간을 완전히 자연 그대로의 모습으로 보여주려고 한다. 그리고 그 인간은 바로 내가 될 것이다."[120] 그런데 『고백』은 사람들에게 자신의 결백을 이해받아야 한다는 억울함 속에서 작성된 것이기도 하다. "내가 정말 분명히 알 수 있는 것은 내가 그 일에 대해 무죄라는 것이다."[121] 『루소, 장-자크를 심판하다―대화』에서 루소는 자신을 철저히 검토하며 세간의 오해를 적극적으로 논박한다. 이 과정에서 루소는 적들의 주장에 대한 분노와 함께 자신의 입장을 관철시키고자 분투한다. "나는 그럴듯한 모

---

[120] 루소, 『고백』 1, p. 11.

[121] 루소, 『고백』 1, p. 38.

든 동기와 허울 좋은 논쟁을 그들의 것으로 만들고, 나에 대해 상상할 수 있는 모든 혐의들을 수집했다."[122] 그리고 『고독한 산책자의 몽상』에서 루소는 결국 사회적 삶에 얼마간 체념한 듯한 모습을 비춘다. "지상에서 나의 모든 것은 끝이 났다. 이제는 어느 누구도 내게 좋음도 나쁨도 행할 수 없다."[123] 부정적 정념들과 이로부터 파생되는 자기 합리화의 흔적들은 자기검토의 과정에서 필연적으로 겪을 수밖에 없는 것이다. 그러므로 중요한 것은 자신을 구속하는 것들을 숨김없이 드러내는 한편, 그 장애물들을 긍정적 정념을 통해 넘어서고자 노력하는 것이다.

『고백』에 여기저기 묻어 있는 사회적 인정의 기대는 시종일관 자신의 부끄러운 과거를 낱낱이 고백하기를 멈추지 않는 진실성 및 자기긍정을 통해 엷어지기를 반복한다. "이러한 기획에서 단 하나 내가 염려하는 것은 과장한다거나 거짓말하는 것이 아니라 모두 다 말하지 않고 진실을 숨기는 것이다."[124] 『루소, 장-자크를 심판하다—대화』에서 루소는 고통과 분노 속에서 자신의 억울함을 강하게 표출한다. 이 과정에서 루소는 세상이 떠드는 치명적인 억측들, 악의적인 음모들을 적극적으로 제시하며 스스로를 최악의 존재로 묘사하는 일을 주저 없이 행한다. 가령, 그는 사티로스이고, 늑대 인간이며, 매독으로 썩어 가고 있고, 파렴치하고 방탕하며, 잔인하고 냉혹하다……. 실로 세상의 여론은 한 인간을 괴물로 만들 수 있다. 더불어 많은 이들이 사회적 성공을 위해 혹은 자신의 지위를 지키기

---

122   루소, 『루소, 장-자크를 심판하다—대화』, p. 19.

123   루소, 『고독한 산책자의 몽상』, p. 13.

124   루소, 『고백』 1, p. 273.

위해 여론에 편승한다. 이와 같은 편견에 루소는 용기로 대적한다. **"당신들은 속고 있어요. 이 괴물이라고 하는 자는 사람입니다."**[125] 이로부터 어느 독자는 괴물이 대체 누구인지 되물어 볼 수 있다. 누군가를 괴물로 만들고 있는 이가 혹시 나 자신은 아닌가? 대부분의 사람들이 사회에서 괴물로서 살아가고 있다면, 인간이야말로 가장 먼저 괴물 취급을 받게 될 것이다. 마지막으로, 『고독한 산책자의 몽상』에서의 체념은 사회의 수많은 욕망들에 대한 무사심한 태도로서, 그의 무심함은 곧 자신에 대한 철저한 검토를 통해 보다 온전한 자유의 실현을 가능하게 만들 수 있다. 그렇다면 자기 합리화의 글쓰기가 아니라, 자기검토의 글쓰기를 위해서 우리는 어떤 노력을 기울여야 하는 것일까? 자신에 대한 진실한 검토를 위해서는 먼저 자신을 둘러싸고 있는 사회적 언어들의 소음을 제거해야 한다. 자기검토의 글쓰기는 기존의 언어를 지우는 글쓰기를 요청하는 것이다. 루소에 따르면, 이와 같은 글쓰기에는 자연에서 이루어지는 고독한 산책이 동반되어야 한다. 고독한 산책은 그 자체로 불필요한 것들을 아무것도 아닌 것으로 만드는 글쓰기일 수 있다.

우리의 일상은 과거의 습관적인 기억들의 영향으로부터 결코 자유로울 수 없기에, 현재의 나를 규정하는 삶의 방식을 끊임없이 검토할 필요가 있다. 모든 기억이 그저 과거의 잔상으로 남는 것이 아니라, 언제든 모종의 사회적 욕망과 결속해 특정한 사유와 행동을 불러일으킬 수 있다는 점에서, 매일 같이 산책하며 자신을 돌아보아야 하는 것이다. "우리 주변의 모든 것이 변화한다. 우리 자신도 변해서 아무도 자기가 오늘 사랑하는 것을 내일도 사랑하리라고 확

---

125 루소, 『루소, 장-자크를 심판하다—대화』, p. 145.

신할 수 없다."¹²⁶ 산책은 자신이 얽매여 있는 기존의 법을 당연한 것으로 여기지 않고, 부적절한 것들이 있다면 그것이 무엇이건 잃어버리기 위해 노력하는 시간이기도 하다. 이를 위해 "산책자는 **행위하지 않는** 능력을 사용한다."¹²⁷ 산책의 과정에서 신체와 정신의 습관적 행위로부터 자유로워지기 위해 아무것도 아닌 것을 하는 행위, 즉 무위를 실천하는 것이다. "무위는 무능도, 거부도, 한낱 활동의 부재도 아니라 독자적인 능력이다. … 무위는 약점이나 결함이 아니라 **집약성**이다."¹²⁸ 이러한 산책은 자연과의 자유로운 관계를 요청한다. "내게는 급류들, 바위들, 전나무들, 울창한 숲들, 산들, 오르락내리락하는 울퉁불퉁한 길들, 내 옆에 있어 나를 아찔하게 만드는 절벽들이 필요하다."¹²⁹

꾸밈없는 자연과 자유롭게 연결할 때, 내면의 본성을 가로막고 있는 세론들을 잠시 잃어버리고 자신의 아름다움을 보다 다채롭게 바라볼 수 있다. "감각적 대상들의 협력으로 그의 명상은 덜 무미건조하고, 더 감미롭고, 더 공상적이고, 그에게 전적으로 더 적합한 것이 됩니다."¹³⁰ 산책의 과정에서 어느 순간 우리는 사회적 법칙에 의해 부분으로 규정되는 존재가 아니라 자연 전체의 관점에서, 다시 말해 신의 관점에서 자신을 느낄 수 있다. "관조자의 영혼이 감각적일수록 일치가 주는 황홀감에 더욱 빠져든다. 그때 감미롭고 깊은

---

126 루소, 『고독한 산책자의 몽상』, p. 143.

127 한병철, 『관조하는 삶: 무위에 대하여』, p. 17.

128 한병철, 『관조하는 삶』, p. 11.

129 루소, 『고백』 2, p. 269.

130 루소, 『루소, 장-자크를 심판하다―대화』, p. 204.

몽상이 감각을 사로잡으며, 이 아름다운 체계의 광대함 속에서 자신을 잃어버리는 달콤한 도취감과 함께 동일시를 느낀다. 그럴 때면 모든 개별적인 대상들이 그에게서 빠져나간다. 그는 전체 속에서만 그것들을 보고 느낀다."[131] 자연 속에서 비로소 우리는 사회에서 받은 영향으로부터 스스로를 지켜 내며 자유로워질 수 있다. "루소는 자연 속에서야 기호 해석의 불안과 비참한 기호들의 공격으로부터 자신을 지킬 수 있다고 믿는다."[132] 자연과 함께하는 산책은 스스로 안식일을 보내는 것과 같다. 안식일은 그저 아무 일 없이 휴식을 취하는 날이 아니라, 양심의 소리를 되살리기 위해 습관적인 삶을 강제로 멈추고 자신을 돌아보며, 그 어떤 때보다 충실한 시간을 보내는 날이다. 우리는 산책의 과정에서 신적인 본능인 양심의 소리를 더욱 풍부하게 포착하는 감각을 기를 수 있다. 안식일은 모범적인 삶의 방식에 안주하려는 안일함에 대한 일종의 투쟁이자 파업이다.

루소의 『사회계약론』은 대중의 능동적 혁명을 뒷받침한 이론적 토대였다고 종종 언급된다. 그런데 한편으로 사람들은 적극적 수동성 속에서 급진적 혁명을 이룰 수 있다. "그들은 평등주의 혁명의 또 다른 측면은 제대로 평가하지 못하고 있다. 우리가 **아무 일도 하지 않을** 때 갖는 감각적 경험에 대한 위상 격상이 그것이다."[133] 사회의 훈육자들은 천국으로 가는 길을 알려 주겠다고 선전하며 사람들을 모으고, 그들에게 긴 설교를 반복해서 선사한 뒤 스스로 감격한다. 이와 달리 교육자는 자신의 내면을 주조하는 훈육자의 설명

---

131 루소, 『고독한 산책자의 몽상』, p. 111.

132 김영욱, 「혼자서, 마지막으로 한 번 더: 루소, 고독한 산책자의 몽상」, p. 292.

133 랑시에르, 『아이스테시스』, p. 90.

을 중지시키며, 어떤 삶을 살아야 하는지 스스로 검토하고 결정한다. 이때 교육자가 의거하는 것은 외부의 사회적 이성이 아니라 내면의 주체적 양심이다. "손에 펜을 쥐고 책상과 종이를 대하고는 영 아무것도 쓸 수 없었다. 내가 머릿속에서 글을 쓰는 것은 바위와 수목 사이를 산책할 때와 밤에 침대에서 잠을 이루지 못하는 동안이다."[134] 산책은 자연 속에서 기존의 사회적 글쓰기를 비우기 위해 아무것도 아닌 것을 쓰는 실천이다. 그리하여 교육자에게 산책이란 일상적인 삶의 규칙을 정지시키고, 자연의 사물들 속에서 신적인 본능을 일깨우기 위한 안식일이 된다. 교육자는 성스러운 장소를 찾아가 제의를 입고 사제의 설교에 따라 반성하는 대신에, 주변의 오솔길에서 편안한 복장으로 산책하며 자연스러운 감각을 일깨우고자 노력한다. 자연의 필연성에 따라 진실한 삶을 표현하는 모든 대상은 가장 나다운 모습이 신적인 상태와 다르지 않다는 것을 깨닫게 해 준다. 이러한 측면에서 교육자는 언제 어디서든 안식일을 보낼 수 있는 자이다. 교육자에게 천국은 사후에 도달할 수 있는 초월적인 장소가 아니라, 산책하는 지금 이곳이 될 수 있다. 이와 같은 교육자의 자기교육적 태도를 에밀리 디킨슨은 자신의 시 〈어떤 사람들은 안식일을 지키러 교회에 갑니다Some keep the Sabbath going to Church〉에서 다음과 같이 노래한다.

어떤 사람들은 안식일을 지키러 교회에 갑니다―
저도 지켜요, 집에 머물면서―
성가대원인 쌀먹이새와 함께―

---

134 루소, 『고백』 1, p. 182.

그리고 대성당인, 과수원에서—

어떤 사람들은 안식일을 지키러 제의를 입습니다—
저는, 그저 저의 날개를 답니다—
그리고 교회를 위해, 종을 울리는 대신에,
우리의 작은 교회지기가— 노래합니다.

유명한 성직자인, 하느님이 말씀하십니다—
그리고 그 설교는 결코 길지 않아요,
마침내, 그리하여 천국에 도달하는 대신에—
내내, 저는 가고 있습니다.

자기검토의 글쓰기는 산책을 필수적으로 요청한다. 산책 없이 이루어지는 규칙적인 기록은 그저 형식적인 일기이거나, 자기 합리화의 글쓰기에 그칠 수 있다. 그런데 이와 같은 사정은 산책 역시 마찬가지이다. 산책 이후에 어떤 것도 하지 않고 하루를 마감할 경우, 순간적인 기분 전환에 머물 수 있는 것이다. 그리하여 다음 날 어김없이 찾아오는 사회의 욕망들 속에서, 자신도 모르게 기존의 삶의 방식으로 되돌아가고 만다. 일상에서 경험하는 다양한 사회적 정념들은 습관적인 기억으로 고착되어 일상의 삶에 끈질기게 간섭한다. "나는 마흔 살이 될 때까지 마음속에 어떤 나쁜 성향도 품은 적 없이, 그저 습관적인 악덕들에 젖어 내 이성에 따라 정한 원칙도 없이 닥치는 대로 살면서, 나의 의무를 저버리지는 않았지만 종종 제대로 인식하지 못한 채 멍하니 궁핍과 부, 지혜와 미망 사이를 떠돌았다."¹³⁵ 그러므로 자기검토의 글쓰기가 산책을 요청하는 것 이상으로, 산책을 마친 이후 자연 속에서 일깨워진 감각을 양심에 따라 구체화해서 표현하는 일이 수행되어야 한다.

교육자는 산책을 통해 갖게 된 자연스러운 감각이 불러일으킨 것들을 글로 표현함으로써 자신이 현재 어떤 삶을 살고 있는지, 그리고 앞으로 어떤 삶을 살아야 하는지 다시금 살펴보아야 한다. "인간이 처할 수 있는 가장 기이한 상황에 처한 내 영혼의 일상적인 상태를 묘사하려는 계획을 세운 나는, 그것을 실행에 옮기는 방법으로 나의 고독한 산책과, 머릿속을 완전히 자유롭게 두어 그 어떤 저항이나 구속 없이 생각이 마음껏 제 흐름을 따르게 할 때 그 산책을 가득 채우는 몽상을 충실히 기록하는 것보다 더 단순하면서도 확실한 방법을 알지 못했다."¹³⁶ 감각적 깨달음에 명료성을 부여하지 않을 경우, 그것이 언제 어떤 방식으로 드러나게 될지 알 수 없다. 산책이나 명상에 만족하며 오직 그 행위에만 집중하는 자들은, 불분명한 황홀감 속에서 자신이 어떤 존재인지 검토하지 않은 채 자유로워졌다고 착각하곤 한다. 실로 루소에게 "글을 쓰는 것은 다시 사는 일이다."¹³⁷

가령, 새벽 산책을 하면서 문득 "그것은 도둑질이 아니었던 만큼 더 비열한 짓이었다"¹³⁸는 루소의 고백을 떠올린다. 그래서 최근에 비열한 짓을 하지는 않았는지 돌아보게 되었는데, 언뜻 생각할

---

135   루소, 『고독한 산책자의 몽상』, p. 38.

136   루소, 『고독한 산책자의 몽상』, p. 19.

137   스타로뱅스키, 『장 자크 루소, 투명성과 장애물』, p. 684.

138   루소, 『고백』, p. 69.

때 그런 일이 전혀 없었던 것 같았기에 다소간 안심한다. 그런데 산책을 마치고 일기를 쓰는 와중에 과거에는 그렇지 않다고 여겼지만 지금은 응당 비열한 짓이라고 말해야 할 것들이 얼마든지 있었을지 모른다는 생각이 든다. 그것은 새벽 달빛에 은은하게 물든 이름 모를 나무의 이파리들이 일깨운 감각 속에서, 잃어버린 기억을 되찾고자 집중하며 내면을 돌아보는 글을 쓰고자 노력했기 때문일지 모른다. 어쨌든 지금껏 마치 그런 일이 전혀 일어나지 않았고 앞으로도 마찬가지일 것이라고 믿었으며, 그래서 반성의 필요성을 그다지 느끼지 못했다. 그러나 어떤 과거가 현재에도 미치고 있을 영향력을 모르는 척하는 것은 분명 비열한 태도이다. 하인의 등을 밟고 말에 올라탄 어느 탁월한 사상가가 누구나 말에 탈 자유가 있다는 것을 주장하면서 스스로를 돌아볼 생각은 감히 하지 못했던 것과 같다. 그는 이성적인 철학자일 수는 있어도 양심적인 교육자일 수는 없다. 글을 쓰면서 이러한 생각을 구체화할 수 있다. 산책을 통해 일깨운 감각이 아무렇게나 작용하도록 방치하는 대신에, 그 감각이 일깨운 여하한 깨달음을 글로 표현함으로써 그것이 정녕 무엇인지 알아보는 것이다.

    느낌으로만 남아 있던 것을 글로 표현할 때, 자신도 미처 알지 못했던 점들을 보다 명확히 드러낼 수 있다. 그러므로 양심의 목소리를 놓치지 않기 위해서는 산책 후의 자기검토의 글쓰기가 반드시 요구된다. 이러한 글쓰기를 루소는 사회가 규정한 형식으로부터 자유롭게, 양심에 따라 자기 자신을 기록하는 실천으로서 '비형식적 일기'informe journal라고 말한다. "이 종이들은 말 그대로 내 몽상을 기록한 비형식적 일기에 불과하다."[139] 그런데 일기란 본래 비형식적인 것이 아닌가? 그러나 일기가 공식적 글쓰기의 형식으로부터 얼마간 자유롭다는 것이 문제가 아니라, 글을 쓰고 있는 자신의 사유 방식이 얼마나 기존의 사유를 벗어날 수 있는지가 문제이다. 따라서 루소가 말하는 비형식은 사적 형식이 아니라 탈형식을 의미한다. 기존의 형식적인 사유 방식 자체를 자유롭게 만들지 못한다면, 어떤 방식으로 글을 작성하건 그것은 지금껏 사유하고 행위한 삶의 헐벗은 반복에 불과할 수 있다. 자연 속에서의 산책을 통해 단단히 묶여 있던 사유의 끈을 조금이라도 느슨하게 만들지 않는다면, 우리의 글쓰기는 습관적인 삶의 기록에 그칠 수 있는 것이다. "그를 혼자 평온히 내버려두었을 때, 또는 다가와서 말을 거는 아첨꾼 없이 그가 고독한 산책에서 돌아올 때, 그의 정신이 그토록 명랑하고 평화로운 것을 보고 나는 특히 놀랐습니다."[140]

교육자는 산책과 함께 이루어지는 자기검토의 글쓰기를 통해 산책의 명상이 공허하게 흩어지지 않도록 주의해야 한다. 물론 산책을 통해 일깨워진 자연적인 감각 속에서 불현듯 엄습하는 것들은 종종 언어로 표현할 수 없는 황홀감을 안겨 준다. "진정한 행복이란 묘사할 수 있는 것이 아니라 느끼는 것이며, 묘사될 수 없는 그만큼 더 잘 느껴진다."[141] 그럼에도 산책을 통해 얻은 자유로운 감각적 느낌을 글로 표현하고자 노력할 경우, 그것을 지금 여기의 문제로 현행화해서 검토할 수 있다. 이를 통해 행복한 감각은 익숙한 자신과

---

139   루소, 『고독한 산책자의 몽상』, p. 15.

140   루소, 『루소, 장-자크를 심판하다—대화』, p. 201.

141   루소, 『고백』 1, p. 367.

의 절단이라는 자기 극복의 노력으로 실현될 수 있다. 산책에 이어 수행되는 자기검토의 글쓰기를 통해 기존의 삶의 방식을 구체적으로 확인하며 양심에 따른 인간적인 삶을 살아가는 것이다. 이로부터 사회적 욕망을 추구하며 살아갔던 습성 때문에 손쉽게 외면하거나 힘겹게 수행했던 산책이 점차 필수적인 삶의 일과로 자리 잡게 된다. 한편, 산책과 자기검토의 글쓰기를 반복할 때, 양심에 따르는 삶이 주는 기쁨 속에서 지난날의 쾌락이 주는 만족감을 사소한 것으로 여길 수 있다. "좋은 행동의 이점들 중 하나는 영혼을 고양시키고 그 영혼이 더 좋은 행동을 하도록 만든다는 것이다."[142] 이러한 방식으로 산책은 기쁨을 증대시킨다. "지금은 이토록 즐거운 고독한 산책이 내가 잠시 행운을 누리던 시절에는 따분하고 지겨웠던 것을 또렷이 기억하고 있다."[143]

자신만의 고유한 아름다움을 깨닫기 위해서는 그것을 가리고 있는 사회적 치장물을 잃어버리고 자유로운 생각을 떠올리도록 자극하는 자연과의 만남과 소통이 필요하다. 산책을 통해 내면의 감각을 자연스럽게 일깨울수록 신적인 양심을 보다 분명히 자각할 수 있다. 자연과 접하며 몽상하는 산책은 자기교육을 위한 첫 번째 실천이다. 더불어 산책의 과정에서 느끼고 깨달은 것들이 의미 없이 산화되지 않도록 글로 표현하는 일이 필요하다. 양심에 따른 자기검토의 글쓰기를 통해 자신을 진실하게 기록할수록 더욱 명확히 인간다운 삶을 실현할 수 있다. 양심의 목소리에 귀를 기울이며 자신을 표현하는 자기검토의 글쓰기는 자기교육을 위한 두 번째 실천이

---

142 루소, 『고백』 1, p. 404.

143 루소, 『고독한 산책자의 몽상』, p. 140.

다. 산책은 자기검토의 글쓰기의 가능 조건이며, 이후 수행되는 자기검토의 글쓰기는 산책의 완성 조건이다. 산책 없는 글쓰기는 타성이고, 글쓰기 없는 산책은 관성에 불과하다. 표면상 이 두 가지 실천은 자기교육의 단계적 두 순서로 보이지만, 실은 자기교육의 계기적 두 요소이다.

산책과 함께 자기검토의 글쓰기를 지속하는 일은 곧 자신의 내면을 양심의 목소리가 흐르는 무한한 숲으로 가꾸는 자기교육적 실천이다. "내 영혼과 대화하는 감미로움이야말로 사람들이 내게서 빼앗을 수 없는 유일한 것이므로 그것에 완전히 빠져 보려 한다."[144] 그런데 자기교육적 실천으로서 산책과 자기검토의 글쓰기가 반복될 때, 우리는 스스로를 더욱 좋은 교육자로 가꾸는 동시에, 그것의 부가적인 결과물로서 한 편의 탈형식적 저작을 작품으로 갖게 된다. 이러한 자기교육의 산물은 저자의 의도와 상관없이 익명의 타인과 교육적 관계를 맺을 수 있다. 그것이 누군가를 가르치기 위해서가 아니라 오로지 자신을 검토하기 위한 글쓰기라는 점에서, 그리하여 사회적 욕망으로부터 자유로운 글쓰기라는 점에서, 타인에게 진실한 교육적 효과를 야기할 역량을 지니고 있기 때문이다. 자기교육을 실행하는 교육자가 창작자라면, 그의 작품활동은 산책과 자기검토의 글쓰기로 구성된다. 산책과 자기검토의 글쓰기를 통해 수행된 루소의 자기교육은 그 자체로 타인 교육을 실현할 수 있다. 실로 루소는 고독을 즐겼기에 외딴곳에서 살아갔던 것이 아니라, 교육자로서의 본분을 잊지 않기 위해 고독 속에서도 자기교육을 포기하지 않았다. "그는 저에게 인간들의 사회가 되찾아지리라는 너

---

144 루소, 『고독한 산책자의 몽상』, p. 14.

무도 긴급한 희망이 생기면, 기꺼이 식물들의 사회를 떠나 인간들의 사회로 갈 것이라고 말했습니다."[145]

29. 우정의 타인 교육

사회로부터 배척당한 루소에게 남겨진 것은 자기 자신뿐이다. "이제 남은 생애 동안 혼자인 나는 위안도 희망도 평화도 내 안에서만 찾을 수 있으니, 오로지 나 자신에게만 몰두해야 하며 또 그렇게 하고 싶다."[146] 루소는 단순히 체념하거나 좌절하지 않고, 고독을 자기교육의 시간으로 전환시킨다. 그렇게 고독은 사회로부터 이해받고 인정받고자 하는 욕망들을 잃어버리는 시간으로 긍정된다. "루소는 내쫓겼다. 인간의 시간과 사회 밖으로 배척당했다. 격리되어 산 채로 묻혔다. 하지만 중심을 가장 벗어난 곳에서 루소는 스스로 장애물 없는 세상의 중심이 된다. 추방의 '외부'는 어떤 외부의 힘으로도 깨지 않는 세상의 '내부'가 된다."[147] 루소는 자신을 증오하는 사회의 여론들을 바꾸고자 분투하기보다는 온전히 자기 자신에게 몰두한다. 미래의 불확실한 고통들을 걱정하는 대신에, 그것들을 전부 잃어버린 상태로 지금 여기의 삶에 집중하는 것이다. 이 순간 교육의 목적은 아무것도 아닌 것을 실천함으로써 잃어버리는 법을 배우는 것이다.

---

145 루소, 『루소, 장-자크를 심판하다—대화』, p. 178.
146 루소, 『고독한 산책자의 몽상』, p. 14.
147 스타로뱅스키, 『장 자크 루소, 투명성과 장애물』, p. 474.

교육자는 사회적 욕망에 헌신하는 이성의 목소리를 잃어버리고, 양심에 따라 인간다운 삶을 살아가기 위해 산책하고 글을 쓰며 스스로를 검토해야 한다. 이러한 측면에서 자기교육적 실천이란 기존의 삶의 방식에 공백을 더하는 것으로서 무위의 실천이다. "저 소중한 **무위**는 내가 그 달콤함을 최대한 맛보고 싶어 했던 즐거움 중 가장 중요하고 첫째가는 것이었으며, 그곳에 머무는 동안 내가 했던 모든 일은 실상 한가함에 자신을 바친 사람에게 꼭 필요한 즐거운 활동뿐이었다."[148] 무위는 모든 행위를 포기하는 소극적 활동이 아니라 불필요한 것들을 잃어버리고 양심의 목소리를 듣기 위해 노력하는 적극적 활동이다. 그렇기에 무위를 실천하는 자기교육은 자아를 완전히 비우고 내면을 진공으로 만드는 수행과는 구분된다. 내부를 완벽한 공허의 상태로 소거하는 순간, 외부의 신의 목소리가 그 자리를 더욱 강고하게 차지할 수 있다. 이와 달리 교육자는 양심의 목소리를 되살려 인간다운 삶을 살고자 자기 자신에게 집중한다. 이러한 자기교육적 실천을 풀베기에 비유해 볼 수 있다. 교육자는 산책을 통해 불러일으켜진 자연적 감각에 따라 불필요한 욕망의 풀들을 잘라내며 자신을 투명하게 바라보는 풀베기를 시행한다. 이와 더불어 교육자는 양심에 따른 자기검토의 글쓰기를 통해 불평등한 삶을 합리화하는 이성의 풀들을 베어낸다. 자기교육의 과정에서 낮게 들려오는 풀 베는 소리를 로버트 프로스트는 자신의 시 〈풀베기Mowing〉에서 다음과 같이 노래한다.

숲에서 나는 소리는 이것 외에 결코 다른 것일 수 없는데,

---

[148] 루소, 『고독한 산책자의 몽상』, p. 80.

그것은 나의 긴 낫이 대지에 속삭이는 소리입니다.

무엇을 속삭이고 있는 것일까요? 저는 잘 모르겠습니다.

아마도 태양의 열기에 관한 어떤 것이거나,

어쩌면, 소리의 부재에 관한 무엇일 것입니다—

말하지 않고 속삭인 이유가 그래서였나 봅니다.

그것은 게으른 시간의 선물이라는 꿈이 아니며,

혹은 요정이나 정령의 손에 있는 손쉬운 황금도 아닙니다.

어떤 것도 진실보다는 너무 약해 보입니다

줄지은 늪지에 놓여 있는 진실한 사랑에서,

꽃들의 여린 가시들

(청초한 난초들), 그리고 깜짝 놀란 한 마리 담녹색 뱀은 예외가 아닙니다.

그 사실은 노동이 알고 있는 가장 감미로운 꿈입니다.

저의 긴 낫은 속삭였고 건초로 만들 것을 남겼습니다.

자기교육적 실천이란 세상의 번잡한 소리를 대신해서 소리 없는 소리를 듣기 위한 노력이다. 그것은 부재의 소리로서, 사회적 성공을 보장하는 달콤한 유혹의 소리를 침묵시키는 소리이다. 산책과 자기검토의 글쓰기의 과정에서 자연스럽게 생성되는 부재의 소리는, 사회적 정념에 협력하는 이성의 목소리를 끊어 내는 양심의 목소리와 다르지 않다. 그러나 풀베기는 결코 한 번에 완결될 수 없다. 풀을 베는 와중에도 사회에 의해 뿌려진 씨앗에서 이미 새로운 싹이 움트고 있기 때문이다. 사람들은 사회적 정념들을 합리화하는 이성의 회유를 지속적으로 받는다. 그러므로 이성의 전적인 주도 아래 자기교육을 시도하는 것은 문제적일 수 있다. "이성이 승리에서 거의 역할을 하지 않는데 승리의 영예를 안겨 주는 것은 큰 잘못을 저지르는 일일지 모른다."[149] 이성은 반드시 양심의 판결을 따라야 한다. 이때 양심은 단순히 죄책감에 시달리게 만들어 다시금 도덕적인 행위를 하도록 교정하는 정념에 그치지 않는다. 양심은 자기 자신을 비하하며 의심하게 만드는 부적절한 정념과 사회적 이성의 목소리를 침묵시킨다. 그리하여 양심의 목소리는 사회의 정념 및 그것에 봉사하는 이성의 목소리와 상관없이 좋은 것을 판단하고 실천하도록 이끈다. 양심이 신적인 본능이자 정의와 미덕의 생득적 원리라는 점에서, 양심의 판결에 따라 살아갈 때 우리는 정의와 미덕을 가꾸는 신적인 삶을 실현할 수 있다. 그렇다면 교육자는 자신에게 안식일을 부과하며, 양심을 가리는 이성의 풀들을 베어 내기 위한 자기교육적 실천, 즉 산책과 자기검토의 글쓰기를 반복해야 한다.

성공적인 사회적 삶의 방식을 열렬히 설명하는 훈육자에게 교육자는 묻는다. "사람들이 믿게 하기 위해 저토록 열성적으로 설파하는 견해가 정말 자신들의 것인지조차 확신하지 못하는 저 능변가들의 궤변에 내가 영원히 휘둘리도록 가만히 있을 것인가."[150] 사회적 성공을 보장하는 훈육자의 가르침은 풀베기가 초래할 사회적 불이익을 내비치며 사람들을 주저하게 만든다. 이성은 풀베기란 언제든 다시 할 수 있기에 잠시 쉬어도 아무 문제가 없으며, 오히려 그 시간을 잘 활용해서 사회적 기준을 충족시켜야 한다고 설득한다. 무위를 나태함으로 규정하며 그것을 유익함으로 대체하는 이성의 천재성을 이겨 내기 위해서는 풀베기를 지속하도록 만드는 교육적

---

149 루소, 『고독한 산책자의 몽상』, p. 141.

150 루소, 『고독한 산책자의 몽상』, p. 41.

관계가 요청된다. 이때 진실한 친구와의 우정은 미덕을 향한 의지를 포기하지 않도록 북돋아 준다는 점에서 핵심적이다.

우정의 관계에서 두 친구는 자기교육을 긍정하는 무한한 의지를 서로 선물하는 교육적 관계를 맺는다. 이러한 교육적 관계를 지속하기 위해서는 친구와 계속해서 우정을 나눌 수 있는 존재가 되어야 한다. 타인과의 교육적 관계는 그 자체로 자기교육을 요청하는 것이다. 교육자는 양심에 따라 살아가며 스스로를 하나의 작품으로 가꿈으로써, 삶 그 자체가 풍기는 미덕의 향기를 통해 그와 관계 맺는 이들이 자기 자신을 돌아보도록 만들 수 있어야 한다. 이익을 중심으로 관계 맺는 거짓된 자들과 달리, 미덕을 중심으로 진실한 우정을 나누는 친구들은 언제나 자신을 교육하는 자이다. "저속한 유혹은 그의 마음에 가까이 갈 수 없지요. 그의 모든 위안의 원천은 자기 존중에 있습니다."[151] 고상한 두 영혼은 어떤 사회적 비교도 용납하지 않은 채, 스스로에 대한 긍정 속에서 양심에 따라 행위할 의지를 서로에게 불러일으킨다.

우정의 관계 속에서 고양된 두 영혼은 자신의 내면을 아름다운 상태로 만드는 자기교육적 실천에 더욱 전념하게 된다. 설령 사회로부터 추방되어 친구들과 만날 수 없는 고독한 삶을 강요받을지라도, 교육자는 언제 어디서 만나게 될지 모르는 누군가와의 우정을 위해 자신의 삶을 검토하는 일을 끊임없이 실천한다. 끝내 누구와도 우정을 나누지 못할 가능성이 있지만, 자기교육적 실천의 결과물인 작품을 통해 익명의 독자들과 우정의 관계를 맺을 수 있다. 산책과 자기검토의 글쓰기를 통해 생성된 작품은 우정의 관계로서 독

---

151 루소, 『루소, 장-자크를 심판하다—대화』, p. 302.

자가 자기 자신을 자발적으로 검토하도록 이끄는 타인 교육을 가능하게 만들기 때문이다. 그리하여 루소는 말한다. "나는 우정을 위해 태어났다."[152]

 교사를 자칭하는 훈육자들은 자신에 대한 양심의 검토는 도외시한 채, 사회가 올바르다고 승인한 이성적 지식을 갖추기 위해 노력한다. "그들은 자기 자신을 알기 위해서가 아니라 인간의 본성에 대해 유식하게 말하기 위해 인간의 본성을 연구했다. 또한 자신의 내면을 명확히 밝혀내기 위해서가 아니라 다른 사람들을 교습하기 위해 노역했다."[153] 훈육자들은 자신의 지식을 바탕으로 사회적 성공을 실현하는 안전한 길을 학생들에게 효과적인 방식으로 제시하고자 최선을 다한다. 이를 위해 시행되는 집단적 교육은 그들을 결집시키는 정념과 그것을 합리화하는 이성의 협력 속에서 체계적인 사회화를 추구한다. 집단의 구성원들은 훈육에 익숙해진 그만큼 자유로부터 멀어져, 유식한 자의 설명 없이는 진리를 깨우칠 수 없을 것이라고 굳게 믿는다. 이들은 지적인 교사의 설명을 통해 자유의 개념을 배우면서, 성실함의 보상으로 훈육자의 설명에 복종하는 법을 습득한다. 이로부터 학생들은 불평등한 삶 자체를 체득한다. 학생의 성공을 위해 어떤 수고도 마다하지 않겠다고 공언하는 훈육자는, 불평등한 관계를 공고히 만드는 수단을 거침없이 사용하는 자애로운 체벌가이다. "이 모든 광경은 마치 훈육자가 자기 학생에게 회초리로 맞는 징벌은 면제해 주고 꾸짖는 것과 흡사하였다."[154]

---

152 루소, 『고백』 2, p. 147.

153 루소, 『고독한 산책자의 몽상』, p. 36.

154 루소, 『고백』 2, p. 318.

교육자는 불평등한 훈육을 치장하는 지적인 설명을 중단하고, 평등한 관계 속에서 양심의 소리에 집중하도록 노력한다. 교육자는 누구나 양심에 따라 인간다운 삶을 살 수 있다는 것을 의심하지 않는다. 인간의 타락은 전적으로 사회로부터 기인하는 것이기 때문이다. "자연스럽고 좋은 정념을 인위적이고 나쁜 정념으로 바꾸는, 서로 비교하는 그 경향이 어디에서 유래하느냐고 물으신다면, 사회적인 관계, 관념의 진보, 정신의 교화에서 온다고 대답하겠습니다."[155] 불평등에 익숙해진 이들에게 필요한 것은 평등에 대한 논리적인 설명이 아니라, 모두가 평등하다는 것을 긍정하는 의지이다. 교육자는 이러한 의지를 우정의 관계 속에서 무한히 제공하는 숲과 같은 존재이다. 교육자는 평등을 교육의 결과가 아니라 전제로 삼으며, 사회적 이성을 넘어서는 내면의 양심을 따른다. 그렇기에 교사가 학생을 미워하거나 용서하는 일은 무의미하다. 미워하거나 용서한다고 타락의 근원이 바뀌는 것은 아니기 때문이다. 사실 그들은 미워하거나 용서하며 타인에게 예속되는 형벌을 받을 뿐이다.

루소는 교육자로서 최선을 다해 자기교육을 실천한다. 이러한 노력의 한 결과로서 저서를 생성할 수 있다. 이 저서는 인간다운 삶을 살기 위해 자신을 철저히 검토하는 과정에서 부가적으로 생성되는 작품이다. 그것은 교육자의 내면에 형성한 숲의 표현으로서, 그 저작을 접한 익명의 독자에게 양심의 목소리를 듣고자 하는 의지를 선사할 수 있다. 사실 교육자의 저작은 풀베기의 이차적인 산물로서 건초에 불과하다. 그럼에도 자기교육의 과정에서 작성된 교육자의 저작은, 그것이 온전히 자신을 향한 자기교육의 결과물이라는

---

[155] 루소, 『루소, 장-자크를 심판하다—대화』, p. 192.

짐에서, 독자들과 이성적인 글의 훈육적 관계가 아니라 양심적인 글의 교육적 관계, 즉 우정의 관계를 맺을 수 있다. 그 결과 교육자의 풀베기는 타인 교육이라는 수확을 가져온다. "나는 몽테뉴와 같은 기획을 하고 있지만 목적은 정반대다. 왜냐하면 그는 다른 사람들을 위해 『수상록』을 썼지만, 나는 오로지 나 자신을 위해 내 몽상들을 기록하기 때문이다."[156]

자기검토의 글쓰기는 특정한 관점을 설명하거나 설득하기 위한 것이 아니라 양심의 목소리에 주의를 기울이며 자신을 표현하고 살펴보는 일이다. "내가 배우기를 열망했던 것은 나 자신을 알기 위해서이지 가르치기 위해서가 아니었다."[157] 진심으로 자신만을 위한 글을 쓸 때, 저자는 글쓰기의 과정에서 자신에게 집중하며 기존의 비양심적 삶을 직시할 수 있다. 산책과 자기검토의 글쓰기는 자신이 어떤 삶을 살고 있으며, 앞으로 어떤 삶을 살아야 하는가를 검토하는 자기교육의 시간인 것이다. 자기교육적 실천은 자신의 영혼에 매일같이 기압계를 대보는 일과 같다. "어떻게 보면 나는 자연학자가 하루하루 대기 상태를 알아보기 위해 하는 실험을 나 자신에게 해 보려는 것이다."[158] 분명 산책과 자기검토의 글쓰기는 걷고 쓰는 행위 자체에 의미가 있다. 그러므로 자기교육의 부가적 결과로 생성된 한 편의 저서는 굳이 출간될 이유가 없으며, 감추거나 파기할 필요도 없는 것이다. "나는 이 글을 감추지도 보여주지도 않겠다. 내가 살아 있는 동안 누군가 이 글을 내게서 앗아 간다 하더라도 그

---

156 루소, 『고독한 산책자의 몽상』, p. 16.

157 루소, 『고독한 산책자의 몽상』, p. 36.

158 루소, 『고독한 산책자의 몽상』, p. 16.

것을 썼던 즐거움이나 그 내용에 대한 기억, 이 글을 낳은 고독한 명상들, 내 영혼이 다할 때에만 그 원천이 소멸될 고독한 명상들을 빼앗아 가지는 못할 것이다."[159]

자신을 철저히 검토하며 더욱 인간다운 삶을 살고자 노력할 때, 다시 말해 산책과 자기검토의 글쓰기를 반복할 때, 이로부터 남겨진 저서가 특별한 무엇을 가르치고자 시도하지 않는다는 점에서, 독자는 자기검토 자체의 중요성을 실감할 수 있다. 자기검토의 글쓰기는 양심의 시선 아래 작성된 것이기에, 누구나 양심에 따라 이와 같은 글을 쓸 수 있다는 의지를 불러일으킨다. 양심은 우정을 기대하고 반기며, 우정은 양심을 촉구하고 북돋는다. 사실 양심은 매 순간 삶에 개입하며 어떤 판결을 내리고 있다. 다만 습관적인 삶과 그것을 합리화하는 이성에 의해 양심의 목소리를 좀처럼 듣지 못하고 있을 뿐이다. 이때 자기교육의 산물로서 생성된 교육자의 작품은 양심을 가리는 것들을 잃어버리는 법을 드러냄으로써, 독자들이 무위의 실천을 자발적으로 시도해 보도록 추동할 수 있다. 이로부터 한 독자가 산책과 글쓰기를 시작하는 순간, 즉 자신의 영혼에 스스로 기압계를 가져가는 순간, 개인에 의해 작성된 양심적 글은 모두를 향해 작성한 교육적 글이 된다. 교육자는 양심의 자기교육의 부가적 산물을 통해 사람들을 각자의 무한한 숲의 회복으로 이끄는 우정의 타인 교육을 실현한다.

루소는 개인의 해방을 의심하지 않았으며, 그가 회의적이었던 대상은 집단뿐이었다. "개인은 죽지만 집단적 신체는 죽지 않는다. 집난적 신체 속에서는 동일한 정념이 영속하며, 그것을 불어넣어

---

159 루소, 『고독한 산책자의 몽상』, p. 17.

준 악마와 마찬가지로 불같은 증오는 영원히 소멸되지 않고 한결같은 활기를 간직한다."[160] 집단은 특정한 정념과 그것을 합리화하는 이성에 의해 조직되고 운영되기 쉽다. 그리하여 집단의 권력자들은 훈육을 통한 관리를 누구보다 적극적으로 이용한다. 집단 속 개인은 이성의 비교를 통해 스스로를 낮추며, 타인에게 복종하려는 욕망에 노출된다. 그 결과 누군가는 자기검토를 거부하며 자발적으로 불평등을 받아들인다.

    실로 집단을 단번에 변혁하는 것은 매우 어려운 일이다. 이때 루소는 단 한 명이라도 인간으로 성장할 수 있도록 노력한다. 한 인간이 다른 하나의 인간을 길러 낸다면 교육은 결코 실패한 것이 아니다. 이를 위해 교육자는 먼저 산책과 자기검토의 글쓰기를 반복함으로써 스스로를 교육해야 한다. 이러한 자기교육적 실천의 부가물은 독자들에게 타인의 진리에 대한 가르침이 아닌, 양심과의 대화를 위한 계기를 선사할 수 있다. 교육자의 작품은 저자 자신을 기만하지 않는 것이라는 점에서, 그리고 자신의 글을 읽을 누군가의 양심이 지닌 힘을 전적으로 믿는다는 점에서, 독자들과 진실한 우정의 관계를 맺는다. 이를 위해 루소는 자신을 투명하게 검토하고자 매일같이 산책하고 온 힘을 다해 글을 작성했다. "나는 마음을 반만 내주는 법을 모른다. 나는 곧 모든 우정과 신뢰를 그에게 내주었다."[161]

---

160   루소, 『고독한 산책자의 몽상』, p. 13.

161   루소, 『고백』 2, p. 528.

30. 그는 멸종한 식물의 향기가 나는 사람이었다

따뜻한 마음을 지닌 어느 교사의 동정적인 수업은 우월한 타인에게 고민 없이 의존하는 학생을 길러 낸다. 특정한 위계를 당연한 것으로 여기게 된 이들은 전문 지식에 기초한 자격을 바탕으로 가르치고 배우는 불평등한 관계를 합리화한다. 이와 같은 사고방식이 일상화된 사회에서 우월한 자와 열등한 자의 비교 및 구분은 자연스러운 일이 되며, 그 결과 자기편애를 위해 타인을 이용하는 관계가 만연해지고 만다. "결백하기에 평온한 마음으로 사람들의 존경과 호의만을 상상하는 사이, 개방적이고 남을 잘 믿는 내 마음이 친구들이나 형제들과 어울려 마음껏 표출되는 사이, 배신자들은 말없이 지옥 밑바닥에서 짜낸 그물로 나를 옭아매고 있었다."[162] 교육자는 이러한 삶을 살아가지 않기 위해서 양심의 목소리를 가리는 사회적 이성의 목소리를 잃어버리고자 매일 같이 스스로를 검토해야 한다. "내 영혼은 그 헛된 지식을 얻으려고 이승의 삶에서 허비한 시간을 두고 신음할 것이다."[163]

사회적 기준에 의해 훌륭한 것으로 평가되는 지식과 도덕 등을 비판 없이 존중하는 태도는, 기존의 사회가 올바르다고 규정하는 지식과 도덕의 한계 안쪽에 의심 없이 주저앉게 만든다. 이것은 "입문자들에게 내재화된 교리로서 그들 자신은 행동하는 데 있어 유일하게 따르는 것이지만 나에 대해서는 그렇듯 교묘하게 실천했던 은밀하고도 잔인한 도덕, 이전의 도덕이 그 가면 구실을 할 뿐인

---

162 루소, 『고독한 산책자의 몽상』, p. 45.
163 루소, 『고독한 산책자의 몽상』, p. 51.

또 다른 도덕"[164]이다. 기존의 도덕을 강요하는 훈육자가 되지 않기 위해서, 교육자는 양심의 목소리를 듣고자 노력하는 자기교육을 실천해야 한다. 그리하여 루소는 매일같이 걷고 기록했다. 반면 훈육자는 교육을 위한 특별한 시간과 장소가 존재하며, 그 모든 과정을 주재하는 신의 대리인과 같은 탁월한 안내자가 필요하다고 주장한다. 그러나 신은 다름 아닌 우리 안의 양심이며, 이성은 언제나 양심에 따라 사용되어야 한다. "정신이 무기력해지고 둔해진 나는 나 자신의 신념과 규율의 토대로 삼았던 추론마저 잊어버렸지만, 양심과 이성의 동의 아래 거기서 끌어낸 결론만은 결코 잊지 않을 것이며 지금은 이를 충실히 이행하고 있다."[165]

한편, 우리는 그날의 산책과 몽상이 주는 의미를 그 즉시 깨닫지 못할 수 있다. 시간상으로는 뒤늦은 것이지만 시기상으로는 적절한 자기교육적 사건의 도래를 위해서라도 산책의 몽상을 자기검토의 글쓰기로 표현해야 한다. 사회에서 겪을 수밖에 없는 수많은 정념과 이성의 작용은 비슷한 실수를 반복하게 만든다. 그러므로 매일같이 이어지는 자기교육을 통해 불필요한 사회적 욕망을 잃어버리며 양심에 따라 자유롭게 살아갈 수 있어야 한다. 이와 같은 교육자의 자기교육적 실천을 메리 올리버는 자신의 시 〈여정The Journey〉에서 다음과 같이 노래한다.

어느 날 당신은 마침내 알았습니다
무엇을 해야 했는지, 그리고 시작했습니다,

---

164 루소, 『고독한 산책자의 몽상』, p. 49.
165 루소, 『고독한 산책자의 몽상』, p. 50.

비록 당신 주위의 목소리들이

여전히 소리치고 있을지라도

그들의 나쁜 충고를—

비록 온 집이

흔들리기 시작했을지라도

그리고 당신은 오래된 것이 끌어당기는 것을 느꼈습니다

당신의 발목을.

"내 삶을 고쳐 줘!"

각각의 목소리가 울부짖었습니다.

그러나 당신은 멈추지 않았습니다.

당신은 무엇을 해야 했는지 알았습니다,

비록 바람이 파고들었을지라도

그것의 억센 손가락들로

근본적인 토대들을—

비록 그들의 우울이

끔찍할지라도.

이미 너무 늦은

충분한, 그리고 황량한 밤,

그리고 도로는 가득합니다 떨어진

가지들과 돌들로.

그러나 조금씩 조금씩,

당신이 그들의 목소리를 뒤로하고 떠나가면서,

별들은 타오르기 시작했습니다

구름의 지층을 가로지르며,

그리고 그곳에는 새로운 목소리가 있었습니다,

그것은 당신이 서서히

자신의 것이라고 인식했던 것입니다,

그것은 계속해서 당신과 함께했습니다

당신이 깊고 깊게 걸어 나갔을 때

세상 속으로,

행하도록 결정했습니다

당신이 할 수 있는 유일한 것을—

지키도록 결정했습니다

당신이 지킬 수 있는 유일한 삶을.

    자유로운 삶을 가로막는 훈육자의 날카로운 설명을 하나둘 넘어설 때, 기존의 질서에 안주하는 삶을 유익한 것으로 설득하는 이성의 무게를 점차 잃어버릴 때, 숨 막히게 겹쳐 있는 사회적 정념들의 화려한 장막을 서서히 헤치고 나올 때, 내 안의 별이 짙게 불타오르고 있었다는 것을 자각하게 된다. 그때 비로소 멀리서 들려오던 양심의 목소리를 지금 여기서 붙잡을 수 있다. 이를 포기하지 않고 계속해서 실천하도록 도와주는 존재가 바로 친구이다. 친구와의 우정은 자기교육을 향한 의지를 일깨워 사회로부터 끊임없이 가해지는 정념과 이성의 회유를 이겨 내도록 만든다. 그리하여 교육자는 산책과 자기검토의 글쓰기를 실천하면서 우정의 관계를 맺을 수 있도록 노력한다. 우정을 통한 상호 교육 없이 자기교육은 지속되기 어렵고, 자기교육 없이 친구와의 상호 교육은 시작되기 힘들다.

    교육자로서 루소는 산책하며 일깨운 자연적 감각을 고요한 시간 속에서 구체적으로 표현하며 자신을 검토한다. 산책과 자기검토의 글쓰기는 누군가에게 읽히기 위한 것이 아니라, 양심에 따라 자신을 살피며 인간다운 삶을 살아가기 위한 것이다. 이로부터 교육자는 자기교육적 실천의 부가물로서 하나의 작품을 생성하게 된다. 교육자는 장래의 친구와 나누게 될지 모를 우정의 대화를 배제하지 않으며, 아무도 가르치지 않으려는 노력 속에서 누구든 배울 수 있는 작품을 남긴다. 저자가 온전히 자기교육을 위한 글을 쓸 때, 그것이 불평등한 위계를 비워 냈다는 점에서, 독자는 스스로를 자유롭게 검토하는 일의 중요성을 느낄 가능성이 있다. 누구에게도 보여줄 필요가 없지만 누구에게라도 보여줄 수 있을 자기검토의 글쓰기는, 불평등한 쇠사슬의 무게를 자신의 몸무게로 여기며 일상을 살아가는 이들을 양심의 저울추 위로 이끌 수 있는 것이다. 이러한 자기검토의 글쓰기의 덕목은 화려함이 아니라 진실함에서 찾아야 한다. 저자로부터 독자가 최종적으로 배우는 것은 글에 표면적으로 드러난 내용이 아니라, 글에 이면적으로 감추어진 태도이기 때문이다. "타인에게 정의로워야 한다면 자기 자신에게는 진실해야 하며, 이는 정직한 인간이 자신의 존엄성에 마땅히 바쳐야 할 경의이다."[166]

교육자는 일종의 무한한 숲으로서, 그 숲에 찾아온 이들이 누구이건 자유롭게 자신을 검토하도록 고무할 수 있어야 한다. 교육자 자신이 가꾸는 내면의 숲이 풍부할수록 그것의 구체적 표현 또한 독자의 양심에 다양한 방식으로 가닿아 생기를 불어넣는다. 루소의 글 역시 독자의 독특한 해석에 따라 그 생명력을 다채로운 방

---

[166] 루소, 『고독한 산책자의 몽상』, pp. 74-75.

식으로 발휘하게 된다. 교육자는 자기교육의 부산물로 남겨진 작품을 통해 익명의 독자들과 서로의 역량을 긍정하도록 만드는 우정의 관계를 맺을 수 있다. 반면, 동정심 넘치는 훈육자는 예리한 지성의 칼날로 정돈된 모범적 지식을 제시하며 전적인 존경의 대상이 되기를 기대한다. 성실한 학생들이 교사에게 바치는 무조건적 존경은 그들을 불평등한 관계에 묶어 두는 가장 안전한 칼집이다. 그 결과 동정적인 교사가 우월한 지식을 통해 무엇인가를 설명하면, 그때마다 모범적인 학생은 무지를 자인하며 새로운 설명을 기다리는 결핍된 존재가 된다. "칼은 칼집을 닮게 한다."[167] 심지어 어떤 훈육자는 섬김의 사랑을 보여주며 타인을 위해 희생하는 칼집에 자발적으로 자신을 위치시킨다. 이와 같은 훈육자의 행위는 사람들에게 극심한 동정을 불러일으켜, 유일한 진리를 사랑으로 받아들일 것을 강요한다. 이와 같은 불평등한 관계를 교육적인 것으로 착각하는 사태로부터 자유로워지기 위해서는 자기교육적 실천을 지속해야 한다. "사람은 강하기 때문에 유혹을 받으면 처음 한 번은 저항하지만, 약하기 때문에 다음번에는 굴복한다."[168]

    루소는 사회로부터 추방되어 자신에게 몰두할 수밖에 없는 상황에 처하게 된다. 이때 루소는 버려진 존재로 체념하는 대신 자신에게 집중하고, 산책과 자기검토의 글쓰기를 통해 내면을 검토한다. "나의 내적인 성향을 깊이 성찰해 본 끝에 그것을 좀 더 잘 정리하고 그 속에 남아 있을지도 모를 나쁨을 바로잡을 수 있다면, 내 명상이 전혀 쓸모없는 일은 아닐 것이며, 이제 내가 이 세상에서 아무런

---

167   루소,『고백』1, p. 341.

168   루소,『고백』2, p. 222.

쓸모가 없다 하더라도 말년을 완전히 허비한 셈은 아닐 것이다."[169] 이러한 자기교육적 실천의 과정에서 부가적으로 생성된 교육자의 작품은 독자들이 다른 어떤 기준이 아니라 오직 자신의 양심에 따라 스스로를 검토하도록 만들 수 있다.

자기교육의 실천은 고독한 교육자의 것이고, 타인 교육의 실현은 자기교육의 부산물로 산출된 저작을 통해 이루어진다. 친구와의 교유는 자기교육을 전제하면서 그것을 우정 속에서 지속하게 만드는 역량을 가지고 있다. 이러한 우정의 관계는 독자와의 우정으로 확산된다. 교육자의 자기교육적 실천은 양심의 자기 관계에서 나오며, 친구와의 상호 교육이나 저작물의 타인 교육은 우정의 타자 관계에서 나온다. 양심의 높이를 겨냥하는 자기교육은 우정의 넓이를 펼치는 타인 교육으로 번져 간다. 그러나 반딧불 같은 양심이나마 간직하지 못하는 이들은 눈부신 이성의 빛으로 루소를 기만하거나 그의 책을 비웃을지 모른다. 그럼에도 누군가는 양심의 목소리를 되찾아 스스로를 돌아보며 서로를 격려하는 우정의 관계를 시도할 수 있다. 머리가 납득할지라도, 마음은 확신하지 못하는 법이다. 아무것도 설명하지 않으면서 불필요한 것들을 잃어버리고자 노력하는 자기교육의 산물은, 독자들로 하여금 훈육자가 정의로 치장한 사슬로부터 벗어나 자신만의 자유로운 삶의 리듬을 표현하도록 만든다. 이와 같은 방식으로 맺어진 우정의 관계는 양심에 따라 살아가며 스스로를 긍정하고, 이를 더 큰 우정으로 확장하도록 만드는 교육적 관계이다. 교육적 관계 속에서 우정은 양심을 촉구하는 동시에 북돋는다. 이때 교육자는 누군가를 동정하며 훈육하는 대신,

---

169 루소, 『고독한 산책자의 몽상』, p. 14.

먼저 자신을 사랑하며 교육한다. "나는 나 자신을 너무나 사랑해서 그 누구도 미워할 수가 없는 것이다. 그것은 내 존재를 위축시키고 억압하는 일이 될 텐데, 그러기보다는 내 존재를 온 세계에 펼치고 싶다."[170]

루소는 산책과 자기검토의 글쓰기를 통해 교육자의 삶이란 무엇인지 보여준다. 교육자는 산책과 자기검토의 글쓰기를 지속하며, 아무도 미워하지 않고 누구와도 우정을 나눌 수 있을 작품을 생성한다. 이후 한 독자는 교육자의 작품과 만나 자발적으로 자기교육을 실천할 수 있다. 설령 사회에서 기피하고 외면하는 직업을 갖고 있을지라도, 루소의 숲에서 사람들은 자신의 무한한 가능성을 신뢰하며 어디든 나아가 무엇이든 시도할 수 있다. "자기신뢰는 결코 자기 자신에 대한 만족이 아니다. 그것은 '인간이 일을 하고 있는 곳에서는 어디에서나 일을 하는 책임감 강한 위대한 사상가와 행동가가 있다'라는 앎이다."[171] 실로 루소는 양심의 자기교육과 우정의 타인교육을 오가며 외면되고 망각된 교육자의 삶을 끊임없이 싹 틔운다. 교육자 루소는 이름 모를 풀잎에서 무한한 숲을 상상하게 만드는 존재로 항상 우리와 함께한다. "그는 멸종한 식물의 향기가 나는 사람이었다."[172]

---

170 루소, 『고독한 산책자의 몽상』, p. 100.

171 랑시에르, 『아이스테시스』, p. 124.

172 장수양, 『손을 잡으면 눈이 녹아』, 〈사랑의 조예〉, p. 22.

돌아오는 길
- 무한한 숲의 유령들

 무한한 숲에 들어온다. 숲에는 햇볕과 온기, 나무와 열매, 꽃과 벌, 계곡과 사슴, 산바람과 옹달샘만 있는 것이 아니다. 숲속으로 나아가면서 달빛과 한기, 고목과 부패, 가시와 독충, 절벽과 늑대, 비바람과 구덩이를 만난다. 여기저기 숲을 거니는 생명들이 있는 한편, 보이지 않는 정령들도 이리저리 떠돈다. 무한한 숲에서 우리는 무엇을 배우는가? 무한한 숲은 이질적인 것들과의 자유로운 만남 속에서 상상력을 발휘하도록 만든다. 그리하여 사물과 사물을 평등하게 연결함으로써 동류의 범위를 확장하도록 돕는다. 완전한 양도 속에서 제한 없는 상상력의 사용이 촉발될 때, 사람들은 자신의 신체가 무엇을 할 수 있는지 자유롭게 실험하게 되고, 다양한 작용들을 끊임없이 확인하며 마침내 사는 법을 배우게 된다. 무한한 숲은 환경으로서 존재할 뿐, 훌륭한 삶이란 무엇인지 직접 말해 주지 않는다. 숲의 빛과 어둠 모두가 공히 좋은 것이 될 수 있다. 사는 법에 대해 전부 알고 있다고 말하는 자, 성공적으로 사는 법을 가르쳐 주겠다고 나서는 자, 자신의 삶이야말로 모범적인 것이라고 내세우는 자들을 주의해야 한다.
 무한한 숲을 배회하는 존재 중에는 유령도 있다. 이미 떠나간

자, 여기에 있으나 보이지 않는 자, 아직 오지 않은 자와 같은 유령들이다. 이들을 우리의 동류로 대할 수 있을 것인가? 유령은 실체를 파악할 수 없기에 두려움을 자아내며, 그렇기에 보통 회피나 제거의 대상으로 여겨진다. 이성적인 자들은 유령의 낯섦으로부터 성급히 도망치거나, 유령의 슬픔을 푸닥거리하기 위해 과장된 애도를 바친다. 그리하여 유령을 더 이상 실존하지 않는 무엇으로 취급하고자 한다. 그러나 사회로부터 강요되는 올바른 삶의 방식으로부터 자유로워지기 위해서는, 올바르다고 말해지는 삶의 사슬이 지닌 무게를 자각하도록 만드는 타자와의 마주침이 필요하다. 이때 유령은 기존의 법칙으로는 설명 불가능한 것을 제시함으로써 마지막으로 사는 법을 배우게 만든다. 그리하여 양심적인 자들은 유령을 붙잡고 대화를 시도한다. "저는 마지막으로 사는 법을 배우고 싶습니다."[173] 무한한 숲은 무엇이건 제공하며 어디로든 갈 수 있는 장소라는 점에서 쉼 없이 낯선 것들과의 마주침을 일으킨다. 이를 위해 어떤 교육자는 무한한 숲을 가꾸며 다양한 유령들을 불러 모은다. 유령의 풍경 소리가 멈추지 않는 숲이 있다. 이와 관련하여 셰익스피어의 『햄릿』은 교육자란 어떤 존재이며, 교육자로부터 배우게 되는 것은 무엇인지 숙고하게 만든다.

햄릿은 성벽을 배회하던 아버지의 유령을 통해 덴마크 왕궁의 감춰진 진실을 알게 된다. 이때 햄릿은 유령으로부터 유일한 진리를 전달받은 상속자로서 지위나 사랑 혹은 권력과 부 등을 전부 포기하고 오직 복수를 수행하는 신들린 상태에 처하는 것처럼 보인다. 햄릿의 시간은 이음매에서 어긋나 탈주하기 시작하고, 결국 그

---

173 데리다, 『마르크스의 유령들』, p. 9.

는 어긋난 정의를 바로잡기 위해 목숨을 걸고 아버지의 복수를 수행하기로 결심한다. 햄릿은 유령으로부터 마지막으로 사는 법을 배운 것일까? 그러나 햄릿의 삶이 순전히 유령의 명령에 따라 행위하는 것에 그친다면, 그것은 타자가 부여한 운명을 그대로 수용하는 노예적 삶과 다르지 않다. 실로 아무런 검토 없이 유령의 말에 따라 살아간다면, 그리하여 하나의 유령으로부터 사는 법을 배우는 일에 그친다면, 그것은 기존의 정의를 선왕의 정의로 대체하는 수동적인 삶에 불과하다. 그리하여 햄릿은 선왕의 유령과 만난 직후 다음과 같이 말한다. "시간이 이음매에서 어긋나 있다. 오, 저주스런 낭패로다. 그것을 바로잡으려고 내가 태어나다니."[174]

햄릿의 저주를 세상의 타락을 향한 것으로 해석할 때, 햄릿에게 주어진 윤리적 실천이란 부도덕한 세상, 즉 이음매에서 어긋난 시간을 다시 이음매에 정확히 맞추는 것이다. 가령, 앙드레 지드는 '시간이 이음매에서 어긋나 있다The time is out of joint'를 'Cette époque est déshonorée', 즉 '이 시대는 수치스러운 시대다This age is dishonored'로 번역한다.[175] 이음매에서 어긋난 시간을 도덕적 타락으로 해석했기 때문이다. 이 순간 햄릿은 유령으로부터 정의를 회복할 의무, 즉 수치스러운 왕궁의 비도덕적 사태를 바로잡아야 할 운명을 상속받은 존재가 된다. 그러나 지드의 해석과 달리, 햄릿은 세상의 타락을 바로잡아야 하는 운명을 순순히 받아들이지 않고, 타락의 회복을 명령하는 운명 자체를 저주한다. 진정 수치스러운 삶은 정의의 회복을 외면하는 삶이 아니라 누군가의 명령을 진리로 받아들이는 삶이기

---

174 셰익스피어, 『햄릿』, 제1막 5장 189-190행.

175 데리다, 『마르크스의 유령들』, p. 54.

때문이다.

유령의 명령을 그대로 따르는 것은 기존의 체계가 유지하던 질서와 안정을 회복하는 일이라는 점에서 결코 정의로운 행위일 수 없다. 햄릿이 맞닥뜨린 아버지의 유령은 분명 이음매에서 어긋난 시간을 펼쳐 보이지만, 유령이 요구하는 것은 역설적이게도 하나의 운명을 부과함으로써 어긋난 시간을 되돌리는 것이다. 그리하여 햄릿은 상속받은 운명을 저주한다. 이때 비로소 마지막으로 사는 법을 배울 수 있으며, 마침내 더 정의로운 삶의 가능성이 열릴 수 있다. 강요된 운명 앞에서 저주라는 '자가면역'autoimmune을 통해 운명으로 부과된 시간을 탈구시키는 것, 이를 통해 또 다른 유령이 도래할 가능성을 여전히 열어 두는 것, 그리하여 자신만의 삶에 대한 배움을 가능하게 하는 것, 이것이 이음매에서 어긋난 시간을 살아가는 자유로운 존재, 스스로에게 진실하고자 노력하는 양심적인 존재의 모습이다.

일반적으로 면역이란 이질적인 것들이 침입하거나 발생했을 때 생명체의 동일성을 유지하기 위해 그것을 거부하거나 공격하는 방어기제를 의미한다. 반면, 자가면역은 면역을 담당해야 할 세포가 오히려 기존의 세포를 공격해서 손상을 입히거나 파괴하는 사태를 뜻한다. 이러한 측면에서 자가면역은 기존의 면역체계를 뒤흔들어 무조건적인 배타성을 철폐하거나 완화시키는 역할을 수행할 수 있다. 분명 저주라는 자가면역적 행위에 의해 최악의 사태에 처하게 될 위험이 있다. 그러나 선왕의 유령에 의해 정의로 강요된 운명을 저주하지 않을 경우, 햄릿은 하나의 유령에 사로잡힐 것이다. 그러므로 타자가 끼워 놓은 이음매를 검토하고 벗겨 내어 마지막으로 사는 법을 배우기 위해서는 유령과의 만남이라는 자가면역적 경험이 필수적이다. 한편, 유령은 반복을 그것의 본질로 삼는다. 유령revenant은 다시re 돌아오는venire 존재로서, 매번 새롭게 등장하기에 결코 하나로 규정될 수 없고, 오직 복수로만 일컬어질 수 있는 무엇이다. 그리하여 선왕의 유령은 등장과 재등장을 반복한다. "뭐, 그것이 오늘 밤에도 다시 나타났어?"[176]

햄릿은 강제된 운명의 저주를 통해 새로운 종말의 시간을 열어 놓는다는 점에서 양심적이다. 햄릿이 비극적인 이유는 저주의 반복이 정의의 조건이기 때문이다. 이러한 비극은 마지막으로 사는 법을 배워야 하는 진실한 인간의 숙명이기도 하다. 햄릿은 스스로에게 묻는다. "있음이냐, 있지 않음이냐, 그것이 문제로다."[177] 이것은 일차적으로 유령이 있는 삶이냐, 없는 삶이냐로 이해될 수 있지만, 한편으로 상속받은 운명에 대한 저주를 통해 두 운명의 사이, 즉 있음과 있지 않음 사이에서 또 다른 유령과의 만남을 열어 두는 태도로 볼 수도 있다. 하나의 유령만을 남긴 채 다른 유령들을 전부 애도하며 떠나보낼 경우, 한가지 삶의 방식이 진리로 포장되어 훈육되기 시작한다. 그러나 운명으로 주어진 유일한 진리에 대항하는 이들이 있다. 이를 위해서는 떠도는 유령들의 축출된 시간을 각각 소리 내어 읽을 수 있어야 한다. 이때 무한한 숲의 바람은 자신의 역량에 대한 알 수 없는 믿음을 불러일으킨다. "그것에게 말 걸어 봐."[178]

무한한 숲에서 사람들은 유령적인 것과 마주칠지라도 용기를

---

176 셰익스피어, 『햄릿』, 제1막 1장 21행.

177 셰익스피어, 『햄릿』, 제3막 1장 56행.

178 셰익스피어, 『햄릿』, 제1막 1장 42행.

잃지 않도록 만드는 내면의 목소리를 들을 수 있다. 특정한 힘이 유령들을 전부 축출하고자 시도할 때, 교육자는 매번 돌아와 그곳을 무한한 숲으로 만든다. 스승은 모든 것을 잃어버리며 무한한 숲으로 존재하는 일을 실현한다. 인간과 신을 연결해 줄 수 있다고 선전하는 매개자로서의 교사는 무한한 숲을 기계적으로 조경해서 사람들을 절차대로 안내하는 훈육자에 불과하다. 매개자가 찢어지지 않을 때, 무한한 숲에는 계절이 생긴다. "매개의 역할은 찢김을 내포하니……."[179] 그리하여 무한한 숲으로서 스승은 가장 먼저 자신을 비워낸다. 무한한 숲에서 사람들은 사회에 의해 단정히 조성된 값비싼 정원을 그대로 노출한다. 소중한 정원에 무단으로 침입해 배회하는 유령을 두려워하지 않을 수 있을 것인가? 유령으로부터 보호해 주겠다고 나서는 이들의 친절한 유혹을 이겨 낼 수 있을 것인가?

 사회의 훈육자들은 동굴 밖으로 사람들을 이끄는 안내자의 역할을 잃어버릴 수 있어야 한다. 우리는 모두 무한한 숲이자 대지이고 바다이기 때문이다. 교육은 각자의 고유한 숲을 무한히 회복하는 일이다. 이 과정에서 사람들은 끝없이 질문하게 된다. 지금 나를 채우고 있는 것은 과연 무엇인가? 우리는 세상이 아무것도 아닌 무가치한 일이라고 단언하는 정의로운 운명에 대한 저주 속에서 마지막으로 사는 법을 배워야 한다. "내가 사라질 수만 있다면, 지금 내가 걷고 있는 이 땅, 파도 소리를 듣고 있는 저 바다가 완전한 사랑으로 신과 이어지리라."[180] 무한한 숲에서 사람들은 유령들을 찾아가 무엇이든 배울 수 있으며, 그렇기에 어디로든 향할 수 있다. "그

179 베유, 『중력과 은총』, p. 123.

180 베유, 『중력과 은총』, p. 60.

것에게 질문해 봐."[181] 유령들과의 교육적 관계 속에서 사람들은 양심에 따라 무한한 숲을 회복하며, 마땅히 해야 할 일을 회피하지 않는 진실한 삶을 살아갈 수 있다. *"과거가 현재를 도울 수 있는가? 죽은 자가 산 자를 구할 수 있는가?"*[182] 흔들림 속에서도 꿋꿋이 이어지는 양심의 불꽃들. *"작별하지 않기를 맹세하는 사람들의 촛불은 어디까지 여행하게 될까? 심지에서 심지로, 심장에서 심장으로 이어지는 금金실을 타고?"*[183]

---

181 셰익스피어, 『햄릿』, 제1막 1장 45행.

182 한강, 「빛과 실」, p. 19.

183 한강, 「빛과 실」, p. 27.

결론
– 루소를 대리보충하기

　루소의 관점에서 자연상태의 인류는 사회를 이루며 살아가지 않았다. 사회는 인류에게 당연하거나 자연스러운 것이 아니다. 반면, 오늘날 사회는 인간에게 필수불가결한 것으로 받아들여지고 있다. 이것은 문자가 인류에게 핵심적인 것으로 생각되는 것과 그 맥락을 같이한다. 자연상태에서 의사소통은 몸짓 언어만으로도 충분했다. 그러나 이제는 음성 언어를 보충할 문자 기록이 필수적인 것으로 여겨지고 있다. 음성과 음조 등의 억양을 갖는 언어를 '대리보충하기'suppléer 위해 취하는 수단들이 문자 언어를 확장시키고 연장시킨 것이다. 더불어 문자 언어를 일상에서 사용하고자 할 때, 사람들은 종종 말 그 자체의 무기력을 느끼게 되었다.[1] 이러한 측면에서 문자는 "음성 언어의 결핍과 결함을 대리보충하는 것일 뿐이면서도 음성 언어의 충만함을 자처한다."[2]

　루소는 『언어 기원에 관한 시론』에서 언어의 끊임없는 대리보충의 운동을 보여줌으로써 기원 자체가 이미 어긋난 것일 수 있음을 짐작하게 한다. 『인간 불평등 기원론』은 '시초'를 표시하기를 원

1　루소, 『언어 기원에 관한 시론』, p. 46.

2　데리다, 『그라마톨로지』, p. 361.

하며, 『언어 기원에 관한 시론』은 그 '시초'와 '운동'을 느끼게 하고 싶어 한다.[3] 루소는 자연상태를 시초로 제시하지만, 반드시 온전한 자연상태로 돌아가야 한다고 주장하지 않는다. 오히려 루소는 몸짓 언어로부터 그것의 부가물인 음성 언어로의 운동을 보여줌으로써 시초 혹은 원본의 불충분성을 드러낸다. 불완전한 보충물이 기원에 대한 질문을 발생시킨다. 부가물에 의한 대리보충을 통해 기원의 결함이 밝혀지는 것이다. 이러한 관점에서 '문자'écriture는 기원의 역사에 사람들을 참여시켜 또 다른 해석을 가능하게 만드는 기원의 가능 조건이다. "문자의 공간은 따라서 근원적으로 이해 가능한 공간이 아니다. 그러나 기원으로부터, 다시 말해 문자가, 마치 모든 기호들의 작업과 같이, 반복과 그리하여 그 공간에서 이상성을 생산하는 순간으로부터, 그것은 변전을 시작한다."[4]

몸짓 언어가 시원적이라는 이유로 대리보충된 다른 언어보다 더 가치 있는 것은 아니다. 언어의 종류와 상관없이 그것을 자기보존에 더 좋게 사용하는 것이 중요하다. 이 점에서 어떤 언어인지보다는 그 언어를 사용하는 인물이 누구인지가 문제이다. 자유로운 인간은 언어뿐만이 아니라 무엇이건 대리보충의 가능성을 열어 두며, 다른 것들을 자신과 평등하게 연결하는 존재이다. 그렇기에 풍부한 상상력은 그 자체로 대리보충적이다. 상상력을 통해 자신을 고통받는 이로 대리보충함으로써 깊은 연민이 불러일으켜지고, 그 결과 생생한 동정심을 느끼게 되기 때문이다. "상상력이 없이는 연민이 일깨워지지 않고 인간의 질서 속에서 연민이 그 자체로 실행

---

3   데리다, 『그라마톨로지』, p. 563.

4   데리다, 『그라마톨로지』, p. 648.

되지도 않는다."[5] 실로 상상력은 '대리보충적 계열'la série supplémentaire을 따라 이동한다.

    음성 언어와 문자 언어의 대리보충적 관계를 자연상태와 사회상태에 적용할 수 있다. 우리는 부자유와 불평등이 만연한 문명사회를 떠나 원초적 삶의 방식으로 돌아가야 하는가? 이제 과거의 자연상태로 회귀할 수는 없다. 그것들은 이미 사회적 삶의 행복으로 대리보충되었다. 문제는 어느 시기 어느 장소에 있건, 그가 인간다운 삶을 살 수 있는 자유로운 존재인가의 여부이다. 인간으로 자라난 이들은 모범적인 것으로 여겨지는 기존의 사회적 삶에 그대로 포섭되지 않는다. 자유로운 인간은 필요하다면 언제든 다른 삶의 가능성을 환대할 것이다. 그러나 적지 않은 이들이 현재 누리고 있는 것들을 원본으로 여기며, 그것을 잃어버리지 않기 위해 자발적으로 스스로를 결박한 뒤 안심한다.

    충만이나 온전은 결핍이나 결함과 함께할 때 사유될 수 있다. "기표의 과잉, 그것의 대리보충적 성격은 유한성, 즉 대리보충되어야 하는 결핍으로부터 비롯된다."[6] 아무리 완벽해 보이는 것일지라도 대리보충에 의한 지속적인 갈등의 산출은 피할 수 없다. 그러나 힘을 가진 이들은 미세한 진동과 틈새에도 화들짝 놀라며 안정을 찾는다. 물론 결핍과 결함이 오히려 더 큰 피해를 초래할 수 있다는 점에서, 대리보충은 더 나은 사태의 가능성과 불가능성 모두를 포함한다. 그럼에도 이와 같은 가능성 및 불가능성이 존재하지 않는다면 또 다른 삶의 도래는 영원히 가로막힐 수밖에 없다. 오늘날 표

---

5 데리다, 『그라마톨로지』, p. 443.

6 데리다, 『그라마톨로지』, p. 456.

면상의 시민은 자연상태의 인간을 보충하는 것일 뿐임에도 원초적 인간을 대리보충하고 있다. 자연상태의 인간이 더 이상 완벽한 존재가 아닌 것처럼, 사회의 시민 역시 불완전한 존재이다. 진리라고 여겨지는 모든 것들이 다른 무엇으로 대리보충될 수 있다는 가능성을 언제나 열어 두어야 한다. 그리고 이것은 루소의 교육 역시 예외일 수 없다. 루소의 교육은 루소 내부의 관점에 의해서건, 아니면 루소 외부의 관점에 의해서건 언제든 대리보충될 수 있는 것이다.

  루소 내부의 관점에서, 루소가 1770년 폴란드의 백작 비엘호르스키의 의뢰로 작성한 『폴란드 정부론』은 러시아, 오스트리아, 프로이센이라는 강대국의 위협 앞에서 약소국인 폴란드가 취해야 할 방안을 제시하고 있다. 루소가 보기에, 폴란드 국왕이 개혁의 기치를 내걸고 강대국들에 저항하려 한다면 폴란드의 멸망은 오히려 가속화될 위험이 있다. 중요한 것은 시민들의 마음가짐이지, 병력의 증대나 재정의 확충이 아니다. 성벽은 시민들의 마음속에 세워져야 한다. 그리하여 무엇보다 교육이 중요해진다. 『에밀』에서 조국과 시민이라는 두 단어는 삭제되어야 한다. 반면, 『폴란드 정부론』의 관점에서 시민들은 오직 조국을 바라보고 조국을 위해 살아야 한다. 폴란드인은 성인이 되었을 때 단 한 사람의 예외 없이 폴란드 사람이 되어야 하는 것이다. 그들은 모두 국가의 자녀이다. 이를 위해 학교에서 아이들은 지난한 이론 수업을 참아 내는 대신, 공개적인 집단 행위 속에서 신체를 사용하게 된다. 이 과정에서 아이들은 자연스럽게 공통의 정념을 나누며 집단적 의식을 갖출 수 있다. 애국심은 논리적으로 인식되는 것이 아니라 신체적으로 각인되는 것이기 때문이다. 이성적인 사람들이 법을 검토하며 조국을 배신할 때, 감성적인 사람들은 법에 순종하며 목숨을 바쳐 조국을 수호한다.

　루소 외부의 관점에서, 루소는 교육의 출발점을 영유아에서 발견하고 있다. 루소에 따르면, 모든 것이 조물주의 손에서 나올 때는 좋은 상태이지만, 그것이 인간의 손에 들어가게 되면 최초의 좋음을 상실하게 된다. 사회 속에서 인간의 본성은 길 한가운데 자라난 관목과 같아서, 온갖 방향으로 무분별하게 뻗어 가며 자신과 주변 모두에게 피해를 주고 만다. 그러므로 태어나자마자 인간은 교육을 받아야 한다. 이 최초의 교육은 갓 태어난 관목을 보호하는 어머니의 양육이다.[7] 칸트 역시 인간을 유아, 생도, 학도로 규정한 뒤, 양육, 훈육, 교양의 교육이 필요하다고 주장한다.[8] 이처럼 양육을 교육의 출발점으로 보는 18세기 근대 교육의 이론적 영향 아래, 오늘날 임신부와 태아의 관계는 예방의학적 관점에서 다루어지고 있을 뿐, 임신부와 태아의 상호교육적 실천으로 여겨지지 못하고 있다. 이 점에서 루소는 태교의 중요성을 간과했고, 그리하여 태아 역시 동류의 범주에 포함되지 못했다.

　루소의 교육에 대한 우리의 해석 역시 그 자체로 대리보충을 요청한다. 교육자가 반드시 무한한 숲을 회복하는 인물로 제시되어야 하는 것은 아니다. 루소에 대한 한 가지 해석을 유일한 진리로 맹신하는 대신에, 대리보충의 길을 무한히 확장할 때 무한한 숲의 회복 역시 가능할 것이다. 사실 루소의 삶 자체가 끊임없이 다른 무엇으로 전환되는 대리보충적인 것이었고, 그렇기에 그를 하나의 대표적인 이미지로 붙잡는 것은 거의 불가능한 일이다. 루소의 초상화

7　루소, 『에밀』 1, p. 57.

8　칸트, 『교육학』, A1-2.

는 겹겹이 덧칠해지는 과정 속에서 뭉개진 형상만을 제시한다. 거울에 비친 모범적인 얼굴의 이미지는 과연 얼마나 투명한가? 루소의 자전적 초상화는 완결되는 법이 없다.

　루소는 더 좋은 교육자가 되기 위한 자기교육적 실천 속에서 여러 작품을 부가물로 남겼다. 이러한 작품은 루소 자신을 대리보충하며 익명의 독자들과 우정의 관계를 맺는다. 독자가 펼치는 책마다, 루소는 전혀 다른 모습으로 등장할 수 있다. 수많은 루소와 마주할 수 있는 이유는 그가 자기교육적 삶을 멈추지 않았기 때문이다. 이러한 여러 루소들이 한 가지 공유하는 교육적 관점이 있다면, 그것은 독자들이 대리보충의 반복을 지속할 수 있어야 한다는 것이다. 그것은 곧 자기교육적 실천의 반복으로서, 기존의 삶을 돌아보며 양심의 목소리에 따라 살아가고자 시도하는 것이다. "나는 꿈은 꿈으로서 제시하고, 거기에 깨어 있는 사람들에게도 유익한 어떤 것이 있는지 없는지는 독자들에게 찾아보도록 맡긴다."[9]

　교육자는 자기교육을 한순간도 멈추지 않는 삶을 살아간다. 가령, 산책과 자기검토의 글쓰기 속에서 교육자는 자연의 필연성을 민감히 자각하면서도, 신체의 더 많은 사용을 고무하는 상상력의 풍부한 발현을 놓치지 않는다. 이 과정에서 고요히 들려오는 양심의 목소리는 사회적 욕망과 이성의 유혹을 자연스럽게 잃어버릴 수 있도록 한다. 자기교육적 실천은 특별한 시간과 장소를 요구하지 않으며, 지금 즉시 여기서 시작될 수 있는 것이다. 그러므로 루소를 한 번 더 낯설게 읽어야 한다. 끝없는 교육적 실천 속에서 우리는 변전하는 루소와 더불어 웅크린 자신을 꽃피울 수 있다. "대지가 초

9　루소, 『에밀』 1, p. 196.

록빛을 띠어 가고 있네요. 나무에 싹이 트고 꽃이 피어나고 있습니다. 식물 연구는 잠시만 지체해도 한 해를 뒤처지게 됩니다."¹⁰

---

10   루소, 『루소의 식물학 연구』, p. 101.

보론
– 원시사회의 정치와 교육

기원전 1만 년경, 인류가 수렵채집을 하며 살아갔던 시기에는 오늘날 우리에게 필수적이라고 생각되는 것들, 가령 국가나 문자, 농업 등이 존재하지 않았다. "농업으로의 이행이 일어나기 전인 기원전 1만 년경 지구에는 5백만-8백만 명의 방랑하는 수렵채집인이 살고 있었다."[1] 이로부터 사람들은 당시의 인류에 내해 종종 착오를 저지르곤 한다. 수렵채집인들은 끊임없이 먹을 것을 찾아 떠도는 존재들이며, 그렇기에 이들의 생활은 기아와의 끊임없는 투쟁으로 점철될 수밖에 없다는 관점이 그것이다. 그 결과 수렵채집인들의 사회는 문명사회와 대비되는 야만인의 사회로 간주되고 만다. 이로부터 재빨리 진보의 관점이 뒤따른다. 문명사회로 발전하지 못할 경우, 우리는 결코 인간적인 삶을 살아갈 수 없다는 것이다. 역사는 문명을 이룩한 국가들의 이름으로 채워지기 시작한다. 이와 관련하여 클라스트르는 다음과 같은 문장을 인용한다. "나일강 유역의 민족 집단들은 반투 대왕국의 중앙집권적인 조직 수준에까지는 **도달할 수 없었다.**"[2] 이름 모를 나일강 유역의 민족 집단들은 반투 대왕국

---

1 하라리, 『사피엔스』, p. 148.
2 클라스트르, 『국가에 대항하는 사회』, p. 21.

의 이름 아래 흩어지고, 뒤이어 등장하는 여러 왕국들의 치열한 경쟁은 찬란한 진보가 한 걸음 더 다가왔음을 예고한다.

나일강 유역의 많은 민족 집단들은 중앙집권적 조직을 이루지 못한 채 힘없이 사라진 패배한 민족이다. 이러한 측면에서 역사는 문명의 진보를 한발 앞서 이뤄 낸 승자의 기록인 것처럼 보인다. 그러나 다른 한편으로 우리는 클라스트르를 따라 다음과 같이 질문해 볼 수 있다. 어째서 나일강 유역의 민족 집단들이 반투 대왕국의 중앙집권적인 조직 수준에 도달해야 하는가? 중앙집권적인 조직에서 이루어지는 삶이 그렇지 않은 삶보다 더 가치 있고 좋은 것이라는 근거는 어디에서 찾을 수 있는가? 혹시 나일강 유역의 민족 집단들은 중앙집권적인 조직 수준에 도달하지 못한 것이 아니라 도달하지 않고자 노력한 것은 아닐까?

정주생활 이후 중앙집권적 조직이 형성된 사회에서 불평등은 신속히 체계화되었다. 국가의 이성적인 법은 불평등과 부자유를 합리화했다. 자유는 소수의 특권이 되었고, 부자유는 다수의 일상이 되었다. 반면 중앙집권적 조직에 저항하는 사회에서 사람들은 수렵채집에 기초하고 있음에도 풍족한 상태에서 평등하고 자유로운 삶을 영위했다. 이와 관련하여 국가, 문자, 문명에 대항하며 살아가는 현대 수렵채집인에 대한 인류학적 연구를 통해 고대 수렵채집인의 삶을 살펴볼 수 있다. 물론 이러한 방식에는 상당한 제한점이 있다. "현대 수렵채집인들에 대한 인류학적 관찰을 통해서 우리는 고대 수렵채집인들에게 어떤 가능성들이 있었을지 이해할 수 있지만, 고대에는 그 가능성의 지평이 훨씬 더 넓었고 그 대부분은 우리 시야에서 가려져 있다."³ 그럼에도 국가에 대항하는 이들의 삶을 살펴보지 않는다면, 그들은 문명과 진보의 관점 속에서 야만적인 존재로 치부되는 일을 면치 못할 것이다.

살린스의 연구에 따르면, 수렵채집인들은 경제적 여유가 넘쳤으며, 그로 인해 이들의 일상은 대부분 여가로 채워진 것일 수 있었다. "수렵채집민은 식량을 너무나 성공적으로 확보한 나머지 시간의 반을 무엇을 하며 보내야 할지 모르는 것 같아 보인다."⁴ 집단을 이뤄 정착해서 살아가는 경우에도, 이들은 중앙집권적 조직으로의 발전에 저항하기 위해 최선의 노력을 기울였다. 이러한 사회를 클라스트르는 '원시사회'société primitive라고 부른다. "원시사회는 국가 없는 사회이다."⁵ 원시사회의 부족원들이 진보를 거부하는 핵심적인 이유는 국가사회로 이행할 경우 지배와 복종의 권력관계가 형성될 위험이 있기 때문이다. "국가는 권력관계의 확장에 불과한 것이고, 명령하는 자와 복종하는 자 사이의 불평등의 부단한 심화이다."⁶

원시사회의 구성원들에게 잉여산물의 축적과 이를 통한 교환은 주된 관심사가 될 수 없었다. 이들은 대부분 어떤 것도 소유하려 들지 않았는데, 필요한 것은 그때마다 자연에서 얻는 것으로 충분했기 때문이다. "빈곤은 문명의 발명품이다."⁷ 오늘날의 시각으로 보면 빈곤 속의 풍요라고밖에 보이지 않는 삶은, 사실 불평등과 부자유

---

3 하라리, 『사피엔스』, p. 77.

4 살린스, 『석기시대 경제학』, p. 41.

5 클라스트르, 『국가에 대항하는 사회』, p. 234.

6 클라스트르, 『폭력의 고고학』, p. 135.

7 살린스, 『석기시대 경제학』, pp. 76-77.

가 뿌리내리지 않도록 하기 위한 최선의 대응 방식이었다. "흥미롭게도 하드자Hadza 족은 여가를 누리기 위해 신석기 혁명을 거부하고 있는데, 이는 인류학적 지식이 아니라 삶을 통해서 얻은 지혜이다. 그들은 농경민들에게 둘러싸여 있음에도 불구하고 최근까지도 농경을 도입하지 않고 있다. '그 주된 이유는 농경으로 전환하면 힘든 노동을 너무 많이 해야 할 것이기 때문이다.'"[8]

원시사회는 치밀한 정치와 교육을 통해 평등하고 자유로운 삶을 지키고자 노력했다. 이와 관련하여 '추장'chief의 존재와 역할 및 부족원과의 관계는 원시사회의 정치에 있어 핵심적이다. "초기의 브라질 여행가들과 이들 이후의 민족지 학자들은 인디언 추장들의 가장 주목할 만한 특성은 그들이 거의 전적으로 권위가 없다는 것"[9]을 지적한다. 이들은 무력한 권력만을 가지고 있었다. "추장은 명확하게 규정된 권한이나 공적으로 인정된 권위에서 그의 기반을 구할 수는 없다는 점을 우선 말해 두어야만 하겠다."[10] 추장은 집단의 평화를 중재하기 위해 노력하고, 관대함을 통해 집단에 위기가 닥쳤을 때 가장 먼저 자신의 것을 제공해서 문제를 해결해야 하며, 끊임없는 장광설을 통해 부족원들에게 안심, 재미, 조화 등을 줄 수 있어야 한다. 다만, 추장은 다수의 아내와 함께 살 수 있었는데, 이로부터 추장은 더 많은 노동력 속에서 자신의 역할에 충실해야 할 의무를 지게 된다. "추장은 어떤 면에서는 여성을 매개로 한 집단의 포로이다."[11]

---

8   살린스, 『석기시대 경제학』, p. 61.

9   클라스트르, 『국가에 대항하는 사회』, p. 37.

10 레비-스트로스, 『슬픈 열대』, p. 565.

11 클라스트르, 『국가에 대항하는 사회』, p. 60.

집단은 부족에 힘든 일이 생기면 상황을 개선하기 위해 스스로 노력하는 대신 추장에게 의존한다. 그리하여 부족에서 가장 바쁜 존재는 역설적이게도 추장이다. 가령, 레비-스트로스는 "여행 중에 우리가 길을 잃어버려 충분한 식량을 지니지 못했을 때, 원주민들은 사냥을 하러 밖에 나가지 않고 땅바닥에 누워 있었고, 추장과 그의 아내들이 그들이 할 수 있는 최선의 방법으로 그 상황을 해결해 주도록 내버려 두었던 것"[12]을 언급한다. 이때 혹자는 원시사회의 부족원들이란 추장에게 의존하는 나태한 이들에 불과하다고 비난할 수 있다. 그러나 의존은 표면적인 것에 불과하다. 추장에 대한 전적인 의존은 그의 권력을 무력화하기 위한 것이기 때문이다. "실제로 여기에는 추장에 대한 집단의 협박이 숨겨져 있다. 왜냐하면 추장에게 기대한 것이 이루어지지 않으면 마을이나 무리의 사람들은 쉽게 추장을 버리고 추장의 의무에 보다 충실한 지도자를 택하기 때문이다."[13] 만약 추장이 부를 축적하게 되면, 원시사회는 그의 부를 바탕으로 축제를 벌인다. "원시사회에서 부자는 자신의 노동을 통해 부자가 되지만, 그 노동의 결과는 가난하고 한가로운 대중에 의해 전유되고 소비된다."[14] 더불어 추장이 힘을 통해 무력으로 집단을 지배하고자 할 경우, 그는 외면받거나 제거된다. "지배자가 되고 싶어 하는 우두머리에 대해서 공동체는 최선의 경우 등을 돌리고, 최악의 경우 죽여 버린다."[15]

---

12 레비-스트로스, 『슬픈 열대』, p. 568.

13 클라스트르, 『국가에 대항하는 사회』, p. 59.

14 클라스트르, 『폭력의 고고학』, p. 163.

15 클라스트르, 『폭력의 고고학』, p. 253.

추장에게 부족의 중요한 임무를 부과하고 집단에서 가장 가치 있는 존재를 증여하지만, 결정적으로 실질적 권력만큼은 빼앗는 방식으로 작동하는 것이 원시사회의 정치이다. 만약 이러한 정치가 제대로 작동하지 않는다면 권력은 소수의 집단에 의해 전유될 것이다. 결국 원시사회는 추장에게 무력한 권력을 집중시키는 방식으로, 그리하여 독점적인 권력의 형성을 막는 방식으로 권력의 초월성을 방지하고자 했다. 이 점에서 아무것도 하지 않는 일을 적극적으로 실천하는 일은 원시사회의 중요한 정치적 행위였다. 부족원들은 추장의 책무를 도와줌으로써 지배와 복종의 관계가 형성될지 모르는 계기를 만드느니, 설령 굶어 죽을지라도 아무것도 하지 않는 것을 택했다. 그런데 원시사회의 정치가 제대로 기능하기 위해서는 평등과 이로부터 이루어지는 자유가 그 무엇보다 소중하다는 관점을 부족원 모두가 믿고 따라야 한다. 그리하여 원시사회는 특별한 교육을 필요로 했다.

우선, 추장의 말을 중심으로 이루어지는 원시사회의 교육이 있다. 추장은 부족원 모두가 이미 몇 번이고 들어 알고 있는 내용을 매일같이 반복할 의무가 있었다. "이러한 장광설은 보통 평화, 조화 그리고 정직이라는, 부족 전원에게 장려할 수 있는 미덕을 주제로 삼는다."[16] 부족원들은 추장의 말을 통해 새로운 무엇을 배우지 못하며, 그렇기에 추장은 결국 아무것도 가르친 것이 없다. 이러한 관점에서 원시사회는 미성숙한, 더 발전해야 할, 불완전한 야만적 상태로 여겨지기 십상이다. 분명 추장의 목소리에는 다른 사람들이 들을 수 있을 만큼 힘이 실려 있어야 한다. 그러나 사람들은 추장의 이

---

16 클라스트르, 『국가에 대항하는 사회』, p. 42.

야기에 그다지 주목하지 않는다. 마치 추장의 말을 듣지 않는 척하는 것이 그들의 역할인 것처럼 보일 정도이다. 그렇다면 추장은 대체 누구에게 무엇을 가르치고 배우는가? 무력한 말을 반복하면서 추장은 부족원들 앞에서 자신이 특별한 존재가 아니라는 것, 공적인 말은 누구든 대신 말할 수 있는 내용이라는 것, 그러므로 추장은 언제든 바뀔 수 있다는 것, 결론적으로 진정한 권력의 주인은 집단이라는 것을 하루도 빠짐없이 자신에게 가르치고 배워야 한다. "추장에게 말하기는 강제적 의무이고 부족은 추장의 말을 듣고 싶어 한다. 침묵하는 추장은 더 이상 추장이 아니다."[17] 문명사회에서 말의 독점은 권력의 권리이다. 이와 달리, 원시사회에서 말의 독점은 권력의 의무이다.

문명사회의 교사는 말의 중요성을 강조한다. 그리하여 플라톤은 오히려 문자의 해악을 지적한다. 사람들은 문자로 기록된 것을 읽음으로써 자신이 지혜를 갖춘 사람이 되었다고 생각하지만, 그것은 지혜로워 보이는 것에 불과하다. 오히려 문자로 어떤 내용을 작성하게 되면, 그것은 "전혀 격에 맞지 않는 사람들 사이에서나 전문가들 사이에서나 똑같이 아무 데나 돌아다니며, 누구에게는 이야기하고 누구에게는 하지 말아야 할지를 모른"[18]다는 위험이 생긴다. 그러므로 배움은 대화를 통해서, 즉 '살아 있고 혼이 담긴 이야기'를 통해서 이루어질 때 가능하다.[19] 플라톤은 '말하는 권력'이 오직 '말할 자격이 있는 자'에게 주어질 때 탁월한 교육이 이루어질 수 있다

---

17 클라스트르, 『국가에 대항하는 사회』, p. 192.

18 플라톤, 『파이드로스』, 275e.

19 플라톤, 『파이드로스』, 276a.

고 주장한다. 이로부터 모범적인 교육의 방식이 유래되었다. 그것은 교사가 먼저 말하고 설명한 뒤, 학생은 교사의 질문에 대답하고 그의 설명을 이해하는 것이다. 이와 같은 교육 방식은 말할 수 있는 자격을 갖춘 자가 설명해야 하며, 자격 없는 자는 우선 그 설명을 이해해야 한다는 불평등을 학습시킨다. 그리하여 정치에 있어 무엇보다 중요한 문제는 대중들을 통치하는 자리에 걸맞은 존재를 선별하는 일이 된다. 반면, 원시사회는 아무것도 가르치지 않는 추장의 말을 통해 추장을 포함한 집단의 모든 존재가 평등하다는 사실을 배운다. 부족원 모두가 평등한 존재일 때, 지배와 복종의 관계가 뿌리내리지 않을 수 있다. 이때 비로소 부족원들은 자유로운 삶을 살아가게 된다. "원시사회는 추장이 아니라 사회 그 자체가 권력의 진정한 소재지이기 때문에 분리된 권력을 거부하는 장이다."[20]

다음으로, 원시사회의 구성원들은 성인이 되었음을 허가하는 통과의례로서 성년식을 필수적으로 거쳐야 했다. 그런데 이러한 입문 의례는 예외 없이 입문자의 신체를 고문하는 과정을 포함하고 있다. "부족에 따라, 지역에 따라 이러한 잔인함을 명확하게 드러내는 기법과 수단, 목적은 다르지만, 최종 목적은 항상 동일하다. 즉, 고통을 겪게 한다는 것이다."[21] 그렇다면 이러한 고문의 궁극적인 목적은 대체 무엇인가? 입문 의례를 거치게 되면, 그들은 자신의 몸에 고문의 흔적이 남아 있다는 것을 알 수 있다. "입문 의례를 받은 자는 자국이 남아 있는 자이다."[22] 자국은 부족의 구성원 모두가 예외

---

20 클라스트르, 『국가에 대항하는 사회』, p. 194.

21 클라스트르, 『국가에 대항하는 사회』, p. 225.

22 클라스트르, 『국가에 대항하는 사회』, pp. 227-228.

없이 의례를 거쳤다는 증표이다. 지워질 수 없을 상처가 기록되는 동안, 개인은 공포와 고통을 평등하게 겪는다. 이 과정에서 성인식에 참여하는 이들은 반드시 혼절해야 한다. 누군가 끝까지 고통을 버틴다면, 그렇지 않은 자와 구별될 것이다. 그러므로 "입문자가 **완전히 죽어야**, 즉 정신을 잃어야 한다."[23]

고문받은 신체는 부족원 모두가 함께 누리는 기억으로부터 자유로울 수 없다. "너는 우리와 같은 집단에 속하고, 너는 그것을 잊지 않을 것이다."[24] 이로부터 입문자들이 배우게 되는 것, 다시 말해 그가 결코 잊을 수 없는 기억으로 평생 간직하게 되는 배움은 조상들로부터 지금까지 변치 않고 이어진 고유의 입문 의례 앞에서 모든 부족원이 평등하다는 것이다. 각자의 외모, 성격, 능력 등과 상관없이 입문 의례는 부족원들을 동등한 존재로 만들어 준다. 고문은 성년식에 참여한 이들의 모든 권리 및 권한을 공동체 전체에 완전히 양도시키는 것이다. 심장이 멈추는 순간 새겨지는 고문의 흔적이 바로 원시사회 고유의 글쓰기이다. 이후 다시 뛰는 심장은 지워지지 않는 평등의 문자를 끊임없이 반복한다. 이와 대조적으로 문명사회의 문자는 신체에 불평등을 새겨 넣는다. 태어나기도 전에 어떤 문자가 태아의 신체에 각인되기도 한다. 이들은 필요할 때마다 엄정한 법에 따라 처벌받아야 할 선천적 죄인이다. 죄목은 얼마든지 늘어날 수 있다. 인종, 성별, 혈통, 외모, 나이, 재산, 직업, 학력……. 그러나 죄수는 신체에 새겨질 판결문을 정확히 알지 못한다. "그걸 그에게 알려 주는 것은 쓸데없는 일입니다. 자신의 몸에

---

23 클라스트르, 『국가에 대항하는 사회』, p. 227.

24 클라스트르, 『국가에 대항하는 사회』, p. 228.

서 직접 그것을 알게 될 테니까요."[25]

플라톤은 문자가 망각을 초래함과 더불어, 이리저리 떠돌아다니며 임의로 해석된다는 점을 비판했다. 반면 원시사회의 문자는 언제나 동일한 장소에 머물며, 누구도 망각할 수 없고, 그 의미 또한 오해될 수 없는 것이다. 지워질 수 없는 평등의 기억이 신체와 정신 모두에 깃든다. 성년식이라는 통과의례를 통해 각각의 영혼에 각인된 평등에 대한 배움은 부족원들로 하여금 권력의 집중을 결코 허용할 수 없도록 만든다. 이러한 배움의 과정을 동등하게 통과한 이들은 누군가 자신을 특권적 위치에 놓으려고 하자마자, 평등하고 자유로운 상태를 파괴할 것이라고 판단하여 즉시 그것을 막는다. "원시사회는 추장이 전제군주로 전화하는 것을 용납하지 않는다."[26] 원시사회는 모든 부족원들의 신체에 가하는 공적인 고문을 통해 영원한 배움을 새긴다. "입문 의례란 집단으로부터 개인에게, 부족으로부터 젊은이에게 전수되는 일종의 교육이다."[27]

인류가 이룩한 현재의 문명을 기준으로 과거를 분석할 때, 원시사회에서 문명인이 주목하는 것은 오늘날의 정치나 교육의 맹아적 요소들이며, 그 외의 것들은 특별히 다룰 가치가 없는 부수적인 것들로 잊히고 만다. 그리하여 교육에 있어 고문은 아무것도 아닌 것으로 간단히 외면된다. 이와 같은 과학적 허위의식에 저항할 수 있어야 한다. 문명과 진보, 경제와 과학의 관점에서 자유와 평등의 문제를 바라보는 대신에, 원시사회의 관점에서 평등과 자유에 대해

---

25 카프카, 『유형지에서』, p. 171.

26 클라스트르, 『국가에 대항하는 사회』, p. 256.

27 클라스트르, 『국가에 대항하는 사회』, p. 229.

질문할 필요가 있다. 클라스트르에 따르면, 약간의 피로 때문에 후퇴하지 않을 수 있는 존재들은 결코 나중에 온 것으로 앞선 것을 판단하지 않는다. 다시 말해, 과학적 허위의식에 저항하는 피로를 감수하는 이들은 앞선 것에서부터 질문하기 시작한다. 그것은 이를테면 루소식으로 질문을 던지는 것이다.[28] '인간 자체를 아는 것으로 시작하지 않고서 인간들의 불평등의 근원이 무엇인지 어떻게 알 수 있을 것인가? … 자연이 만든 그대로의 자신을 인간은 어떻게 바라볼 수 있을 것인가?'[29] 루소식으로 질문할 때, 우리는 평등하고 자유로운 삶을 위해 국가에 저항했던 원시사회의 정치와 교육을 보다 공정히 살펴볼 수 있다. "가장 민족지학자인 철학자, 루소."[30]

　루소는 인생의 마지막 시기에 고독한 산책과 몽상을 반복하며 출간 가능성이 없는 글을 남겼다. 이러한 교육자의 산책과 자기 검토의 글쓰기를 누군가 읽게 된다면, 무한한 숲을 회복하는 일의 가치와 중요성을 잠시나마 상상하게 될지 모른다. 더불어 루소는 1763년의 유서에 자신의 신체를 기증하겠다고 적는다. 여러 뛰어난 의사들이 끝내 치료하지 못했던 평생의 질병을 검토하도록 함으로써 루소는 조금이라도 사회에 기여하고자 했다. "오래전부터 나를 쇠약하게 만들고 있는, 필시 내 인생을 끝장낼 이 기이한 질병은 같은 종류의 다른 모든 질병과 너무 다르므로, 공익을 위해 그 환부를 조사할 필요가 있다고 생각한다."[31] 삶을 진리에 바친 루소에 대한 이중의 독서가 남겨진다. 루소의 글에서 양심의 목소리를 탐색

28　클라스트르, 『폭력의 고고학』, p. 204.

29　루소, 『인간 불평등 기원론』, pp. 29-30.

30　레비-스트로스, 『슬픈 열대』, p. 701.

31　루소, 「제네바 시민 장 자크 루소의 유서」, p. 212.

할 수 있고, 루소의 신체에서 질병의 원리를 해석할 수 있다. 그러므로 이제 진지한 루소의 독자들이 필요하다. "그렇게 모든 것을 남김없이 드러내고 파헤친다면 진리는 왜곡에서 벗어나 자신의 이름을 되찾게 될 것이다."[32]

루소는 사람들에게 어떤 것도 요구하지 않고, 그렇기에 의존하지도 않는다. 루소는 조용히 잃어버리는 일에 집중한다. 그러나 국가는 정의가 아닌 품위를 내세우며, 신을 모독하고 사람들을 현혹한다는 혐의로 루소에게 폭력을 행사한다. "사람들은 그를 숲의 한가운데에서 쫓아냅니다."[33] 그럼에도 평등한 심장으로 자발적 복종을 저지한 이들과 자유로운 양심으로 불평등의 합리화에 맞서는 이들이 끊임없이 등장한다. 그들은 안식일을 보내며 신적인 본능의 목소리에 귀를 기울인다. "우리 안에 충만함보다 더 충만한 신성한 빈자리가 생겼다."[34] 그들은 언제나 숲으로 돌아간다. "나는 숲을 사랑한다. 도시에서는 살기 어렵다."[35] 이로부터 두 가지 삶이 실천된다. 하나는 모두가 평등하기에 어디서든 자유로운 삶이고, 다른 하나는 양심에 따라 자유롭기에 누구와도 평등한 삶이다. 오늘날 여전히 국가에 대항하며 살아가는 원시사회의 구성원들은 도시 바깥에서 무한한 숲을 지켜 온 잃어버린 시간의 생생한 증인들이다. 그리고 그 후손들 가운데에는 도시 안쪽에서 무한한 숲을 회복해 온 되찾은 시간의 루소적 교육자들이 있다.

---

32 김영욱, 「해부와 삶의 진실—1763년 장-자크 루소의 유서」, p. 82.

33 루소, 「보몽에게 보내는 편지」, p. 23.

34 베유, 『중력과 은총』, p. 67.

35 니체, 『차라투스트라는 이렇게 말했다』, p. 105.

한 나무에게 가는 길은
다른 나무에게도 이르게 하니?
마침내
모든 아름다운 나무에 닿게도 하니?

— 최정례, 〈숲〉

참고문헌

1. 루소 전집 및 단행본

Rousseau, J.-J. *Œuvres complètes*, 5 vols., "Bibliothèque de la Pléiade", 1959-1995. Paris: Gallimard.

Rousseau, J.-J.(1761). *Juile, ou la Nouvelle Héloïs*. éd. É. Leborgne et F. Lotterie(2018). Paris: Flammarion.

Rousseau, J.-J.(1762). *Émile ou de l'éducation*. éd. A. Charrak(2009). Paris: Flammarion.

2. 루소 선집 영역본

Rousseau, J.-J. *The Collected Writings of Rousseau*, 13 vols. Hanover: Dartmouth.

3. 루소 저작 국역본

Rousseau, J.-J.(1750). *Discours sur les sciences et les arts.* 김중현 역(2007). 『학문과 예술에 대하여』. 파주: 한길사.

Rousseau, J.-J.(1755). *Discours sur l'origine et les fondements de l'inégalité parmi les hommes.* 이충훈 역(2020). 『인간 불평등 기원론』. 서울: 도서출판b.

Rousseau, J.-J.(1757). *Letters Morales*. 김중현 역(2014).『도덕에 관한 편지』. 서울: 책세상. 155-203.

Rousseau, J.-J.(1758). *Lettre à M. d'Alembert sur les spectacles*. 이효숙 역(2023).『공연에 관하여 달랑베르 씨에게 전하는 편지』. 서울: 지식을만드는지식.

Rousseau, J.-J.(1761). *Juile, ou la Nouvelle Héloïs*. 김중현 역(2012).『신엘로이즈』1·2. 서울: 책세상.

Rousseau, J.-J.(17--). *Du contrat social premiére version*. 이충훈 역(2022).『사회계약론 초고』. 서울: 후마니타스.

Rousseau, J.-J.(1762). *Du contrat social ou principes du droit politique*. 김영욱 역(2018).『사회계약론』. 서울: 후마니타스.

Rousseau, J.-J.(1762). *Émile ou de l'éducation*. 이용철, 문경자 역(2007).『에밀 또는 교육론』1·2. 파주: 한길사.

Rousseau, J.-J.(1763). *Lettre à Christophe de Beaumont*. 김중현 역(2014).『보몽에게 보내는 편지』. 서울: 책세상. 17-152.

Rousseau, J.-J.(1763). *Letteres écrites de la montagne*. 김중현 역(2007).『산에서 쓴 편지』. 파주: 한길사.

Rousseau, J.-J.(1763). *Testament de Jean Jaques Rousseau Citoyen de Geneve*. 진인혜 역(2013).「제네바 시민 장 자크 루소의 유서」,『고독한 산책자의 몽상, 말제브르에게 보내는 편지 외』. 서울: 책세상. 211-214.

Rousseau, J.-J.(1769). *Letter à M. de Franquières*. 김중현 역(2014).『프랑키에르에게 보내는 편지』. 서울: 책세상. 207-226.

Rousseau, J.-J.(1771-1773). *Atlas de botanique élémentaire*. 황은주 역(2008).『루소의 식물학 강의』. 성남: 에디투스.

Rousseau, J.-J.(1781). *Essai sur l'origine des langues, où il est parlé de la mélodie et de l'imitation musicale.* 주경복, 고봉만 역(2019).『언어 기원에 관한 시론』. 서울: 책세상.

Rousseau, J.-J.(1782, 1789). *Les confessions.* 이용철 역(2012).『고백록』 1·2. 파주: 나남.

Rousseau, J.-J.(1782). *Rousseau juge de Jean Jaques. Dialogues.* 진인혜 역(2012).『루소, 장 자크를 심판하다—대화』. 서울: 책세상.

Rousseau, J.-J.(17--). *Ébauches des Rêveries.* 진인혜 역(2013).「몽상의 초안」,『고독한 산책자의 몽상, 말제브르에게 보내는 편지 외』. 서울: 책세상. 188-206.

Rousseau, J.-J.(1782). *Les Rêveries du promeneur solitaire.* 문경자 역(2016).『고독한 산책자의 몽상』. 파주: 문학동네.

4. 저자들의 루소 연구논문

김영철(2022).『에밀』에 나타난 자연적 발달의 연계성과 가정교육의 통합성. **학습자중심교과교육연구**, 22(7), 305-325.

김재영(2023). 루소의 정치와 교육: 시민의 불가능성과 인간의 가능성. **교육연구논총**, 44(1), 167-198.

김재영(2023). 루소의 교육과 종교: 연민과 동정을 중심으로. **교육철학연구**, 45(3), 227-262.

김재영(2024). 루소와 여성교육:『에밀』의 소피 혹은『신 엘로이즈』의 쥘리. **교육연구논총**, 45(2), 5-43.

김재영(2024). 루소의 입법자 혹은 교육자: 완전한 양도와 무한한 숲의 회복. **교육원리연구**, 29(1), 101-138.

김재영, 김영철(2024). 양심과 우정의 교육자 루소의 자전적 초상화. **교육비평**, 55, 180-217.

5. 루소 관련 참고문헌

강상희(2008). 서양교육사에 나타난 여성관 및 여성교육론-플라톤, 루소, 울스턴크래프트의 논의를 중심으로-. **교육철학**, 41, 7-44.

강성훈(2008). 루소의 『에밀』에 대한 재해석. **교육철학**, 34, 5-30.

강성훈(2011). 존재에서 연역된 윤리학: 플라톤과 루소. **교육철학연구**, 33, 1-27.

김민철(2020). 루소의 사회계약 이론에 대한 역사적 독해. **역사비평**, 131, 445-472.

김민철(2023). 『누가 민주주의를 두려워하는가?』. 파주: 창비.

김상섭(2009). 『현대인의 교사 루소』. 서울: 학지사.

김영욱(2016). "노예 에밀이라! 아니, 어떤 의미에서?"—루소의 노예형상이 가진 내적 긴장과 증후적 표현. **불어문화권연구**, 26, 5-39.

김영욱(2017). 혼자서, 마지막으로 한 번 더: 루소, 고독한 산책자의 몽상. **문학과사회**, 30(2). 287-302.

김영욱(2020). 루소 연민이론 해석사: 체계화의 시도와 그 이후. **불어불문학연구**, 122, 41-80.

김영욱(2022). 에밀, 낯선 동료 시민―『에밀』의 시민교육과 시민의 이상. **불어불문학연구**, 129, 31-68.

김영욱(2023). 해부와 삶의 진실―1763년 장-자크 루소의 유서. **불어불문학연구**, 136, 69-87

김용민(2004).『루소의 정치철학』. 경기: 인간사랑.

이충훈(2013). 루소와 기호. **프랑스학연구**, 63, 217-241.

홍태영(2018). 주권자(sovereign)의 귀환과 민주주의적 정치? ― 포퓰리즘과 근대정치의 위기 그리고 새로운 가능성. **아세아연구**, 61(2), 43-75.

Althusser, L.(1955-72). *Politique et histoire, de Machiavel à Marx. Cours à l'École normale supérieure 1955-1972*. 진태원 역(2019).『알튀세르의 정치철학 강의』. 서울: 후마니타스.

Althusser, L.(1972). *Cours sur Rousseau*. 황재민 역(2020).『루소 강의』. 서울: 그린비.

Ariès, P.(1973). *L'enfant et la vie familiale sous l'ancien régime*. 문지영 역(2003).『아동의 탄생』. 서울: 새물결.

Badiou, A.(1988). *L'Être et l'Événement*. 조형준 역(2013).『존재와 사건』. 서울: 새물결.

Clastres, P.(1974). *La Sociéte Contre l'Etat*. 홍성흡 역(2005).『국가에 대항하는 사회』. 서울: 이학사.

Clastres, P.(1980). *Recherches d'anthropologie politique*. 변지현, 이종영 역(2021).『폭력의 고고학』. 서울: 울력.

Damrosch, L.(2005). *Jean-Jacques Rousseau: Restless Genius*. 이용철 역(2011).『루소-인간 불평등의 발견자.』 서울: 교양인.

Derrida, J.(1967). *De la grammatologie*. 김성도 역(2010).『그라마톨로지』. 서울: 민음사.

Deleuze, G.(1962). "Jean-Jacques Rousseau précurseur de Kafka, de Céline et de Ponge". 박정태 역(2007).「카프카, 셀린, 퐁주의 선구자, 장 자크 루소」,『들뢰즈가 만든 철학사』. 서울: 이학사, 149-160.

Groethuysen, B.(1956). *Philosophie de la Révolution française*. 이용철 역(2020).『프랑스 대혁명의 철학』. 서울: 에피스테메.

La Boétie, É.(1576). *Discours de la servitude volontaire*. 손주경 역(2020).『자발적 복종』. 서울: 도서출판b.

Larrère, C.(2011). Jean-Jacques Rousseau on women and citizenship. *History of European ideas*, 37(2), 218-222.

Lévi-Strauss, C.(1955). *Tristes Tropiques*. 박옥줄 역(1998).『슬픈 열대』. 파주: 한길사.

Lévi-Strauss, C.(1962). *La Pensée Sauvage*. 안정남 역(1999).『야생의 사고』. 파주: 한길사.

Martin, J. R.(1981). Sophie and Emile: A case study of sex bias in the history of educational thought. *Harvard Educational Review*, 51(3), 357-372.

Massin, J.(1956). *Robespierre*. 양희영 역(2005).『로베스피에르, 혁명의 탄생』. 서울: 교양인.

Sahlins, M.(1972). *Stone Age Economics*. 박충환 역(2014).『석기시대 경제학』. 파주: 한울.

Starobinski, J.(1971). *Jean-Jacques Rousseau, La transparence et l'obstacle*.

이충훈 역(2012). 『장 자크 루소, 투명성과 장애물』. 서울: 아카넷.

Starobinski, J.(2006). *L'invention de la liberté 1700-1789 suivi de 1789 Les emblèmes de la Raison*. 이충훈 역(2018). 『자유의 발명 1700-1789/이성의 상징 1789』. 파주: 문학동네.

Vargas, Y.(1995). *Introduction à l'Emile de Jean-Jacques Rousseau*. Paris: PUF.

Wollstonecraft, M.(1792). *A Vindication of the Right of Woman*. 손영미 역(2014). 『여권의 옹호』. 고양: 연암서가.

6. 기타 참고문헌

기형도(1989). 『입 속의 검은 잎』. 서울: 문학과지성사.

김영철(2010). 카프카의 소설이 질적 글쓰기에 주는 함의: 소수문학론의 관점에서. **교육인류학연구**, 13(3). 1-36.

김영철(2017). 가라타니 고진의 『세계사의 구조』에 나타난 교환양식과 교육의 양상. **아시아교육연구**, 18(4), 539-561.

김영철(2019). 감각의 논리: 철학자 들뢰즈가 화가 베이컨에게 배운 것. **아시아교육연구**, 20(4). 1207-1231.

김재영(2021). 데리다와 햄릿의 유령들: 마지막으로 사는 법을 배우기. **교육철학연구**, 43(3). 1-29.

김재영(2022). 클라스트르의 관점에 기초한 원시사회의 정치와 교육: 무력한 권력과 성년식. **교육연구논총**, 43(2). 5-28.

김재영(2022). 랑시에르의 정치와 교육: 불화와 해방하는 교사. **교육철학연구**, 44(2). 1-30.

김재영, 김영철(2022). 전통태교에 대한 스피노자적 해석: 사주당 이씨의 『태교신기』를 중심으로. **교육철학연구**, 44(4). 55-90.

장수양(2021). 『손을 잡으면 눈이 녹아』. 파주: 문학동네.

최정례(2019). 『붉은 밭』. 파주: 창비.

한강(2014). 『소년이 온다』. 파주: 창비.

한강(2025). 『빛과 실』. 서울: 문학과지성사.

한병철(2021). *Infokratie: Digitalisierung und die Krise der Demokratie*. 전대호 역(2023). 『정보의 지배: 디지털화와 민주주의의 위기』. 파주: 김영사.

한병철(2022). *Vita contemplativa: oder von der Untätigkeit*. 전대호 역(2024). 『관조하는 삶: 무위에 대하여』. 파주: 김영사.

Althusser, L.(2018). *Écrits sur l'histoire. 1963-1986*. 배세진, 이찬선 역(2023). 『역사에 관한 글들』. 파주: 오월의 봄.

Aristoteles. *Ethica Nicomachea*. 강상진, 김재홍, 이창우 역(2011). 『니코마코스 윤리학』. 서울: 도서출판 길.

Aristoteles. *Politika*. 김재홍 역(2017). 『정치학』. 서울: 도서출판 길.

Badiou, A.(1993). *L'éthique, essai sur la conscience du mal*. Paris: Hatier. P. Hallward(trans.).(2001). *Ethics: An Essay on the Understanding of Evil*. New York: Verso. 이종영 역(2011). 『윤리학』. 서울: 동문선.

Bauman, Z.(2013). *Does the Richness of the Few Benefit Us All?*. 안규남 역(2019). 『왜 우리는 불평등을 감수하는가?』. 파주: 동녘.

Carroll, L.(1865). *Alice's Adventures in Wonderland*. 김양미 역(2008). 『이상한 나라의 앨리스』. 서울: 인디고.

Derrida, J.(1967). *L'écriture et la différence*. Paris: Seuil. A. Bass(trans.).(2001). *Writing and Difference*. Abingdon: Routledge. 남수인 역(2001).『글쓰기와 차이』. 서울: 동문선.

Derrida, J.(1993). *Spectres de Marx*. Paris: Galilée. P. Kamuf(trans.).(1994). *Specters of Marx*. Abingdon: Routledge. 진태원 역(2014).『마르크스의 유령들』. 서울: 그린비.

Diamond, J.(1997). *Guns, Germs, and Steel*. 김진준 역(2013).『총, 균, 쇠』. 파주: 문학사상.

Dickinson, E.(1960). *The Complete Poems of Emily Dickinson*. Boston: Little, Brown and Company.

Emerson, R. W.(1841). *Compensation and Self-Reliance*. New York: Cosimo Classic.

Frost, R.(2019). *A Collection of Poems by Robert Frost*. San Diego: Canterbury Classics.

Harari, Y.(2011). *Sapiens*. 조현욱 역(2015).『사피엔스』. 파주: 김영사.

Hobbes, T.(1651). *Leviathan*. 진석용 역(2008).『리바이어던』 1·2. 파주: 나남.

Kafka, F.(1919). *In der Strafkolonie*. 이주동 역(2020).『유형지에서』. 서울: 솔.

Kant, I.(1784). "Idee zu einer allgemeinen Geschichte in weltbürgerlicher Absicht". 김미영 역(2019).『비판기 저작』I,「세계시민적 관점에서 본 보편사의 이념」. 파주: 한길사.

Kant, I.(1795). *Zum ewigen Frieden. Ein philosophischer Entwurf*. 백종현 역(2013).『영원한 평화』. 파주: 아카넷.

Kant, I.(1803). *Immanuel Kant über Pädagogik*. 백종현 역(2018).『교육학』. 서울: 아카넷.

Kundera, M.(1984). *L'insoutenable légèreté de l'être*. 이재룡 역(2018).『참을 수 없는 존재의 가벼움』. 서울: 민음사.

Nietzsche, F.(1883-1885). *Also sprach Zarathustra*. 백승영 역(2022).『차라투스트라는 이렇게 말했다』. 고양: 사색의 숲.

Nietzsche, F.(1886). *Jenseits von Gut und Böse*. 박찬국 역(2018).『선악의 저편』. 서울: 아카넷.

Oliver, M.(2017). *Devotions: The Selected Poems of Mary Oliver*. New York: Penguin Press.

Platon. *Menon*. 이상인 역(2019).『메논』. 파주: 아카넷.

Platon. *Politeia*. 박종현 역(2005).『국가·정체』. 파주: 서광사.

Platon. *Phaidros*. 김주일 역(2020).『파이드로스』. 파주: 아카넷.

Rancière, J.(1987). *Le Maître Ignorant*. 양창렬 역(2016).『무지한 스승』. 파주: 궁리출판.

Rancière, J.(1995). *La Mésentente: politique et philosophie*. 진태원 역(2015).『불화: 정치와 철학』. 서울: 도서출판 길.

Rancière, J.(2011). *Aisthesis: Scènes du régime esthétique de l'art*. 박기순 역(2024).『아이스테시스: 미학적 예술체제의 무대들』. 서울: 도서출판 길.

Shakespear, W. *Hamlet, Prince of Denmark*. P. Edwards(ed.).(2003). Cambridge: Cambridge University Press.

Weil, S.(1947). *La Pesanteur et La Grâce*. 윤진 역(2021).『중력과 은총』. 서울: 문학과지성사.

찾아보기

1. 인명

강성훈 83
기형도 93
김민철 83
김영욱 39, 141, 142, 225, 276
랄프 왈도 에머슨 Ralph Waldo Emerson 25
로버트 프로스트 Robert Frost 234
루이 알튀세르 Louis Althusser 5, 27, 32
루이스 캐럴 Lewis Carroll 134
리쿠르고스 Lycurgus 64
마셜 살린스 Marshall Sahlins 268, 269
메리 올리버 Mary Oliver 149, 244
메리 울스턴크래프트 Mary Wollstonecraft 172, 193
미셸 드 몽테뉴 Michel de Montaigne 219, 240
밀란 쿤데라 Milan Kundera 96
시몬 베유 Simone Weil 256, 277
아리스토텔레스 Aristoteles 45-47, 74-75, 120-122, 124
알랭 바디우 Alain Badiou 53-54, 64-65
앙드레 지드 André Gide 253
에밀리 디킨슨 Emily Dickinson 226
에티엔 드 라 보에시 Étienne de La Boétie 18
윌리엄 셰익스피어 William Shakespeare 252-253, 255, 257
유발 하라리 Yuval Harari 266, 268
이충훈 216
임마누엘 칸트 Immanuel Kant 42, 263
자크 데리다 Jacques Derrida 211, 252-253, 259-261
자크 랑시에르 Jacques Rancière 18, 50, 213, 225, 250
장수양 165, 250
장 스타로뱅스키 Jean Starobinski 119, 132, 146-147, 209, 228, 233
제인 롤랜드 마틴 Jane Roland Martin 177
지그문트 바우만 Zygmunt Bauman 59, 60
질 들뢰즈 Gilles Deleuze 27, 37
최정례 278
캐서린 라레르 Catherine Larrère 194
클로드 레비-스트로스 Claude Lévi-Strauss 269-270, 276
토머스 홉스 Thomas Hobbes 27-28
프란츠 카프카 Franz Kafka 27, 37
프리드리히 니체 Friedrich Nietzsche 112, 277
플라톤 Platon 16, 44-47, 66-69, 83, 214, 272, 275,
피에르 클라스트르 Pierre Clastres 266-276
한강 22, 99, 257
한병철 60, 61, 224
홍태영 95

2. 개념

감각 sensation 87-90, 112-115, 151, 155, 191, 195, 219, 228-232, 234
 공통감각 sens commun 89. 113-114
감성 sensibilité 87-88, 91, 120, 122, 151, 262
감정 sentiment 9, 21, 29-31, 36, 40, 41, 85, 87-88, 97, 98, 117, 120-122, 124, 129, 130, 133, 151, 153-155, 158-159, 163, 187, 189, 190, 205, 212-214
계약 contrat 45, 48, 50-51, 54-56, 89, 94-95, 115, 116, 140, 147, 152, 154, 158
고장 pays 19, 34, 83

공백 vide 27, 64-65, 68, 95, 101, 103, 106, 113, 143, 234

공적 인격 personne publique 51-52

관념 idée
  단순한 관념 idée simple 87, 113-114
  복잡한 관념 idée complexe 87, 113

공화국 république 52, 72, 82, 94, 208

교육 éducation
  가정교사 précepteur 169-170
  교사 gouverneur 10, 12, 17, 18, 78, 100, 109, 134, 139, 156, 166, 171, 176, 211-218, 238, 239, 243, 248, 256, 272
  스승, 교육자 maître 10-12, 94-96, 98-99, 100-110, 120, 122, 128, 132-140, 145, 148, 151, 152, 154, 155, 158, 160, 162, 166-171, 175, 179, 182, 185, 186, 201, 202, 206, 207, 210, 215, 256

국가 État 13, 18-20, 52, 53, 58, 60, 67, 69, 72, 74, 75, 77-86, 126-129, 141, 144, 159, 162

군주 prince 74

노예 esclave 13, 18, 37, 47-49, 56, 57, 81, 96, 97, 132, 142, 147, 155, 156, 157, 163, 172, 193, 213, 253
  필연성의 노예 esclave de la nécessité 142

대리보충 supplément 261-264

독재관 dictateur 80-81

동류 semblable 12, 30, 31, 39, 95, 98-100, 107, 119, 120, 123, 130, 131, 138, 140, 148-150, 152, 201, 221, 251, 252, 263

동정 commisération 9, 10, 15-17, 30-32, 39, 40, 42, 43, 55, 67, 84-86, 90-92, 102, 109-113, 118, 119, 122-124, 127, 130, 131, 134, 138, 144-145, 157-158, 160, 197, 201, 213-215, 218, 219, 243, 248, 249, 260

무위 oisiveté, far niente 29, 49, 224, 234, 236, 241

미덕 vertu 12, 19, 61, 98-99, 119, 123, 125, 127, 132, 148, 151, 157, 159, 161-163, 166, 167, 170-172, 174-176, 178, 179, 182-184, 186-189, 191-196, 198-205, 207-210, 215, 236, 237, 271
  악덕 vice 13, 23, 61, 110, 112, 116, 118, 132, 149, 155, 167, 175, 190, 196, 203, 227

법 loi 9-13, 19, 21, 44-45, 50-56, 58, 62-65, 67-69, 71-73, 75, 77-82, 85, 94-95, 97-98, 102-105, 125, 126, 128-129, 130, 138, 140, 144-145, 151, 152, 162, 166, 220, 224, 262-263, 267, 274

본능 instinct
  신적인 본능 instinct divin 22, 97-98, 130, 132, 148, 167, 188, 217-218, 225, 226, 236, 277

부모 parent 12, 103-104, 149, 153, 159, 161, 163, 166, 169-171, 173, 178, 180-181, 184, 187, 194, 196-201, 206, 207

부부 couple 153, 161, 163, 170, 182, 186, 187, 193, 194, 204-205

사건 événement 54-55, 65, 86, 166, 244

사랑 amour 9-11, 19, 21, 30, 34, 36, 38, 80, 91, 101, 111, 115-117, 120-121, 123, 125, 130, 132, 134, 140, 144, 160, 165, 170, 175-176, 181-182, 187-189, 192-193, 198, 205, 209-210, 219, 223, 235, 248, 250, 252, 256, 277

사물 chose 23, 26-27, 61, 107, 113-117, 125, 129, 137, 148, 1545, 156, 189, 191, 195, 206, 226, 251
  사물들의 필연성 nécessité des choses 23, 137-138, 168

사회 société 9-13, 17-23, 26-27, 29, 32, 34-48, 54, 60-61, 63-65, 67, 76, 82-86, 94-99, 103, 105-107, 109-112, 118-119, 125, 127-130, 133, 137-143, 145-147, 149, 152, 154, 156-157, 162, 166, 170, 176, 177, 183, 185-186, 193-194, 197, 200, 202, 208-209, 214, 217-219, 223, 225, 227, 229, 232-233, 235-239, 243-244, 246, 248, 250, 252, 256, 259, 261-264, 266-268, 276

산책 promenade 10, 218-221, 223-232, 234-237, 240-241, 244, 246-248, 250, 264, 276
상상력 imagination 89, 106-115, 117-120, 122-125, 131, 133-134, 144, 148, 153, 155, 160
성차별 discrimination sexuelle 172-174, 177, 179-180, 194, 200
소유 propriété 37-39, 45, 107, 115-117, 120, 268
숲 forêt
  무한한 숲 forêt immense 12, 15-21, 23, 26-29, 32, 41-42, 98, 106-110, 113, 115, 118, 131-140, 145, 148-149, 151-152, 167, 173, 198, 208, 220, 232, 241, 247, 250-252, 255-257, 263, 276-277
  영원한 봄 printemps perpétuel 26, 38
시민 citoyen 19, 53-54, 57-58, 68, 72, 74-76, 82-83, 94, 95, 125-126, 128-129, 140-146, 153, 159, 162-163, 176-177, 181, 193-194, 209, 262
  낯선 동료 시민 concitoyen étranger 141-143, 145-146
  사랑스러운 이방인 aimable étranger 160
신민 sujet 52-54, 72, 126
양도 aliénation
  완전한 양도 aliénation totale 44, 51-52, 54-57, 62, 64, 68, 94-95, 140, 251
양심 conscience
  양심의 목소리 la voix de la conscience 10, 21, 23, 97, 98-100, 105-106, 128-131, 136-137, 144, 147-148
양육 nourriture 167-170, 176-177, 200-201, 207, 263
  유모 nourrice 154, 168
  양육자 gouvernante 167
연민 pitié 15, 30-32, 39-40, 42-43, 84-86, 90-91, 102, 111-112, 118-119, 121-124, 127, 131, 144-145, 157-158, 201, 260
영원한 존재 Être éternel 108, 209
우월한 지성 intelligence supérieure 62-63, 101

우정 amitié 12, 129, 92, 119, 120-125, 131, 133, 136, 144, 148, 152, 157, 158, 166, 170, 181, 189, 192-193, 202, 210, 215, 217, 220, 233, 237-242, 246-250, 264
원시사회 société primitive 266, 268-277
유령 revenant 251-256
유아 enfant 87-88, 153-154, 211, 263
의지 volonté 21, 51, 60, 62, 73, 77, 101, 107, 109, 116, 125, 132, 133, 135, 145, 151, 155, 215, 216, 220, 237, 239, 241, 246
  개별의지 volonté particulière 54, 73, 77
  모두의 의지 volonté de tous 52
  일반의지 volonté générale 51-54, 57-62, 64, 67-69, 71-74, 77, 79, 81, 94-95, 125, 144, 152
이성 raison
  감각적 이성 raison sensitive 87, 89-90, 113
  지적인 이성 raison intellectuelle 89-90, 113, 114
  인간의 이성 raison humaine 113
인간애 humanité 118, 120, 125, 160
인류애 l'amour du genre humain 125, 144, 158, 159
인민 peuple 43, 45, 47, 52-53, 56-58, 61-65, 67-77, 79, 91, 101, 104-106, 128, 159
입법자 législateur 59, 62-72, 81, 85, 94-95, 100-106, 140, 145
자가면역 autoimmune 254-255
자기검토의 글쓰기 écriture de l'auto-examen 10, 218-221, 223, 227-232, 234-237, 240-242, 244, 246-248, 250, 264, 276
  비형식적 일기 informe journal 229-230
자기보존 conservation de nous-mêmes 29-32, 34, 36, 39, 41-44, 50, 55, 98-99, 102, 111-112, 116, 122, 124, 130, 133, 134, 145, 154, 157, 168, 260
자기애 amour de soi-même 21, 41, 43, 87, 89, 90, 116, 119, 120, 123, 125, 131, 154, 158
자기편애 amour-propre 39-43, 85-86, 87, 90-91,

111, 117-119, 120-121, 123, 125-126, 129-131,183, 197, 217, 243

자연 nature
  자연의 목소리 la voix de la nature 23
  자연의 필연성 nécessité naturelle 20-21, 141-142, 154-156, 163, 168, 189, 196, 199, 201, 226, 264

자유 liberté 11-13, 15-21, 23, 26, 28, 30-32, 35, 41, 43, 48-57, 61, 63-65, 70-72, 78, 81-83, 86, 94-96, 99-108, 110-119, 125, 127-128, 130-134, 136-138, 140-142, 144-149, 151-152, 153-159, 161-163, 166-169, 170, 177, 186, 197, 200-201, 212, 215, 218, 223-225, 228-232, 238, 244, 246-249, 251-252, 254

정념 passion 19-20, 22, 29-32, 34-38, 41, 43, 44, 47, 62-63, 66, 84, 89-91, 97-99, 101, 111, 117-118, 122-125, 127, 129, 137, 140, 144, 148, 153-154, 156, 158, 160-163, 166, 170, 179, 181-182, 186, 189-192, 194, 195, 198, 200, 202-204, 217-218, 221-222, 227, 235-236, 238-239, 242, 244, 246, 262

정부 gouvernement
  민주정 démocratie 74-76, 79, 81
  귀족정 aristocratie 74, 76-77, 79
  왕정 monarchie 74, 77-79

정치체 corps politique 52-53, 67, 75, 81-82
조국 patrie 11, 19, 64, 79, 83, 129, 162, 262-263

종교 religion
  자연종교 religion naturelle 159
  인간의 종교 religion de l'homme 12, 125, 127-128, 130-132, 143-145, 159, 206-207
  복음의 기독교 religion de l'Évangile 127, 128, 144
  시민의 종교 religion du citoyen 128-129, 159
  사제의 종교 religion du prêtre 129, 159
  정치종교 religion civile 125-127

평등 égalité 11-13, 15-18, 20-21, 23, 26, 28, 30-32, 39, 40, 43, 47, 52-53, 55, 56, 58-59, 60-61, 63-65, 70-71, 75, 81-82, 88, 94-95, 99-102, 104-107, 110-111, 114-115, 117-120, 125, 127-128, 130-134, 137, 138, 140, 142, 144-145, 148-152, 166, 199, 201, 208, 214-217, 239, 251

불평등 inégalité 9, 11-13, 16, 18-21, 23, 26, 32, 37, 41, 43, 47-50, 53, 58, 61, 64, 69, 71, 75, 77, 78, 83, 85-86, 95-100, 102, 104, 106-107, 109-111, 117-120, 124, 126-128, 130-131, 138, 140, 143-145, 147, 149, 152, 184, 188, 194, 197, 199, 204, 211-217, 220, 234, 238-239, 242-243, 247-248, 261, 267-269, 273-274, 276-277

학생 élève 10, 17, 93, 100-101, 103, 105, 107, 109-110, 133-134, 138-139, 211-217, 238-239, 243, 248, 272

환경 milieu 35, 64-65, 95, 97, 101, 103, 105, 109-110, 115-116, 131, 133, 140, 166, 197, 200-202, 215, 251

행정관 magistrat 73-74, 76-77, 79
회합 association 10, 48, 50-54, 56-59, 65, 71, 74-75
훈육 discipline 10, 78, 86, 100, 105, 137, 153, 197, 211-213, 215-216, 238-240, 242, 249, 255, 263
  훈육자 disciplinateur 105, 107, 137-138, 211, 216, 221, 225, 236, 238, 244, 246, 248-249, 256